«Paul Miller nos honra con una descripción de Jesús rica en colores y matices. Esta obra no solamente arroja una claridad convincente a la confusión que tenemos sobre Jesús, sino también ofrece un encuentro transformador con su presencia que nos libera para llamarlo nuestro amigo y nuestro Dios».

DAN B. ALLENDER, PhD.,
presidente de Mars Hill Graduate School;
autor de *The Wounded Heart* (El corazón lastimado) y
de *How Children Raise Parents* (Cómo los hijos crían a los padres)

«Este libro te conmoverá y revivirá la esperanza en tu vida. No pude dejar de leerlo».

TREMPER LONGMAN III,
catedrático de estudios bíblicos en Westmont College

«Este libro "limpiará" tu alma y te acercará una vez más al único que te ama por encima de cualquier cosa que pudieras imaginar».

STEVE BROWN,
catedrático del Reformed Theological Seminary;
maestro en el programa radial *Key Life* (La vida clave).

I0808812

PAUL E. MILLER

EL AMOR CAMINÓ ENTRE NOSOTROS

APRENDE A AMAR COMO JESÚS

NavPress

Un recurso de NavPress publicado por Tyndale House Publishers

NavPress®

NavPress es el ministerio editorial de Los Navegantes, una organización cristiana internacional y líder en el desarrollo espiritual. NavPress está dedicada a ayudar a la gente a crecer espiritualmente y a disfrutar de vidas con propósito y esperanza, mediante recursos personales y de grupo que están fundamentados en la Biblia, que son culturalmente pertinentes y altamente prácticos.

Para mas información, visite NavPress.com.

El amor caminó entre nosotros: Aprende a amar como Jesús

Originally published in the U.S.A. under the title *Love Walked Among Us* by Paul E. Miller.

Originalmente publicado en inglés en EE. UU. bajo el título *Love Walked Among Us* por Paul E. Miller.

Un recurso de NavPress publicado por Tyndale House Publishers, Inc.

Traducción al español: Patricia Cabal

Edición del español: Mafalda E. Novella

ISBN 978-1-4964-0641-5

Impreso en los Estados Unidos de América
Printed in the United States of America

29 28 27 26 25 24 23
8 7 6 5 4 3 2

Dedicatoria

PARA JILL

CONTENIDO

Parte 5: El amor traspasa la muerte hacia la vida

AGRADECIMIENTOS

Mi esposa, Jill, más que cualquiera, hizo posible este libro al mostrarme a Jesús. También estoy en deuda con Ron McRae y Anita Mathias, por enseñarme a escribir. Liz Heaney siguió enseñándome mientras corregía el libro y lo hacía ameno. También me beneficié de la edición de mi colega, Keith Howland, y de la sabiduría de mi buen amigo, David Powlison. Estoy agradecido también a todos los que leyeron el manuscrito y reflexionaron en él. Por último, le doy las gracias a Bob Allums porque creyó en este libro cuando no era mucho más que una idea.

Introducción

¿QUIÉN ES JESÚS?

En 1991, mi esposa, Jill, me preguntó: «¿Me amas?». Habíamos pasado por una época difícil, pero las épocas difíciles no nos eran desconocidas. Tenemos seis hijos, y en ese momento tenían 2, 5, 8, 12, 14 y 16 años. Nuestra hija de 8 años, Kim, es discapacitada: no puede hablar ni hacer muchas de las cosas que hacen los demás niños. A veces, Jill estaba tan cansada que se quedaba dormida durante la cena.

Había sido un día largo y pensé que ella solo quería que le asegurara que la quería. «Claro que te amo», dije. Sin embargo, volvió a preguntarme: «Paul, ¿me amas?». La tercera vez que lo preguntó, me enojé con ella. Por supuesto que la amaba: ¿acaso no la ayudaba con los niños? En las mañanas, yo vestía a los niños y les hacía el desayuno. Por las tardes, les leía y los acostaba. La ayudaba constantemente. Fin del tema. Esa noche, me fui a dormir irritado con Jill, repasando la lista de todas las maneras en que la amaba.

No le dije a Jill, pero su pregunta me carcomía. ¿Qué significa amar a alguien? ¿A qué se parece el amor?

Mientras pensaba en el amor, empecé a pensar en Jesús. Al

fin y al cabo, se supone que Jesús es la persona más compasiva y generosa que jamás existió. Decidí estudiar su vida para ver cómo se relacionaba con los demás. ¿Cómo era Jesús? ¿Cómo trataba a la gente?

Luego, poquito a poco, empecé a entender realmente qué significa amar.

¿Quién es Jesús?

Sea cual sea tu trasfondo, Jesús es difícil de ignorar. Casi dos mil millones de cristianos aseguran ser sus seguidores; más de mil millones de musulmanes lo honran como profeta. Importantes teólogos judíos lo consideran un gran rabino. Su imagen se puede encontrar en los templos hindúes. Muchos líderes espirituales de culto proclaman ser la reencarnación del espíritu de Jesús.

Jaroslav Pelikan, catedrático emérito de historia de Yale University, escribe:

> Independientemente de lo que cualquiera, en lo personal, piense o crea acerca de él, Jesús de Nazaret ha sido la personalidad dominante en la historia de la cultura occidental durante casi dos mil años. [...] La mayor parte de la humanidad pone fecha a los calendarios a partir de su nacimiento; millones usan su nombre para jurar y millones para orar[1].

Pese a toda la atención que capta Jesús, la mayoría casi no tiene idea de quién es él como persona, incluso muchos de los que lo veneran. Con frecuencia he preguntado a cristianos:

«Cuando vayas al cielo, ¿a qué persona de la Biblia te gustaría conocer?». Solamente uno entre cientos ha mencionado a Jesús. Creo que la palabra «persona» los desconcierta porque no están acostumbrados a pensar en Jesús como en una persona.

Cuando vemos personificado a Jesús, suele causarnos una impresión extraña. Hollywood suele representarlo en cámara lenta. En la mayoría de las películas, Jesús habla despacio, camina despacio y se mueve despacio. También mira fijamente. Emily, mi hija de diez años, y yo estábamos mirando una de las mejores películas de Jesús y nos dimos cuenta de que ¡él nunca pestañeaba! Los otros actores sí lo hacían, pero Jesús no. Cada vez que la cámara se enfocaba en el rostro de Jesús, nos empezaban a doler los ojos.

Decidí estudiar a Jesús desde un punto de vista nuevo, olvidándome de lo que ya sabía (o creía saber) sobre él. Quería sentir lo que experimentó Alberto Einstein cuando leyó los Evangelios. Su reflexión fue:

> Yo soy judío, pero estoy fascinado por la figura brillante del Nazareno. [...] Jesús es demasiado formidable para los escritores, sin importar cuán ingeniosos puedan ser. [...] Nadie puede leer los Evangelios sin sentir la verdadera presencia de Jesús. Su personalidad palpita en cada palabra[2].

Einstein no era un seguidor de Cristo, pero se sintió asombrado por el hombre real de una manera que muchos no entienden. Mientras yo leía y estudiaba los Evangelios, empecé a experimentar la sensación de asombro de Einstein. Espero que a ti te pase lo mismo.

¿Qué son los Evangelios?

Mateo, Marcos, Lucas y Juan, los cuatro relatos bíblicos sobre la vida de Jesús, se llaman *Evangelios*, una palabra que significa *buena noticia*. Cada uno lleva el nombre del autor y fueron escritos hace unos 1900 años en griego, el idioma del Imperio romano. Como los biógrafos modernos, cada autor aporta su propio punto de vista único e incluye escenas o detalles que los otros autores no mencionan. Cuando juntamos sus relatos, obtenemos una imagen magnífica y tridimensional de Jesús. Como en los videos documentales, las escenas muchas veces están descritas con detalles tan gráficos que podemos ver exactamente qué está pasando: el entorno, las circunstancias, las personas y cómo las trataba Jesús.

Mateo, ex recaudador de impuestos y uno de los doce discípulos originales de Jesús, escribió su relato como testigo presencial. Generalmente, los recaudadores de impuestos del Imperio romano eran cultos y hablaban fluidamente su idioma materno y el griego. El gobierno subastaba el puesto de recaudador de impuestos al mejor postor. El ganador recuperaba sus gastos cobrando más de lo necesario y afligiendo a la población en general. Imagínate a Mateo como a un hábil ex vendedor de autos usados. Aunque Jesús lo ha transformado, todavía puede leer a las personas como si fueran un libro. Hay indicios de esto en los detalles que Mateo aporta sobre Judas, el discípulo que traicionó a Jesús.

Escrito unos treinta y cinco años después de la muerte y de la resurrección de Jesús, lo más probable es que el relato de Marcos proviniera de Pedro, un expescador y el líder de los doce discípulos. Al igual que la personalidad de Pedro, la historia de Marcos es vertiginosa y apasionada, y capta el impacto estremecedor que Jesús causaba en las personas.

Lucas, médico y compañero de viaje de Pablo (uno de los líderes de la iglesia primitiva), basó su crónica en el testimonio de los testigos presenciales. Su libro está llena de compasión por la gente «poco importante» y por los desamparados: los marginados, las mujeres, los niños, los pobres y los discapacitados.

Juan, otro expescador y uno de los amigos más íntimos de Jesús, fue el último en escribir su Evangelio. Como alguien particularmente cercano a Jesús, Juan nos permite vistazos únicos y detallados de Jesús.

¿Son los Evangelios una historia fidedigna? Dejaré que tú mismo lo determines. Lo único que te pido es que los leas con la mente abierta, como lo hizo Einstein. Einstein reflexionó sobre los Evangelios:

> Ningún mito está lleno de tanta vida. Por ejemplo, ¡qué diferente es la impresión que nos causa el relato de los héroes legendarios de la antigüedad como Teseo! Teseo y otros héroes por el estilo carecen de la auténtica vitalidad de Jesús[3].

C. S. Lewis, catedrático de Oxford e importante experto en mitología, escribió:

> Estoy absolutamente convencido de que, sean lo que sean los Evangelios, no son leyendas. He leído muchísimas leyendas y tengo muy en claro que no son la misma clase de cosa. No son lo suficientemente artísticos para ser leyendas[4].

Cuando leemos un mito o una leyenda, instintivamente entendemos que estamos en un mundo de fábula. Cuando lo leemos, como dijo el poeta Coleridge: «suspendemos la incredulidad». Sin embargo, los Evangelios están fundamentados en el mundo real de las necesidades: el vino que se termina en una boda; la multitud hambrienta que no tiene suficiente comida; faenas infructuosas de pesca y falta de dinero para pagar los impuestos. En este mundo, lo milagroso irrumpe silenciosamente y parece tan común como los problemas. En los mitos, personas extraordinarias en un mundo extraordinario hacen cosas extraordinarias. En los Evangelios, la compasión y el amor extraordinarios de un hombre excepcional irradian e iluminan el mundo común.

Un estudio sobre el amor

Este libro investiga cómo trataba Jesús a las personas con las que se encontraba, porque es en los «pequeños momentos» con los amigos y con la familia que más revelamos nuestra verdadera naturaleza. Jesús no es la excepción.

A Gandhi, el líder nacional de la India, le gustaba reprender a los cristianos porque no se tomaban en serio el llamamiento al amor que hizo Jesús. Sin embargo, ¿qué es más difícil de aprender que el amor? ¿Cómo amas a alguien cuando no te responde con amor, sino con abandono o con ingratitud? ¿Cómo amas sin ser atrapado o usado por la otra persona? ¿Cómo amas cuando tienes tus propios problemas? ¿Cuándo te ocupas de ti mismo? ¿Cómo puedes amar siendo compasivo y sincero? Cuando eres compasivo, las personas te usan; pero cuando eres sincero, se enojan. ¿Qué es el amor?

Muchos de nosotros no hemos tenido buenos modelos de amor. Ya ni siquiera sabemos qué es lo normal. Permíteme sugerir lo siguiente: la persona de Jesús es la plomada con la que podemos nivelar nuestra vida. Él satisface nuestro anhelo por tener un héroe (alguien bueno y fuerte) que cambie este mundo.

Jesús llegó a la casa de sus buenas amigas, María y Marta, varios días después de que murió su hermano Lázaro. María, con el estilo apasionado del antiguo Cercano Oriente, se arrojó llorando a los pies de Jesús. Abrumado por la pena, Jesús llora con ella. Varios espectadores comentan: *«¡Miren cuánto lo amaba!»* (*Juan 11:36*). En este libro, nos uniremos a los espectadores de Jesús, observaremos a Jesús y veremos cómo amaba él.

PARTE 1:

EL AMOR MUESTRA COMPASIÓN

Capítulo 1

UNA MENTE LLENA DE OTRA PERSONA

EL AMOR MIRA Y ACTÚA

Jesús vivió hace dos mil años en una época muy distinta a la nuestra. Su mundo era casi exclusivamente judío; en los Evangelios solamente aparece esporádicamente algún gentil. El suyo era un mundo de familias muy unidas: los individuos no existían apartados de su familia. Lo único que tenían era la familia y el clan. Si los perdían, perdían todo.

Cuando Jesús tuvo alrededor de treinta años, reunió a un grupo de discípulos y empezó a caminar de un pueblo a otro en Israel, enseñándole a la gente. Un día, mientras se acercan a la aldea de Naín, Jesús y los discípulos encuentran una procesión funeraria. Lucas registra lo que sucedió:

> *Poco después, Jesús fue con sus discípulos a la aldea de Naín, y una multitud numerosa lo siguió. Cuando Jesús llegó a la entrada de la aldea, salía una procesión fúnebre. El joven que había muerto era el único hijo de una viuda, y una gran multitud de la aldea la acompañaba. Cuando el Señor la vio, su corazón*

rebosó de compasión. «No llores», le dijo. Luego se acercó al ataúd y lo tocó y los que cargaban el ataúd se detuvieron. «Joven —dijo Jesús—, te digo, levántate». ¡Entonces el joven muerto se incorporó y comenzó a hablar! Y Jesús lo regresó a su madre.

Un gran temor se apoderó de la multitud, y alababan a Dios diciendo: «Un profeta poderoso se ha levantado entre nosotros» y «Dios ha visitado hoy a su pueblo». Y las noticias acerca de Jesús corrieron por toda Judea y sus alrededores.

(Lucas 7:11-17)

Naín está enclavada en un hermoso valle al sur de Galilea donde se había establecido la tribu judía de Isacar. El Antiguo Testamento nos dice que el terreno es *agradable* (Génesis 49:15). Naín suena parecido a *agradable* en hebreo, pero para esta madre, el día era cualquier cosa menos agradable.

Su hijo (su único hijo) ha muerto y esta no es la primera vez que ha tenido que sepultar a un ser querido, porque es viuda. Para una mujer judía, la mayor alegría era tener un varón; perder a un varón, la mayor tristeza. La pérdida de su marido y de su hijo varón significa una vida de pobreza. Con ellos ha perdido el equivalente a su jubilación, su seguro social y su seguro médico para los ancianos. Probablemente la culpa agrava su desesperación, ya que se creía que la muerte prematura de un hijo era el castigo por algún pecado[1]. Posiblemente los chismosos del pueblo se mantenían entretenidos especulando qué habría hecho ella para merecer perderlo todo.

Los funerales judíos solían efectuarse a las seis de la tarde, después de concluir con el trabajo del día. Temprano, ese día ella había colocado el cuerpo de su hijo sobre el piso de su casa, le

Mapa del norte de Palestina

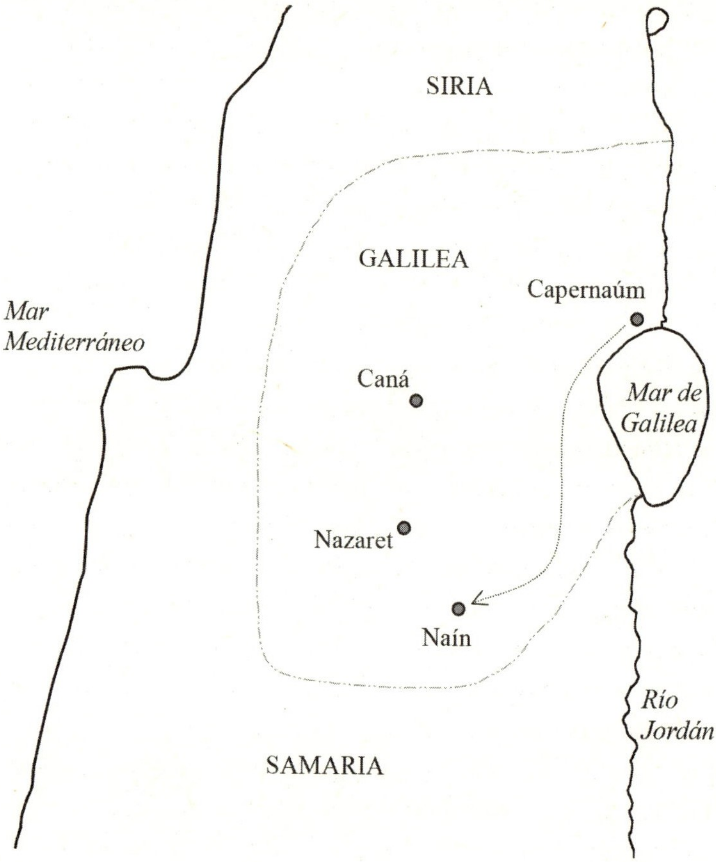

había cepillado el cabello, lo había vestido con la mejor ropa que pudo encontrar y luego había colocado su cuerpo en un canasto abierto de mimbre, con el rostro hacia arriba y los brazos cruzados. El pueblo se había reunido en la puerta de su casa para ayudarla a sepultar a su hijo. Las mujeres guían la procesión porque los judíos creían que la mujer había traído la muerte al mundo y, por lo tanto, la mujer debía conducirla fuera de él, añadiéndole vergüenza al dolor. Mientras la procesión serpentea por las calles, muchos comparten simbólicamente la carga de la madre, turnándose para llevar el canasto. Los asalariados dolientes y los flautistas siguen en la retaguardia, cantando: «Lloren con ellos, todos ustedes que tienen el corazón amargado». La mayoría de las aproximadamente quinientas personas que vivían en Naín deben de haber asistido, porque esta pérdida era muy significativa[2].

El cementerio está al oriente de la ciudad, junto al camino que bajaba zigzagueando hacia Capernaúm, la base operativa de Jesús. El texto griego insinúa que la multitud que acompaña a Jesús es más grande que la que salía de Naín; probablemente hay más de mil personas con Jesús. Jesús llega justo cuando el funeral sale de las puertas de la aldea y los dos grupos se encuentran.

ÉL SIENTE LO QUE ELLA SIENTE

Lo primero que hace Jesús es mirar a la mujer. *El Señor la vio*; no a la multitud, ni al hijo muerto. Jesús distingue a la viuda en la confusión de dos multitudes que colisionan. Cuando él la vio, *su corazón rebosó de compasión* (Lucas 7:13).

La compasión es la emoción que con más frecuencia se le atribuye a Jesús. ¿Cómo puedes saber que una persona siente compasión? ¿Qué vieron las personas en el rostro de Jesús durante esta escena? Al fin y al cabo, la compasión es muy sutil, comparada con el enojo o con el temor. Cuando le pregunto a la gente cómo es la compasión, me dicen que se transmite a través de los ojos de la persona, expresando ternura y dulzura, atención y preocupación. Todo el cuerpo se detiene y escucha, absorbiendo los sentimientos del otro. Tal vez Jesús se detiene a la mitad de lo que está diciendo y se queda callado, cautivado, mientras mira a la viuda. O quizás sus ojos se humedecen y una lágrima corre por su mejilla. Sea cual sea su reacción, se puede percibir, a pesar de la conmoción y de la distracción de los cientos de personas que convergen.

Jesús ve a una mujer que está medio muerta. Aunque nosotros pensamos en la vida y en la muerte como dos categorías separadas, los hebreos creían que podía haber un estado intermedio. En el Antiguo Testamento, cuando Noemí vuelve a casa después de enterrar a su esposo y a sus dos hijos, le dice a los del pueblo: *«No me llamen Noemí —contestó ella—. Más bien llámenme Mara, porque el Todopoderoso me ha hecho la vida muy amarga»* (*Rut* 1:20). Noemí estaba viva, pero se sentía muerta. La viuda, como Noemí, había pasado a la muerte en vida, completamente aislada de la vida y de la esperanza.

Jesús lo sabe y siente su dolor: *su corazón rebosó de compasión*. Literalmente, se conmovió de compasión. Jesús ingresa en el mundo de esta mujer sintiendo lo que es estar en el lugar de ella.

ÉL TRAE LA ESPERANZA

«*No llores*», le dice Jesús. Él siente su angustia, pero la angustia no lo domina. Él siente lo que ella siente, pero es independiente de ella.

Alguien podría decir que Jesús ha interrumpido el duelo de la mujer. La psicología actual nos instruye a no decirle a alguien cómo tiene que sentirse. No obstante, cuando mi hija se raspa la rodilla y viene llorando como si estuviera a punto de morirse, yo le digo: «No llores, ya se te va a pasar», porque *de verdad* se le va a pasar. Jesús sabe que esta mujer tiene un motivo para tener esperanza y no llorar.

Para mostrarle respeto al muerto, la procesión mortuoria tiene prioridad en el tránsito, entonces la multitud que iba con Jesús probablemente se ha dividido hacia los costados del camino para dejar pasar a la viuda y a su hijo muerto. En ese momento, Jesús detiene el funeral al tocar silenciosamente el ataúd. La mayoría de los hombres frenaría a una gran multitud gritando o agitando los brazos. Las personas que tienen menos poder tienden a exagerarlo, como el adolescente que da un portazo porque el padre le dice que tiene que quedarse en casa. Sin embargo, las personas que tienen verdadero poder suelen restarle importancia, como el emperador que decide sobre la vida o la muerte haciendo un leve gesto con su pulgar. Su acto tiene la sutil majestad de un antiguo rey. Lo que Jesús hace a continuación es puro y crudo poder para bien. Él dice: «*Joven, te digo, levántate*». El muchacho que había estado muerto obedece a Jesús, se incorpora y empieza a hablar.

Un *gran temor se apoderó de la multitud* y *alababan a Dios*. «*Un profeta poderoso se ha levantado entre nosotros*», decían. Luego de cuatrocientos años de silencio, un profeta había llegado. A como cuatro y medio kilómetros de distancia y ochocientos años antes, el profeta Elías había resucitado a un hijo único. Elías había dado muchas vueltas para su milagro, pero Jesús resucitó al hijo de la viuda sin ningún esfuerzo. Alguien más grande que Elías está aquí.

Las noticias sobre Jesús se difunden a lo largo y a lo ancho.

Las personas recuerdan el poder de Dios y lo alaban por lo que vieron hacer Jesús. Sienten que ya no están solas con sus problemas, porque Dios los visita en Jesús.

Él nunca deja de mirarla

Al sumarse la procesión funeraria, la multitud casi se ha duplicado. Todas las miradas están puestas en Jesús. Nunca antes ha sucedido algo así. Es extraordinario incluso para Jesús: solo dos veces más realiza un milagro como este. El milagro está lleno de posibilidades: ¡contratos para libros, derechos para películas y apariciones en programas de entrevistas!

Sin embargo, los ojos de Jesús están en la viuda. Él toma de la mano a su hijo, lo ayuda a salir del canasto y camina con él hasta su madre. Él no está pensando en sí mismo y en cómo puede beneficiarse de este despliegue asombroso de poder. Él no se deja distraer por su propio milagro: él recuerda a la persona. Se preocupa por la necesidad física del hijo y por la necesidad emocional de la madre.

Jesús posee ternura y poder. Generalmente, las personas tiernas carecen de fortaleza y las personas fuertes carecen de ternura. Sin embargo, Jesús demuestra ternura y fortaleza.

No es eficiente

Charles Spurgeon fue un predicador famoso en Londres hace más de cien años. Aunque era un marido cariñoso y un hombre amable, como todos nosotros, tenía defectos. Su esposa, Susie, habló de una ocasión en la que acompañó a su marido a un gran auditorio donde él tenía que hablar:

> Fuimos juntos en un carruaje y recuerdo bien tratar de mantenerme cerca de él mientras nos mezclábamos con la masa de personas que se amontonaban escaleras arriba. Pero, cuando llegamos al rellano, él se había olvidado de mi existencia; tenía encima la carga del mensaje y se dio vuelta hacia la puertita lateral donde los oficiales estaban esperándolo, sin darse cuenta, ni por un instante, que me había dejado luchando con la brusca multitud que me rodeaba[3].

¿Te resulta conocido? La gran muchedumbre, la mujer asustada y el maestro religioso. Excepto que aquí, el maestro se olvida de la mujer porque está pensando en lo que quiere decir. Jesús se abstiene de un sermón por el bienestar de una persona. Sin embargo, Spurgeon ignora a una persona en favor de un sermón. La cosa se empeoró:

> Al principio, estaba completamente desconcertada y después... enojada. En seguida volví a mi casa y le conté mi aflicción a mi dulce madre. Ella razonó sabiamente que mi esposo no era un hombre común, que su vida entera estaba dedicada a Dios, y que yo nunca jamás debía ponerle obstáculos.

Después, Spurgeon volvió a su casa, disgustado porque no pudo encontrar a su mujer.

> Mi querida madre habló con él y le contó toda la verdad. Con tranquilidad él me dejó decirle cuán indignada me había sentido, y luego él repitió la pequeña enseñanza

de mi madre, remarcando que, antes que nada, él era un siervo de Dios[4].

¿Te diste cuenta de cómo metieron a Dios en el medio? De algún modo, Dios fue el motivo por el que Spurgeon ignoró a su mujer. Así que la esposa recibió un sermón de su madre y de su marido por sentirse dolida. Dios no se revela en la vida de Spurgeon a través de este incidente; él es la excusa para no amar.

Spurgeon y yo tenemos mucho en común. Cuando Jill compartía sus sentimientos conmigo, fueran buenos o malos, yo la «reparaba». Una vez, cuando se sentía agonizada por Kim, le dije: «¿Por qué no se la entregas a Dios de una buena vez». Su respuesta me dejó mudo: «Lo hago. Lo hago todos los días».

Otras veces, yo ignoraba qué sentía Jill. No sabía qué efecto había tenido sobre sus amistades, su futuro y sus sueños el hecho de tener una hija discapacitada. A pesar de que yo hacía cosas por ella, empecé a entender por qué Jill quería saber si yo la amaba. Me di cuenta de que yo era bueno para «resucitar al hijo muerto», pero no dedicaba tiempo a mirar a Jill, a sentir y a caminar con ella. Yo ya estaba buscando el próximo «hijo muerto». Cuando me concentraba en la tarea y no en Jill, ella sentía la diferencia. La sensibilidad de Jesús me sugirió una nueva manera, menos «eficiente», de relacionarme.

Me di cuenta de que el amor no es eficiente.

Cuando el Exxon *Valdez* derramó miles de galones de crudo a lo largo de la costa de Alaska, el presidente de la compañía descartó la sugerencia de ir a ver el desastre, dando a entender que ese viaje sería una pérdida de tiempo para él. Tenía el poder, pero no tenía bondad. ¿Cómo podría haber afectado su corazón arrodillarse en la mugre y limpiar algunos gansos?

Jesús nos ha mostrado cómo amar: hay que mirar, sentir y después ayudar. Si ayudamos a alguien, pero no nos tomamos el tiempo de mirar a la persona y de sentir lo que está sintiendo, nuestro amor es frío. Si miramos y sentimos, pero no hacemos lo posible para ayudar, nuestro amor es mezquino. El amor hace las dos cosas.

Capítulo 2

EL MIRAR MOLDEA EL CORAZÓN

APRENDER A MIRAR A LAS PERSONAS

Cuando llego a casa después del trabajo, a veces reviso el correo mientras escucho lo que Jill me cuenta sobre su día. Digo cosas como: «Ah, ahá, sí, Jill, qué interesante, ahá». Cuando hago esto, Jill se enoja porque la hago sentir que, para mí, el correo es más importante que ella. Cuando ella me habla, quiere que le preste atención y sabe que lo hago cuando la miro.

Mientras estudiaba cómo amó Jesús, me sorprendió la cantidad de veces que Jesús mira a las personas. Entre todos, los Evangelios mencionan unas cuarenta veces que Jesús miró a las personas. Particularmente, me impresionó la cantidad de veces que su compasión por las personas estuvo precedida por su atenta mirada. Esta es solo una muestra:

> *Cuando vio a las multitudes, les tuvo compasión, porque estaban confundidas y desamparadas, como ovejas sin pastor.* (Mateo 9:36)

Jesús miró al hombre y sintió profundo amor por él.
(*Marcos 10:21*)

Cuando Jesús vio a su madre al lado del discípulo que él amaba, [él le pidió a su amigo más cercano, Juan, que cuidara a su madre]. (*Juan 19:26-27*)

Jesús nos muestra cómo ver y nos enseña a mirar

Jesús describe el mismo patrón en sus parábolas. Las parábolas son historias simples que tienen el propósito de cambiar la manera de pensar del que las escucha. A menudo son sorprendentes, como el comportamiento de Jesús.

La parábola del buen samaritano nos cuenta cómo un samaritano rescata a un hombre que fue asaltado y golpeado por ladrones cuando iba por el camino de Jericó a Jerusalén, un tramo de la carretera que era sumamente peligroso. Para entender cómo esta historia debió haber escandalizado a los judíos, imagina que alguien cuenta una historia acerca de «El nazi bueno». Los judíos y los samaritanos se odiaban.

En la parábola, dos religiosos profesionales (un levita y un sacerdote) pasan al lado del hombre en la cuneta con temor a involucrarse. Luego, un samaritano se detiene, le pone vendajes al hombre, lo lleva a una posada y paga por el alojamiento. La descripción que hace Jesús sobre cómo el samaritano cuida del hombre herido es idéntica a cómo él mismo se acerca a las personas: «*Entonces pasó un samaritano despreciado y, cuando vio al hombre, sintió compasión por él. Se le acercó y le alivió las heridas con vino y aceite de oliva, y se las vendó»* (*Lucas* 10:33-34). El samaritano lo mira, tiene compasión de él y actúa.

El samaritano ve a una persona. El sacerdote y el levita ven un problema. Están demasiado distraídos, preocupados o inmersos en sus propios planes para identificarse con él. Tal vez no tenían el tiempo ni la energía para preocuparse por los problemas ajenos.

En la parábola del hijo perdido, el más joven de los dos hijos reclama su herencia mientras su padre aún está vivo, prácticamente deseando que su padre estuviera muerto[1]. Después, se va de la casa y gasta todo su dinero en una vida desenfrenada. Finalmente, muerto de hambre e indigente, decide regresar a su padre y rogarle que lo perdone: «*Entonces regresó a la casa de su padre, y cuando todavía estaba lejos, su padre lo vio llegar. Lleno de amor y de compasión, corrió hacia su hijo, lo abrazó y lo besó*» (*Lucas* 15:20). Para divisar a su hijo *cuando todavía estaba lejos*, este padre tenía que estar escudriñando el horizonte, poniendo toda su energía en mirar, especialmente porque no sabía cuándo (o si) el hijo volvería alguna vez a casa.

Cuando afrontamos una situación nueva o difícil, esta puede llegar a confundirnos o a irritarnos. Muchas veces, ni siquiera sabemos por dónde empezar. No obstante, podemos mirar. Quizás no sintamos compasión, pero podemos concentrarnos en la otra persona. Cuando mantenemos a la otra persona frente a nosotros, estamos abriendo la puerta a la compasión.

Al hablar de las personas que se habían opuesto a construir la leprosería, la Madre Teresa dijo: «Una vez que vieron, comprendieron»[2].

El amor empieza con el mirar.

Mirar es arriesgado

¿Por qué tantos somos como el sacerdote y el levita? ¿Por qué miramos para otro lado cuando vemos personas que sufren? Tenemos muchos motivos. El fastidio, la suciedad, el riesgo, el costo, el compromiso.

Cuando Jesús tocó el ataúd del hijo de la viuda, se volvió ritualmente impuro. Tocar al muerto lo contaminó. Cuando el padre recibió a su hijo perdido, se expuso no solo a la vergüenza de verse ridículo, sino también (como veremos en el próximo capítulo) se expuso al enojo y al rechazo del hijo «bueno», quien se había quedado en casa. Si el hombre golpeado hubiera estado muerto, el sacerdote y el levita se habrían arriesgado a estar ritualmente impuros durante dos semanas. Lo mejor era seguir de largo.

Sin embargo, el samaritano interrumpió sus planes y vació su billetera. Por ser un forastero, corría el riesgo de que la familia del hombre herido lo buscara para vengarse cuando lo llevó a la posada. Un estudioso dijo lo siguiente acerca del riesgo que asumió el samaritano: «El equivalente cultural estadounidense sería como si en el año 1875 un indio de las Planicies entrara caminando en Dodge City guiando a un caballo que carga a un vaquero al que le hayan arrancado la cabellera, buscara alojamiento en la taberna del pueblo y se quedara a pasar la noche para cuidarlo»[3].

Instintivamente, sabemos que el amor lleva al compromiso, por eso miramos para otro lado cuando vemos a un mendigo. Es posible que tengamos que pagar si miramos muy de cerca y si nos preocupamos demasiado. Amar significa perder el control de nuestros planes, de nuestro dinero y de nuestro tiempo. Cuando amamos, dejamos de ser el amo y nos convertimos en el siervo.

Jesús no solo está brindando un buen consejo; él cuenta esta parábola para trastornar nuestro mundo «seguro», para que podamos empezar a mirar a las personas y dejar de ver a través del lente limitado de «nuestro grupo». A menos que hagamos eso, seremos incapaces de amar.

Extenderse fuera de uno mismo

Cuando estaba estudiando cómo Jesús veía a las personas, observé de qué manera miraba Jill a Kim. Kim es alegre y animada, pero tiene dificultades para moverse y problemas para comunicarse porque no puede hablar. Ella cuenta con pocos amigos. La escuela pública a la que concurre tiene varios pisos, con escaleras empinadas y pasamanos complicados. Jill se había aprendido de memoria los horarios de Kim y oraba por ella durante los momentos difíciles del día. Cuando Kim transitaba por las escaleras, Jill oraba para que estuviera a salvo. Cuando Kim almorzaba sola en el comedor, Jill estaba pensando en ella. Con el corazón lleno de Kim, Jill se concentraba silenciosamente en ella y oraba por ella todo el día. Ella la «veía» y estaba atenta a Kim aunque no estuviera con ella. Cuando Jill miraba, se desaceleraba y se concentraba. Salía de su mundo para ingresar en el de Kim.

Cuando pienso cómo amaba Jesús a las personas, se me viene a la mente la palabra «apreciar». Cuando apreciamos a alguien, combinamos el mirar y la compasión: le prestamos atención y nos importa la persona. No nos negamos a escucharla. Apreciamos las cosas que son valiosas para nosotros: los empleos, la aprobación, las inversiones, los autos o el sexo.

Sin embargo, no somos propensos a apreciar a las personas, ni siquiera a las que están más cerca de nosotros. El redactor de una revista describe esta escena:

> El verano pasado, en la noche más agradable que uno pudiera desear en Virginia central, me encontraba presente en el entrenamiento de lacrosse de mi hija. A mi lado había un padre que estaba más interesado en su conversación por el celular (la que no parecía terriblemente urgente) que en ver jugar a su hija. Repetidas veces ella lo buscó con la mirada, ansiosa por lograr su atención, pero él nunca la miró. Si vamos al caso, tampoco lo hizo la madre de otra niña, concentrada como estaba en su computadora portátil, tecleando alegremente[4].

A estos dos padres les cuesta apreciar a sus hijos. Apreciar es el corazón palpitante de amor. Quiere decir que durante el día, tus ojos están puestos en los demás. Todos ansiamos que nos aprecien, pero muchas veces somos lentos para apreciar a otros. Queremos que alguien siempre esté pensando en nosotros, que siempre se preocupe de cómo nos está yendo en cada momento del día.

Cuando meto la pata siendo severo o impaciente con Jill o con alguno de nuestros hijos, de algún modo, he fallado en mirarlos, en prestarles atención. Estoy metido en mi propia agenda, en mis pensamientos y en mis sentimientos, más que estoy enfocado en la otra persona. Para ser amantes de personas, tenemos que verlas. Tenemos que mirarlas como lo hizo Jesús. Al igual que Jesús, tenemos que parar, mirar y escuchar.

Mirar moldea el corazón

Jesús resalta cómo el mirar puede cambiarnos cuando nos advierte contra el amor al dinero: «*Donde esté tu tesoro, allí estarán también los deseos de tu corazón. Tu ojo es una lámpara que da luz a tu cuerpo* (*Mateo* 6:21-22). El corazón que se fija en el dinero a la larga terminará siendo moldeado por el dinero. Empezamos a parecernos a aquello en lo que nos enfocamos. Si le dedicamos nuestra vida al trabajo, mentalmente llevamos la oficina al partido de lacrosse de nuestra hija.

Quizás es por eso que Jesús nos advierte tan vehementemente sobre hacer mal uso de nuestros ojos. Cuando habla del peligro de la lujuria, exagera en pro del énfasis: «*Por lo tanto, si tu ojo —incluso tu ojo bueno— te hace caer en pasiones sexuales, sácatelo y tíralo*» (*Mateo* 5:29). Dicho de otra forma: ¿cómo se nos ocurre usar nuestros ojos, que fueron hechos para llenar de amor nuestro corazón, para degradar a las personas al convertirlas en objetos sexuales?

Si el ojo es la lámpara del alma, el alma de Jesús está llena de personas.

Los ojos del amor

Corrie ten Boom fue una mujer holandesa cuya familia escondió a varios judíos en su casa durante la Segunda Guerra Mundial. Los nazis atraparon y encarcelaron a Corrie, a su hermana y a su padre por esto. Su padre murió en prisión, y su hermana, en un campo de concentración. Corrie sobrevivió para contar esta historia de su niñez:

> Una persona que tuvo influencia en mi vida a finales de mi adolescencia fue un hombre de la India. De niño

había llegado a odiar a Jesús. Sabía acerca de Dios, pero la Biblia de los cristianos era un libro que consideraba una mentira gigantesca. Una vez, tomó una Biblia y la quemó, sintiendo que con este acto, podía declarar públicamente su desprecio por las mentiras que según él contenía la Biblia. Cuando pasaban los misioneros, les lanzaba lodo.

Sin embargo, en su interior había una terrible inquietud; él anhelaba conocer a Dios. Esta es la historia que contó sobre sí mismo:

«A pesar de que yo creía que había hecho algo muy bueno al quemar la Biblia, me sentía infeliz. Después de tres días, no lo aguanté más. Me levanté temprano en la mañana y oré que si Dios realmente existía, se revelara ante mí. Yo quería saber si había existencia después de la muerte, si había un cielo. La única manera en que podía estar seguro de ello, era si moría. Así que tomé la decisión de morir.

»Planeé arrojarme delante del tren que pasaba por nuestra casa. Entonces, sucedió algo extraordinario. El cuarto se llenó de un hermoso resplandor y vi a un hombre. Pensé que podía ser Buda, o algún otro hombre santo. Luego, escuché una voz.

»*"¿Cuánto tiempo más me negarás? Yo morí por ti; di mi vida por ti".*

»Después, vi sus manos, las manos perforadas de Jesucristo. Este era el Cristo que yo había imaginado como un gran hombre que alguna vez vivió en Palestina, pero que había muerto y desaparecido. No obstante, ahora estaba de pie frente a mí… ¡vivo! Vi su rostro, que me miraba con amor.

»Tres días antes, yo había quemado la Biblia, pero él no se enojó. De pronto, cambié... lo vi como el Cristo, el único viviente, el Salvador del mundo. Caí de rodillas y fui inundado por una paz tan maravillosa como jamás había encontrado antes. Esa era la felicidad que había estado buscando por mucho tiempo».

Ese fin de semana, mientras escuchaba al sadhu, estaba sorprendida pero perturbada. Habló de las visiones que había tenido, de cómo había visto a Jesús de verdad, en un momento en el que no creía.

Un muchacho se atrevió a preguntar lo que todos queríamos saber: «Por favor, señor, ¿cómo es Jesús?».

Él puso sus manos delante de sus ojos y dijo: «Oh, sus ojos, sus ojos... son tan hermosos». Desde entonces, he anhelado ver los ojos de Jesús[5].

Una amiga mía pasó por un momento muy duro en su vida. Me contó que, en medio de la noche, se despertó con una visión de dos ojos que la miraban. Le pregunté cómo eran. Dijo que desbordaban de lágrimas y que eran los ojos de Jesús. La visión la animó para que tuviera el valor de resistir en los momentos difíciles.

No sé cuánto confiar en las visiones, pero me impresionó que estas dos visiones centraron en Jesús mirando con amor a las personas. Si sabemos que somos amados, que alguien se fija en nosotros, podemos dar amor, podemos fijarnos en los demás.

Los Evangelios sugieren que cuando miramos a Jesús, vemos a Dios amándonos. Como el padre en la parábola del hijo pródigo, Dios está esperando, mirando, sin despegar los ojos del horizonte, buscándonos. Cuando él nos ve, a pesar de que es un patriarca con dignidad, se levanta la ropa y desvergonzadamente corre hacia nosotros, mientras que nosotros caminamos fatigosamente hacia él, con nuestra carga de culpa y desesperación. Nos cobija en sus brazos y nos cubre de besos.

No es un comportamiento nuevo para Dios. Él ha mirado con compasión a las personas durante siglos. Cuando los israelitas eran esclavos, Dios dijo: «*Ciertamente he visto la opresión que sufre mi pueblo en Egipto. He oído sus gritos de angustia a causa de la crueldad de sus capataces. Estoy al tanto de sus sufrimientos*» (*Éxodo* 3:7). Los ojos de Jesús le dan un rostro a Dios.

Capítulo 3

«YO SÉ QUÉ ES LO MEJOR PARA TI»

El juicio bloquea la compasión

Tenemos un amigo que usa una silla de ruedas por una distrofia que le debilita los músculos. Un día estaba en un restaurante con un grupo de amigos; cuando fue su turno para pedir, la camarera se dirigió a sus amigos y les preguntó: «¿Qué quiere él?» Su pensamiento era simple: «Las personas que están en silla de ruedas no son normales. No puedes hablarle a las personas raras, así que hablaré a sus amigos». Él había dejado de ser una persona y se había convertido en nada más que un objeto, en una extensión de su silla de ruedas. La camarera colocó a nuestro amigo, un ingeniero eléctrico, en una categoría, en lugar de verlo como a una persona.

Es fácil tratar a las personas como objetos. Yo estaba barriendo el piso de la cocina mientras Jill lavaba los platos. Cuando llegué al lugar donde ella estaba parada, le toqué el tobillo con la escoba para poder barrer el piso debajo de ella. No dijo ni una palabra: silenciosamente se movió del sitio. Recién ahí me di cuenta de lo que había hecho. Golpeamos los objetos para moverlos, pero a las personas les hablamos, ¡especialmente a nuestros cónyuges!

¿UN PROBLEMA O UNA PERSONA?

En el primer siglo, las personas discapacitadas tenían que valerse por sí mismas mendigando a la vera del camino, por lo general, en las puertas de la ciudad, para que la gente no pudiera evitar verlas. Pocos se preocupaban por los débiles. Los héroes eran personas poderosas y sanas, como Alejandro Magno, que imponía su voluntad a los demás.

Sin embargo, Jesús es diferente.

> *Mientras caminaba, Jesús vio a un hombre que era ciego de nacimiento.*
>
> *—Rabí, ¿por qué nació ciego este hombre? —le preguntaron sus discípulos—. ¿Fue por sus propios pecados o por los de sus padres?*
>
> *—No fue por sus pecados ni tampoco por los de sus padres —contestó Jesús—. Nació ciego para que todos vieran el poder de Dios en él. Debemos llevar a cabo cuanto antes las tareas que nos encargó el que nos envió. Pronto viene la noche cuando nadie puede trabajar; pero mientras estoy aquí en el mundo, yo soy la luz del mundo.*
>
> *Luego escupió en el suelo, hizo lodo con la saliva y lo untó en los ojos del ciego. Le dijo: «Ve a lavarte en el estanque de Siloé» (Siloé significa «enviado»). Entonces el hombre fue, se lavó, ¡y regresó viendo! (Juan 9:1-7)*

Jesús mira al hombre en silencio, quizás para mostrarles a los discípulos cómo amar al hacer una pausa deliberada. Fija la atención el tiempo suficiente para que los discípulos empiecen a discutir acerca del hombre. Ellos le preguntan a Jesús: «¿Quién pecó?». Automáticamente culpan al hombre por su ceguera. Para el entramado cultural del primer siglo, eran él o sus padres los que habían pecado. Solamente necesitaban la ayuda de Jesús para poder categorizarlo. Sin embargo, Jesús va al grano y les dice que el ciego no entra en sus categorías.

Ya no es de moda hablar de «pecado», pero no hemos perdido nuestra capacidad de ser sentenciosos. Gracias a nuestros conocimientos sobre psicología, tenemos una mayor habilidad para ver a las personas o a sus actos como equivocados, malos, inferiores, desastrosos o disfuncionales. En otras palabras, ¡vemos «pecados»! Nos analizamos unos a otros todo el tiempo: «¿Tuvo una infancia problemática o es así naturalmente?». Logramos saber un poco sobre un individuo, lo ponemos en una caja y lo catalogamos: «Debería hacer terapia», o «Tiene conflictos».

El análisis les da a los discípulos un mundo seguro y organizado que mantiene a cada cosa en su lugar, de manera que pueden hablar del ciego estando justo frente a él. No obstante, Jesús se acerca a él, hace lodo y toca sus ojos. Jesús se rebaja a sí mismo para poder cuidar a otro, mientras que los discípulos se realzan a sí mismos para juzgar.

Los discípulos ven a un ciego; Jesús ve a un hombre que fortuitamente estaba ciego. Los discípulos ven un tema para debatir; Jesús ve a una persona, a un ser humano como él. Ellos ven el pecado, la consecuencia de la obra del hombre; Jesús ve la necesidad, el potencial para la obra de Dios. Los discípulos ven una tragedia definitiva y se preguntan quién fue el villano; Jesús ve una historia a medio contar, en la que lo mejor todavía está por llegar.

Una cosa es percatarse de un ciego, pero otra cosa es detenerse y hablar con él; eso da miedo. Podría pedirnos dinero o interrumpir nuestros planes. Es como si tuviéramos miedo de que su ceguera pudiera afectarnos. Este temor no es irracional: cuando hacemos una pausa para tener compasión, algo del problema de la otra persona se viene a nosotros. Una parte de su dolor nos toca. Como mínimo, desacelerar y percatarse de alguien toma tiempo.

La compasión nos afecta. Quizás sea por eso que juzgamos tan rápidamente: eso nos protege de infectarnos con los problemas de otras personas. Juzgar es tan eficiente.

Si yo hubiera tenido compasión del ciego, probablemente habría juzgado a los discípulos por ser insensibles y luego me habría dado una palmadita en la espalda. La satisfacción que sentiría al observar la insensibilidad de los discípulos habría mantenido a flote mi espíritu, pero Jesús es amable con ellos. No los reprende ni los avergüenza; simplemente contesta su pregunta.

ENCONTRAR LA GLORIA EN LUGARES INESPERADOS

¿Cómo crees que se habría sentido el ciego si habría escuchado la pregunta de los discípulos? Sospecho que se hubiera sentido menospreciado y encasillado, posiblemente culpable o enojado. A lo mejor se preguntaba: «¿Qué hice para merecer esta ceguera? ¿Fue por culpa de mis padres? ¿Fui yo?». Quizás él los haya juzgado de vuelta: «esos idiotas…». Aunque el comentario de ellos lo hiciera enojar, me imagino que él se quedó con un sentimiento incómodo y pesimista: «¿Qué he hecho yo…?».

En el primer siglo, la gente veía el sufrimiento y se preguntaba qué había hecho la persona para ofender a Dios. El sufrido se enojaba consigo mismo. En el siglo XXI, reaccionamos ofendiéndonos con Dios. El afligido se enoja con Dios. Cuánto debe haberse sorprendido el ciego al escuchar la respuesta de Jesús a la pregunta de los discípulos: «*No fue por sus pecados ni tampoco por los de sus padres. [...] Nació ciego para que todos vieran el poder de Dios en él*». En lugar de condenarlo, Jesús dijo que su ceguera era una oportunidad para la obra de Dios en su vida. La oscuridad del hombre es una puerta a la luz de Dios. A través del sufrimiento veremos a Dios. Jesús toma algo que parece ser feo y estropeado, y empieza a hacerlo hermoso e íntegro, incluso antes de sanar los ojos del hombre.

Jill y yo hemos visto a Dios comenzar a hacer eso con nosotros.

Cuando Jill estaba embarazada de Kim, pensó en el salmo del Antiguo Testamento que dice: «*El Señor te libra de todo mal y cuida tu vida*» (121:7). Sin embargo, luego, Dios nos dio una hija afectada por el mal. No entendimos por qué. Jill se sentía aún peor cuando pensaba en esa promesa. Duele tener esperanzas.

Cuando Dios nos envió a Kim, nos dio algo que amábamos mucho pero que no podíamos controlar. Ella constantemente agotaba nuestras reservas. Jill y yo somos naturalmente listos, seguros... y sentenciosos. Una vez, antes de que Kim naciera, Jill estaba lavando el auto en el estacionamiento al frente de nuestra casa y pasó una vecina por la acera. Ella también era una madre joven, y le dijo a Jill: «No sé cómo tienes la fuerza para hacer todo lo que haces». Jill le contestó: «Si eres organizada, puedes hacer muchas cosas. Deberías intentarlo». Hace años, yo estaba en el centro de Filadelfia con un amigo y una persona sin hogar nos pasó por la calle. Murmuró algo incomprensible y yo lo despaché. Mientras nos alejábamos, mi amigo me preguntó: «¿Por qué le hablaste así? Él solo quería saber dónde está el comedor comunitario».

Sonrío por la obra de Dios demostrada en nuestra vida, por el sentido del humor que tiene Dios. Jill y yo hemos pasado un sinnúmero de horas haciendo terapia del habla con Kim, ayudándola a articular sus palabras masculladas. Yo he pasado cientos de horas programando la computadora de lenguaje de Kim, que ella maneja muy bien. Jill ya no tiene tiempo para ser organizada. Cuando le pregunto dónde fue a parar algún dinero, me sonríe y me responde que no lo sabe. Ya no trata de ser organizada. Sencillamente, ya no puede hacerlo.

Dios nos dio a Kim para *librarnos de todo mal*, para protegernos de ser tan santurrones y «equilibrados». Dios usó a Kim para llevarnos al final de nuestras fuerzas, para enseñarnos sobre el amor y para enseñarnos acerca de él. Nuestras vidas ya no funcionaban; tuvimos que aprender cómo vivir empezando desde abajo. Como el ciego, encontramos la gloria en el lugar más inesperado.

El ciego revive

Mientras se desarrolla poco a poco la historia del hombre ciego, la «policía moral» del día, los fariseos, descubre la sanación y detiene al exciego para interrogarlo. Están molestos porque Jesús trabajó en el día de descanso para devolverle la vista al hombre. Como todos los buenos burócratas, pasan por alto lo obvio y se fijan en lo que ven como un error. La observación del día de descanso era la señal más visible de que uno era judío. Así que, al transgredir el día de descanso, Jesús había pisoteado un símbolo de identidad nacional.

El ciego demuestra ser un astuto observador. Es el más listo del grupo. Tras un interrogatorio inicial, los fariseos lo entrevistan otra vez, tratando de criticar a Jesús. Ellos están en una disyuntiva. Por un lado, Jesús sigue haciendo milagros asombrosos que parecerían señalar que son de origen divino, pero por otro lado, sigue fastidiándolos al quebrantar sus normas religiosas.

Por segunda vez llamaron al hombre que había sido ciego y le dijeron:

—Es Dios quien debería recibir la gloria por lo que ha pasado, porque sabemos que ese hombre, Jesús, es un pecador.

—Yo no sé si es un pecador —respondió el hombre—, pero lo que sé es que yo antes era ciego, ¡y ahora puedo ver!

—¿Pero qué fue lo que hizo? —le preguntaron—. ¿Cómo te sanó?

—¡Miren! —exclamó el hombre—. Ya les dije una vez. ¿Acaso no me escucharon? ¿Para qué quieren oírlo de nuevo? ¿Ustedes también quieren ser sus discípulos?

Entonces ellos lo insultaron y dijeron:

—Tú eres su discípulo, ¡pero nosotros somos discípulos de Moisés! Sabemos que Dios le habló a Moisés, pero no sabemos ni siquiera de dónde proviene este hombre. (Juan 9:24-29)

Detrás de una fachada de cortesía, los fariseos le hacen preguntas abiertas al hombre que ahora puede ver. Ellos quieren que él también juzgue a Jesús. Sabiendo perfectamente que desprecian a Jesús, él les pregunta (dando una muestra de inocencia) si quieren que les repita su relato porque, en el fondo, ¡ellos mismos desean convertirse en discípulos! Su pregunta irónica y burlona elimina cualquier fingimiento de evaluación imparcial. ¡No solo es perceptivo y atrevido, sino que además tiene sentido del humor![1].

Al no lograr lo que quieren de él, los fariseos insultan al ciego y a Jesús. Su último comentario: *«no sabemos ni siquiera de dónde proviene este hombre»* posiblemente podría ser una alusión a María, que no estaba casada cuando Jesús fue concebido. De ser así, están llamando bastardo a Jesús.

Sin embargo, el que antes estaba ciego, ahora se pone de pie rápidamente. Luego de vivir tantos años en el rango más bajo de la humanidad, podía ver claramente.

> *—¡Qué cosa tan extraña! —respondió el hombre—. A mí me sanó los ojos, ¿y ustedes ni siquiera saben de dónde proviene? Sabemos que Dios no escucha a los pecadores pero está dispuesto a escuchar a los que lo adoran y hacen su voluntad. Desde el principio del mundo, nadie ha podido abrir los ojos de un ciego de nacimiento. Si este hombre no viniera de parte de Dios, no habría podido hacerlo.*
>
> *—¡Tú naciste pecador hasta la médula! —le respondieron—. ¿Acaso tratas de enseñarnos a nosotros? (Juan 9:30-34)*

Su respuesta enfurece a los fariseos, quienes son cada vez más ciegos. ¿Cómo puede alguien *pecador hasta la médula* enseñarnos a nosotros, que somos tan buenos, tan educados y tan poderosos? Irónicamente, los fariseos contestan la primera pregunta de los discípulos: «¿Quién pecó?». El ciego lo hizo. Exasperados, lo echan de la sinagoga, una excomulgación que en el primer siglo lo aislaba socialmente. Nada del otro mundo; él ya ha pasado toda su vida en la calle. Sus amigos son los vagabundos y los mendigos.

Es como si los fariseos hubieran despedido a alguien que no era empleado de ellos.

Jesús se entera de lo sucedido y busca al hombre. La primera vez que se encontraron, Jesús lo miró y el hombre pudo ver con sus ojos. Esta vez, puede verlo con el corazón. Primero, la sanidad exterior; después, la sanidad interior.

> *Cuando Jesús supo lo que había pasado, encontró al hombre y le preguntó: —¿Crees en el Hijo del Hombre?*
>
> *—¿Quién es, señor? —contestó el hombre—. Quiero creer en él.*
>
> *—Ya lo has visto —le dijo Jesús—, ¡y está hablando contigo!*
>
> *—¡Sí, Señor, creo! —dijo el hombre. Y adoró a Jesús.*
>
> *Entonces Jesús le dijo:*
>
> *—Yo entré en este mundo para hacer juicio, para dar vista a los ciegos y para demostrarles a los que creen que ven, que, en realidad, son ciegos.* (Juan 9:35-39)

Jesús completa la sanidad estableciendo una relación con la persona. Es una relación impactante para un judío del primer siglo, que solamente veneraba a Dios. Al aceptar la adoración, tácitamente Jesús afirma ser divino y tener la autoridad para juzgar. Jesús concluye juzgando a los jueces, los ciegos que creen ver.

El secreto de la compasión

Jesús dijo que su manera principal de relacionarse con las personas es salvándolas, no evaluándolas: «*Porque he venido para salvar al mundo y no para juzgarlo*» (Juan 12:47). Eso no solo describe su vida entera sino los momentos particulares de su vida, como este breve encuentro con el ciego. Lentamente, estoy aprendiendo qué significa esto para mis propios encuentros breves.

Era una típica mañana en nuestra casa: ocho personas usando un solo baño, comiéndose el desayuno de un trago, preparando siete almuerzos, todos corriendo hacia tres ómnibus diferentes, los niños lloriqueando y quejándose; en síntesis, una locura total. Esta mañana en particular, Jill había llegado a su límite y dejaba que todos lo supieran.

Mi primera reacción habría sido darle un consejo, pero por estar atento a Jesús, comenzaba a darme cuenta de que mi rapidez en corregir a las personas era una forma de juzgar. Así que bajé la velocidad y entré en el mundo de Jill, pidiéndole que me dijera qué sentía. Se descargó durante casi una hora. Al final, me di cuenta de lo frustrada que se sentía porque nuestros hijos mayores no la ayudaban. Una vez que entendí cuál era el verdadero problema, supe cómo ayudarla.

Esa noche me senté con los chicos más grandes, les expliqué la frustración de su mamá, repartí los quehaceres del hogar entre ellos, pegué la lista de deberes al costado de la heladera y les dije que a partir de ese momento, yo iba a ser el malo de la familia si no cumplían con sus trabajos. Me había echado encima la frustración de Jill. El amor muchas veces no borra las preocupaciones, solo las pone en otro par de hombros, los nuestros.

Unos pocos meses después, nuestra hija mayor, Courtney, que en ese momento tenía diecisiete años, llegó tarde a casa después de salir con sus amigos. Entró por la puerta posterior e inmediatamente se enojó conmigo porque iba a hacerla cumplir con su trabajo: barrer el piso de la cocina. Ni siquiera le había dicho algo, pero como ella sabía que ese era su quehacer, empezó a quejarse. Me vi tentado de recordarle que, en una familia grande, todos tenemos tareas por hacer; todas las personas de una comunidad tienen que trabajar. Ya sabes, el típico sermón impulsivo de padre.

No obstante, como había estado reflexionando en mi tendencia a juzgar, mantuve la boca cerrada y le pregunté si quería hablar al respecto. No quiso. Luego le pregunté si podía ayudarla a barrer; ella dijo que no. Por último, suponiendo que yo no tenía nada que perder, le dije: «Courtney, siéntate». Lo hizo y le pregunté qué sucedía. Se descargó con la historia de cómo una amiga suya había hablado mal de ella y la había juzgado por algo. A medida que hablábamos, Courtney se relajó y todo el enojo se diluyó. Cuando terminó, la ayudé a barrer el piso. Si le hubiera hecho caso a mi reacción inicial y solamente hubiera criticado a Courtney, habría perdido la oportunidad de amar a mi hija y de ver el mundo a través de sus ojos.

El juzgar es automático, rápido y carece de reflexión, mientras que la compasión es lenta y considerada. Cuando bajé de revoluciones para poder sentir compasión, estuve más cerca de Courtney y de Jill. Si me hubiera apurado y las hubiera juzgado, me habría alejado de ellas. El juzgar separa y, por consiguiente, destruye la comunidad; la compasión une y crea comunidad.

Henri Nouwen, un sacerdote católico que dejó un puesto docente en Harvard para cuidar a adultos discapacitados, escribió:

> Para poder servir a otros, debemos morir a ellos; es decir, tenemos que dejar de medir nuestra importancia y nuestro valor con la vara de los demás. Morir a nuestro prójimo significa dejar de juzgarlo, dejar de analizarlo y, así, llegar a ser libres para ser compasivos. La compasión

> nunca puede convivir con el juicio, porque el juicio genera la distancia y la diferenciación que nos impiden estar realmente con el otro... «*No juzguen y no serán juzgados*» es una orden de Jesús que es, en realidad, muy difícil de cumplir. Pero encierra el secreto de un ministerio compasivo[2].

Muchas veces veremos cosas equivocadas en las personas, pero esa primera mirada ¿nos lleva a la compasión y a ayudar, o a juzgar y a distanciarnos? La compasión y el juzgar son dos maneras diferentes de «mirar».

Cuando dejamos de juzgar, descansamos del incesante trabajo de analizar a los demás. No necesitamos descifrar en qué se equivocan las personas; ese es el trabajo de Dios. Nuestro trabajo es tratar de entender.

Capítulo 4

«YO SOY MEJOR QUE TÚ»

LA ARROGANCIA MORAL BLOQUEA LA COMPASIÓN

Un día de perros es solo eso: un día de perros. Todos se dan cuenta, incluso tú. No obstante, el mal aliento es diferente. Los demás lo huelen, pero tú no. La arrogancia moral (creer que somos mejor que otro) es como el mal aliento. Los demás pueden olerla, pero tú no.

Esto lo vemos en la parábola del hijo pródigo. Aunque el padre está eufórico porque su hijo ha vuelto a casa, el hermano mayor se pone furioso cuando escucha que su padre va a dar una fiesta para su hermano:

> *El hermano mayor se enojó y no quiso entrar. Su padre salió y le suplicó que entrara, pero él respondió: «Todos estos años, he trabajado para ti como un burro y nunca me negué a hacer nada de lo que me pediste. Y en todo ese tiempo, no me diste ni un cabrito para festejar con mis amigos. Sin embargo, cuando este hijo tuyo regresa después de haber derrochado tu dinero en prostitutas, ¡matas el ternero engordado para celebrar!».* (Lucas 15:28-30)

Comparado con su hermano, el hijo mayor es verdaderamente un buen tipo, pero lo único que puede ver son sus propios logros. Porque se fija en su propia bondad, no puede ver a su hermano como lo ve su padre. Su «bondad» lo congela, incapacitándolo para acercarse a su hermano menor. Como el juzgar, la arrogancia moral impide la compasión.

UN ANÁLISIS SOBRE LA ARROGANCIA MORAL

En los Evangelios, Jesús reprende a las personas que se creen moralmente superiores, especialmente a los fariseos.

> *Uno de los fariseos invitó a Jesús a cenar, así que Jesús fue a su casa y se sentó a comer. Cuando cierta mujer de mala vida que vivía en la ciudad se enteró de que Jesús estaba comiendo allí, llevó un hermoso frasco de alabastro lleno de un costoso perfume. Llorando, se arrodilló detrás de él a sus pies. Sus lágrimas cayeron sobre los pies de Jesús, y ella los secó con sus cabellos. No cesaba de besarle los pies y les ponía perfume.*
>
> *Cuando el fariseo que lo había invitado vio esto, dijo para sí: «Si este hombre fuera profeta, sabría qué tipo de mujer lo está tocando. ¡Es una pecadora!». (Lucas 7:36-39)*

Jesús era un rabino muy conocido, así que la noticia de que estaba invitado a la casa de un fariseo debe haber corrido por la ciudad. Probablemente todas las personas de esta historia habían escuchado a Jesús enseñando en la sinagoga[1].

En los banquetes, los judíos adoptaban la costumbre griega de recostarse en un sillón, de cara a la mesa con las piernas extendidas. Además, el anfitrión se aseguraba de que a sus invitados les lavaran los pies, ya que debían estar sucios de caminar por los caminos polvorientos con sandalias abiertas. Sin embargo, en este incidente una mujer *de mala vida* le lava los pies a Jesús.

Cuando Simón la ve, «supone» que Jesús no ha podido interpretar correctamente a esta mujer. Las apariencias eran importantísimas para los fariseos, y Simón se escandaliza de que a Jesús no le preocupen para nada las apariencias. No obstante, Simón quiere aparentar ser bueno, así que en lugar de confrontar abiertamente a Jesús, *dijo para sí... ¡Es una pecadora!* La palabra «pecadora» insinúa que la mujer ya ha sido condenada por la sinagoga por ser adúltera o que es conocida como una prostituta. Simón llega a la conclusión de que Jesús no es un profeta, sino un farsante, porque es pésimo para ver. Sin embargo, Jesús no solamente ve a la mujer como realmente es, sino que también ve como es realmente Simón.

Hay que reconocerle algún mérito a Simón: el comportamiento de Jesús es sorprendente. Piénsalo. Imagínate que eres un tipo que está recostado en un sillón y que una atractiva mujer entra al lugar y comienza a llorar a tus pies. Deja caer su largo cabello (que, en la cultura de Simón, solamente se hacía en presencia de su marido) y cubre tus pies con él para secar sus lágrimas. Mientras lo hace, cubre de besos tus pies. Por último, saca un pequeño frasco de perfume que trae colgado del cuello y lo derrama sobre tus pies. Todos están mirándote. Una prostituta muy conocida está tocándote y besándote los pies. ¿Te sientes incómodo? La escena es muy íntima y personal, ¡y a la vista de todo el mundo! La mayoría de hombres, en una situación similar (en cualquier cultura), se sentirían avergonzados.

No obstante, Jesús parece despreocupado por la reacción de los demás. No solo permite que la mujer lo toque, también parece disfrutar de su atención. Ella percibe su corazón amoroso y llora a sus pies. Tiene el corazón destrozado por el pecado: todos los métodos que usó antes para conseguir amor parecen tan vacíos, comparados con este hombre, este amante de personas, misericordioso y benévolo.

Jesús dirige su atención hacia Simón:

Entonces Jesús respondió a los pensamientos del fariseo:

—Simón —le dijo—, tengo algo que decirte.

—Adelante, Maestro —respondió Simón.

Entonces Jesús le contó la siguiente historia:

—Un hombre prestó dinero a dos personas, quinientas piezas de plata a una y cincuenta piezas a la otra. Sin embargo, ninguna de las dos pudo devolver el dinero, así que el hombre perdonó amablemente a ambas y les canceló la deuda. ¿Quién crees que lo amó más?

Simón contestó: —Supongo que la persona a quien le perdonó la deuda más grande.

—Correcto —dijo Jesús.

Luego se volvió a la mujer y le dijo a Simón:

—Mira a esta mujer que está arrodillada aquí. Cuando entré en tu casa, no me ofreciste agua para lavarme el polvo de los pies, pero ella los lavó con sus lágrimas y los secó con sus cabellos. Tú no me saludaste con un beso, pero ella, desde el momento en que entré, no ha dejado de besarme los pies. Tú no tuviste la cortesía de ungir mi cabeza con aceite de oliva, pero ella ha ungido mis pies con un perfume exquisito.

Te digo que sus pecados —que son muchos— han sido perdonados, por eso ella me demostró tanto amor; pero una persona a quien se le perdona poco demuestra poco amor. (*Lucas* 7:40-47)

Jesús cuenta esta parábola para ayudar a que Simón vea que él necesita el perdón tanto como la mujer. Desconsideradamente, Simón desatendió darle la bienvenida a un rabí muy conocido al no ofrecerle agua, un beso y aceite. Omitir esta gentileza era dar a entender que Jesús era por debajo de Simón. Él había empezado a juzgar a Jesús antes de que Jesús entrara caminando por la puerta[2]. Su arrogancia moral le impide ver a Jesús, a la mujer y a sí mismo. Su orgullo es tan horrible como la prostitución.

Después de contar la parábola, Jesús gira para mirar a la mujer. Le dice a Simón: «*Mira a esta mujer*». Jesús quiere que Simón deje de juzgar y empiece a mirar. Simón solo conoce el pasado de la mujer, pero Jesús ve su presente. Simón considera una categoría, pero Jesús ve a una persona transformada. Simón tiene una opinión rígida sobre las personas; coloca a las personas en una categoría y las deja ahí: los ciegos no ven y los pecadores no se arrepienten.

Simón no puede *ver a esta mujer* porque está lleno del concepto de su propia bondad. Por más raro que parezca, la buena imagen que tiene de sí mismo le impide amar. Se escandaliza de ella porque cree que él nunca haría algo tan malo como lo que esta mujer ha hecho y, por lo tanto, él es mejor que ella; así que no necesita nada de lo que Jesús tenga para ofrecer. La parábola contundente y el regaño de Jesús están dirigidos a la actitud santurrona de Simón.

Cuando somos moralmente arrogantes, la inflexibilidad como la de Simón no solamente nos protege, sino que además impide que nuestro mundo se enturbie. Cuando todo está claramente definido y cada uno está puesto en su lugar, y donde nosotros somos los justos, podemos relajarnos. Los pecadores les recuerdan a los fariseos que ellos están bien.

Al reprender a Simón, Jesús le confiere poder a la mujer. La defiende y la honra públicamente. El elogio de ella resulta aún más significativo cuando nos damos cuenta de que está honrando a alguien que la cultura del primer siglo despreciaba: a las mujeres en general y a las prostitutas, en particular; y que está menospreciando a quien ellos honraban: los líderes religiosos. Un rabino era famoso por su santidad ¡porque les arrojaba piedras a las mujeres que se le acercaban en público!

Al ponerse del lado de la mujer, Jesús se expuso al desdén de Simón. Jesús la liberó de sus pecados, pero en el proceso, cargó con el estigma de la reputación de ella. Pagó un precio por perdonarla.

> *Entonces Jesús le dijo a la mujer: «Tus pecados son perdonados».*
>
> *Los hombres que estaban sentados a la mesa se decían entre sí: «¿Quién es este hombre que anda perdonando pecados?».*
>
> *Y Jesús le dijo a la mujer: «Tu fe te ha salvado; ve en paz».* (*Lucas* 7:48-50)

Jesús completa la «sanidad» de la mujer perdonando sus pecados. Cuando has hecho algo malo, quieres liberarte de ello. Conversar con la persona que heriste puede servir, pero a veces, una conversación no es posible. El perdón de Jesús la libera.

Simón estaba lisiado porque no veía su corazón orgulloso

y su necesidad de ser perdonado. La mujer, que había visto el efecto incapacitante de su pecado y su necesidad de ser perdonada, solamente necesita ser bienvenida. Con sus pecados perdonados, su pasado olvidado y su dignidad restaurada, ella puede *irse en paz*. Así como la resurrección del hijo muerto reimplantó a la viuda en la comunidad, Jesús recibe a la mujer en una nueva clase de comunidad, una comunidad establecida en el perdón.

Los invitados de Simón están escandalizados. Tú puedes perdonar a alguien que te ha lastimado, pero no vas por ahí perdonando los pecados de los desconocidos. En otra ocasión, cuando Jesús perdonó los pecados de un hombre, la multitud respondió: «*¿Qué es lo que dice? ¡Es una blasfemia! ¡Solo Dios puede perdonar pecados!*» (*Marcos* 2:7). El hecho de que Jesús conceda su perdón, que ellos reconocen como una reivindicación de divinidad, ofende a los huéspedes. Se preguntan: «¿Quién se cree Jesús? ¿Cómo puede perdonar a esta mujer?». Su reacción tiene sentido. Si Susana lastima a Jorge, Jorge puede decirle a Susana: «Te perdono». Sin embargo, ¿cómo puede un desconocido decirle a Susana: «Yo te perdono por lo que le hiciste a Jorge»? Es una tontería. No obstante, si en última instancia todo pecado es contra Dios, entonces la declaración de Jesús tiene perfecto sentido... si él es Dios.

La compasión de Jesús no lo llevó a encubrir el pecado de la mujer. Él lo tomó muy en serio. Sin una pizca de arrogancia moral, Jesús trae un mensaje de misericordia para la mujer y uno de amonestación para Simón. Solemos pensar que las personas compasivas son amables: son buenas enfermeras, pero pésimas para cobrar. Sin embargo, Jesús es compasivo y sincero, tanto con Simón como con la mujer.

TODOS SOMOS UN DESASTRE

En la siguiente parábola, Jesús le apunta a la santurronería:

> *Luego Jesús contó la siguiente historia a algunos que tenían mucha confianza en su propia rectitud y despreciaban a los demás: «Dos hombres fueron al templo a orar. Uno era fariseo, y el otro era un despreciado cobrador de impuestos. El fariseo, de pie, apartado de los demás, hizo la siguiente oración: "Te agradezco, Dios, que no soy un pecador como todos los demás. Pues no engaño, no peco y no cometo adulterio. ¡Para nada soy como ese cobrador de impuestos! Ayuno dos veces a la semana y te doy el diezmo de mis ingresos".*
>
> *«En cambio, el cobrador de impuestos se quedó a la distancia y ni siquiera se atrevía a levantar la mirada al cielo mientras oraba, sino que golpeó su pecho en señal de dolor mientras decía: "Oh Dios, ten compasión de mí, porque soy un pecador". Les digo que fue este pecador —y no el fariseo— quien regresó a su casa justificado delante de Dios. Pues los que se exaltan a sí mismos serán humillados, y los que se humillan serán exaltados».*
> *(Lucas 18:9-14)*

Esta parábola debe de haber impactado a los que la escucharon. El fariseo es un tipo bueno de verdad: recicla la basura, paga sus cuentas, corta el césped de su casa, dona dinero para obras de beneficencia, es entrenador de béisbol, no le pega a su mujer y no anda persiguiendo otras mujeres. Es el ciudadano modelo.

Por otra parte, el cobrador de impuestos se ha entregado completamente al gobierno romano por dinero. Es el promotor que construye centros comerciales ignorando el medioambiente, el leñador que tala indiscriminadamente madera virgen sin reforestar, el corredor de bolsa que te aconseja vender solo para ganarse una comisión. No es tanto que desobedezca la ley, sino que usa la ley para forrar sus bolsillos. Toda sociedad tiene sus «cobradores de impuestos» y cada una de ellas los odia.

Sin embargo, a Jesús le gusta más este cobrador de impuestos que el fariseo, porque el cobrador de impuestos ve lo que él es realmente: un desastre; mientras que el fariseo niega su verdadero corazón. El sentido de la parábola es claro: Nadie tiene realmente todo bajo control. La vida de todos tiene algo de desastre. Todos necesitamos ayuda.

La arrogancia del fariseo domina su capacidad de verse a sí mismo con claridad. Simplemente, no lo capta. No obstante, como la mujer en la casa de Simón, el cobrador de impuestos sabía que su vida no funcionaba; sabía que su vida giraba alrededor de sí mismo, que se creía Dios y había pisoteado a las personas. Lo sabía y lo odiaba; por eso buscaba ayuda externa. No necesitaba solamente que Dios lo asistiera; necesitaba una reparación completa. Por eso grita: «*Oh Dios, ten compasión de mí, porque soy un pecador*». Ha llegado a la conclusión trascendental de que él, no sus circunstancias, causó el desastre que es su vida. Hasta su lenguaje corporal es un reflejo de su corazón: se queda parado a la distancia, no levanta la mirada, y se golpea el pecho. Ya no puede seguir enfrentando la vida. Jesús encuentra más encantadora la sinceridad de este hombre que los logros orgullosos del fariseo.

Acepta tu desbarajuste personal

Es un alivio enorme aceptar que eres un desastre: que te encierras en ti mismo e, instintivamente, te ocupas primero de tus necesidades. Intenta hacer esta pequeña prueba, completando los espacios en blanco de la oración del fariseo. Es una manera sencilla de ponerte en contacto con tu fariseo interior.

> «Te agradezco, Dios, que no soy como ________________ (un grupo de personas que te vuelve loco), ni como ________________ (una persona en particular que te vuelve loco). Pues ______________ (algo bueno que haces tú, que esas otras personas no hacen)».

Al reconocer que eres un desbarajuste, puedes dejar de fingir que tienes todo bajo control. Jesús les dice a las personas: «Relájense, ¡ustedes son mucho peores de lo que piensan!»[3]. Da algo de miedo crecer en este sentido porque pierdes el control de tu imagen, de cómo te ven los demás. Sin embargo, ¿estuviste realmente en control de eso alguna vez?

Jesús no quiere que sus oyentes sigan siendo un desbarajuste; él quiere que, como el cobrador de impuestos, se vuelvan a Dios y digan: «*Oh Dios, ten compasión de mí, porque soy un pecador*». Cuando te pones en contacto con el cobrador de impuestos en tu interior, permites que la energía de Dios entre en tu vida. Jesús concluye la parábola, diciendo: «*Les digo que fue este pecador —y no el fariseo— quien regresó a su casa justificado delante de Dios*». El primer paso hacia Dios es darte cuenta de que estás en la senda equivocada, que vas por el mal camino. En realidad, si lo piensas, es muy liberador. Si te sacas la máscara, puedes ser realista y relajarte.

Cuando nos damos cuenta de que no tenemos todo bajo control, nos pueden agradar otras personas, porque ya no somos moralmente superiores a ellas. Por lo tanto, estamos más dispuestos a ayudar que a dar consejos, más prestos a escuchar que a dar lecciones. Observando la ternura que manaba de la mujer, Jesús le dijo a Simón: *«por eso ella me demostró tanto amor»*. Sin embargo, también observó la frialdad de Simón: *«a quien se le perdona poco demuestra poco amor»*.

Según Jesús, todos necesitamos ser perdonados. Saber que somos insuficientes delante de Dios y de los demás nos lleva a la compasión, pero cuando pensamos que somos buenos delante de Dios y de los demás, nos volvemos personas egocéntricas y complicadas. Cuanto mejores creemos ser, menos podemos amar. Cuanto más veamos nuestra necesidad, más buscaremos ayuda... y más ayudaremos a otros, porque seremos capaces de ver su necesidad.

Capítulo 5

«ESTO ES LO QUE DEBERÍAS HACER»

EL LEGALISMO BLOQUEA LA COMPASIÓN

En Pensilvania, todavía tenemos «leyes dominicales» constados que dicen que no puedes comprar una linterna un domingo si vas a usarla para pescar, pero que puedes comprar una linterna si vas a usarla para revisar una faringitis. Mi familia tenía una regla similar cuando yo era chico. Los domingos podía leer únicamente libros religiosos. El domingo era el día de descanso en el que solamente pensabas en Dios.

El legalismo toma una norma buena, como la de «descansar un día a la semana», e inventa un sistema estricto que se olvida de las personas. El legalismo puede bloquear la compasión, así como lo hacen el juzgar y la arrogancia moral o la santurronería. El legalismo reafirma tu arrogancia moral porque te habla de tu propia bondad. Sistematiza el juzgar a los demás, eliminando las zonas grises para que no tengamos que pensar en el amor.

Cómo funciona el legalismo

Podemos entrever cómo funciona el legalismo, observando a Jesús en la casa de otro fariseo:

> *Mientras Jesús hablaba, uno de los fariseos lo invitó a comer en su casa. Jesús fue y se sentó a la mesa. Su anfitrión se sorprendió de que se sentara a la mesa sin antes realizar la ceremonia de lavarse las manos que exigía la costumbre judía. Entonces el Señor le dijo: «Ustedes, los fariseos, son tan cuidadosos para limpiar la parte exterior de la taza y del plato pero están sucios por dentro, ¡llenos de avaricia y de perversidad! ¡Necios! ¿No hizo Dios tanto el interior como el exterior? Por lo tanto, limpien el interior dando de sus bienes a los pobres, y quedarán completamente limpios.*
>
> *»¡Qué aflicción les espera, fariseos! Pues se cuidan de dar el diezmo sobre el más mínimo ingreso de sus jardines de hierbas, pero pasan por alto la justicia y el amor de Dios. Es cierto que deben diezmar, pero sin descuidar las cosas más importantes.*
>
> *»¡Qué aflicción les espera, fariseos! Pues les encanta ocupar los asientos de honor en las sinagogas y recibir saludos respetuosos cuando caminan por las plazas».* (Lucas 11:37-43)

Lo único que quería el fariseo era que Jesús se lavara las manos antes de comer. ¿Por qué se disgusta tanto Jesús? Jesús reacciona al ritual legalista que permeaba la cultura judía y que, a su vez, obstruía el amor. Cada vez que se lavaban las manos, los fariseos le prestaban atención a la buena noticia: «Yo soy mejor que las personas que no se lavan».

Jesús arremetió contra los fariseos porque aparentaban ser

de una manera pero eran de otra. Escrupulosamente *se cuidaban de dar el diezmo sobre el más mínimo ingreso de sus jardines de hierbas,* pero luego descuidaban a los pobres. Aparentaban una cosa en público y hacían otra en privado, porque lo único que les importaba era cómo se veían frente a su grupo. Jesús les dice: «*Les encanta ocupar los asientos de honor*». En otra oportunidad, describió a los fariseos diciendo: «*Todo lo que hacen es para aparentar*» (*Mateo* 23:5). Los legalistas quieren que la gente los mire a ellos, mientras que los que aman miran a los otros.

Como el legalista obtiene su valor como persona de la opinión de los demás, el legalismo funciona como un dios falso, dándole organización e identidad a la vida de la persona. El antiguo Medio Oriente era una cultura de vergüenza y de honor que constantemente medía a las personas según se conformaban a los mandatos sociales de su grupo particular, fueran romanos, griegos o judíos. Conocer las reglas, los códigos de la cultura, nos hace aceptables. Es por eso que los fariseos se aferraban con tanta tenacidad a sus mandatos y a sus códigos culturales. Nuestra cultura se aferra a los mandatos de la misma manera: las mujeres deben tener una carrera gratificante mientras crían hijos perfectos y lucen espléndidas. Los hombres tienen que hacer todo eso y, además, ser sensibles y encantadores. Nuestro legalismo nos deja agotados como cultura.

Jesús llega al núcleo del problema cuando dice: «*Ustedes, los fariseos, son tan cuidadosos para limpiar la parte exterior de la taza y del plato pero están sucios por dentro, ¡llenos de avaricia y de perversidad!*». Se refiere a la costumbre de los fariseos de usar solamente tazas y platos que estuvieran ritualmente limpios. Él usa este ritual como una metáfora para señalar lo que tiene de malo el legalismo: ¿Cuál es el beneficio de limpiar la parte exterior de la taza, si el interior está podrido? Enfocarse en la bondad exterior oculta la maldad interior: el corazón de las personas es malo, no solo sus acciones.

El legalismo no produce amor, porque el amor no soporta las malas motivaciones. El legalismo da por sentado que el interior de la taza es básicamente bueno y si las personas tan solo «hacen» lo correcto, todo estará bien. Las reglas en sí mismas pueden proporcionar una gran comodidad, porque pareciera que podemos alcanzarlas por nosotros mismos. Sin embargo, para Jesús, ese es el problema: «nosotros mismos». A menos que te ocupes del «yo», el ego humano, fijarse en las reglas es como volver a acomodar las sillas en la cubierta del Titanic mientras el barco se está hundiendo.

El verdadero problema

Después de criticar a los fariseos por sus rituales legalistas de alimentación, Jesús explica más a fondo por qué el legalismo no sirve: en nuestro interior, tenemos una inclinación hacia el mal:

> *Luego Jesús llamó a la multitud para que se acercara y oyera. «Escuchen, todos ustedes, y traten de entender. Lo que entra en el cuerpo no es lo que los contamina; ustedes se contaminan por lo que sale de su corazón. [. . .] Pues de adentro, del corazón de la persona, salen los malos pensamientos, la inmoralidad sexual, el robo, el asesinato, el adulterio, la avaricia, la perversidad, el engaño, los deseos sensuales, la envidia, la calumnia, el orgullo y la necedad. Todas esas vilezas provienen de adentro; esas son las que los contaminan».* (Marcos 7:14-15; 21-23)

Para poner a prueba qué tan exacta es la valoración de Jesús, lleva una libreta al trabajo o a una reunión familiar y toma nota de lo que piensas (lo bueno y lo malo) sobre los demás. Cada crítica, cada temor, cada momento de compasión, cada momento de envidia. Sé sincero en cuanto a lo que realmente estás pensando. Luego, ¡destrúyelo!

Jesús creía que el mundo es maravilloso, pero que está estropeado. Las personas fueron creadas para vivir una vida de amor, pero se echaron a perder. Somos como un exquisito jarrón japonés hecho añicos contra el piso; aún puedes ver la belleza en los fragmentos, pero cada parte que ves está roto. En todas partes vemos belleza y quebrantamiento, amor y odio, generosidad y codicia. Todo clama por algo mejor.

Si el mal es una intromisión, quiere decir que es potencialmente reparable. Hay lugar para la esperanza. No obstante, si lo que está mal en nuestro mundo es «natural», entonces estamos en problemas; somos como el viejo Dodge que yo tenía, que constantemente se paraba a la mitad de los cruces de caminos. Si hay algo intrínsecamente malo en nosotros (si somos una chatarra, como mi viejo Dodge), tenemos que ser desechados. Ese era el punto de vista de Freud: «He encontrado muy poco que sea "bueno" en los seres humanos en conjunto. En mi experiencia, la mayoría de ellos son basura»[1]. Freud esperaba poco de la humanidad. Sin embargo, Jesús vino a proclamar la buena noticia: Dios iba a destruir el mal a través de él mismo.

Jesús dio la mala noticia para que las personas pudieran prestarle atención a la buena. Por ejemplo, cuando el cobrador de impuestos (en la parábola sobre el cobrador de impuestos y el fariseo) se dio cuenta de la mala noticia en sí mismo, pudo dejar de fingir y de esa manera, Dios lo perdonó. No obstante, el fariseo, engañado por el legalismo sobre su propia bondad, no creía necesitar el perdón y por eso no lo recibió. Nuestra incapacidad es la puerta para el conocimiento de Dios. Si no cambia nuestro corazón, obsesionarse con las reglas es como pintar basura con aerosol.

El legalismo cotidiano

En esta historia de María y Marta, dos buenas amigas de Jesús, podemos ver la sutileza del legalismo:

> *Durante el viaje a Jerusalén, Jesús y sus discípulos llegaron a cierta aldea donde una mujer llamada Marta los recibió en su casa. Su hermana María se sentó a los pies del Señor a escuchar sus enseñanzas, pero Marta estaba distraída con los preparativos para la gran cena. Entonces se acercó a Jesús y le dijo:*
>
> *—Maestro, ¿no te parece injusto que mi hermana esté aquí sentada mientras yo hago todo el trabajo? Dile que venga a ayudarme.*
>
> *El Señor le dijo:*
>
> *—Mi apreciada Marta, ¡estás preocupada y tan inquieta con todos los detalles! Hay una sola cosa por la que vale la pena preocuparse. María la ha descubierto, y nadie se la quitará.* (Lucas 10:38-42)

Marta, de espíritu hacendoso, se enfoca en el trabajo. Probablemente sea la hija mayor, ya que es ella quien invita a Jesús a cenar y es su casa. También tiene la típica personalidad de hija mayor: competente, lista para hacerse cargo de las cosas y responsable. La regla de Marta es sencilla: al huésped estimado se lo honra preparándole una comida.

Su hermana María es sociable. Quiere escuchar lo que está diciendo Jesús. María no solo le ha dejado todo el trabajo a Marta, sino que está sentada ahí, haciendo nada, disfrutando de la conversación. «Sentado a los pies» también es la expresión hebrea para el discípulo de un rabino (un puesto reservado únicamente para los hombres ya que los rabinos consideraban que era un pecado enseñar a las mujeres)[2].

A los ojos de Marta, María no debía actuar como un discípulo; tenía la obligación de estar ayudando en la cocina, no de estar afuera con los hombres. A medida que el asunto se caldea, Marta empieza a ver que Jesús, el «señor rabino sabelotodo», es el verdadero problema. ¿Cómo puede él dejar que María se zafara así? ¿Acaso no sabe que éste es el primer siglo? ¿Se ha olvidado de todas las reglas?

Como todos los amigos íntimos de Jesús, Marta posee una sinceridad terminante y directa. No se guarda lo que piensa, como lo hizo Simón, ni le importa qué opina Jesús de ella cuando lo reprueba por su falta de compasión: «*¿No te parece injusto...?*».

La mentalidad de Marta está dominada por un buen principio: «compartir». Deberíamos ayudarnos entre nosotros. Sin embargo, el legalismo toma un poco de todas las cosas buenas y las usa como armas. Marta ve solamente el dogma, no a la persona. No actúa confundida (es bastante segura), pero su arrogancia moral la ha perturbado. Simón vio solamente el pasado adúltero de la mujer; Marta ve solamente la pila de platos para lavar. Por aferrarse a una buena norma no puede ver a María y a Jesús; eso hace que Marta se vuelva desagradable. El legalismo fluye y se alimenta de la arrogancia moral. No «ve», porque ya descifró todo de antemano.

De la misma manera que protegió a la mujer adúltera y al ciego, Jesús defiende a María exponiendo, dulcemente pero sin rodeos, el desasosiego de Marta. Con todas sus listas de cosas pendientes, sus quehaceres, Marta ha perdido su centro de calma. Jesús sugiere con delicadeza que *una sola cosa vale la pena:* sentarse a sus pies. Ahí, a sus pies, ella puede encontrar el descanso interior.

El legalismo oculta el egoísmo

Volvemos a encontrar a María seis días antes de la muerte de Jesús. María, Marta y su hermano Lázaro invitan a Jesús a cenar.

> *Seis días antes de que comenzara la celebración de la Pascua, Jesús llegó a Betania, a la casa de Lázaro, el hombre a quien él había resucitado. Prepararon una cena en honor de Jesús. Marta servía, y Lázaro estaba entre los que comían con él. Entonces María tomó un frasco con casi medio litro de un costoso perfume preparado con esencia de nardo, le ungió los pies a Jesús y los secó con sus propios cabellos. La casa se llenó de la fragancia del perfume.*
>
> *Sin embargo, Judas Iscariote, el discípulo que pronto lo traicionaría, dijo: «Ese perfume valía el salario de un año. Hubiera sido mejor venderlo para dar el dinero a los pobres». No es que a Judas le importaran los pobres; en verdad, era un ladrón y, como estaba a cargo del dinero de los discípulos, a menudo robaba una parte para él.*
>
> *Jesús respondió: «Déjala en paz. Esto lo hizo en preparación para mi entierro. Siempre habrá pobres entre ustedes, pero a mí no siempre me tendrán». (Juan 12:1-8)*

Lo más probable es que el perfume fuera su dote. De ser así, ella está renunciando a casarse y a tener hijos por estos pocos momentos de prodigarle su amor a Jesús. El costo de su regalo da a entender hasta dónde llegaba su amor. Cada vez que encontramos a María en los Evangelios, está a los pies de Jesús, ya sea escuchando, llorando o adorando. Marta no ha perdido el paso: sigue sirviendo. Judas se apropia de su rol malhumorado.

Judas se esconde detrás de un buen principio: «dar a los pobres». El denario es la paga por una jornada de trabajo de un obrero, así que María acaba de echar unos 25.000 dólares en el desagüe, todo encima de Jesús. El legalismo de Judas le indica que él es una buena persona, ocultando hasta de sí mismo su codicia y su odio. Parece altruista y espiritual proponer dar el dinero para los pobres, pero Judas ha estado malversando el dinero que se suponía que él debía de cuidar.

Como siempre, Jesús defiende el apasionado derroche de amor de María contra la hipocresía opresiva y legalista de Judas. Protege a María reprendiendo a Judas y, de esta manera, la honra como lo hizo con la mujer «pecadora» en la casa de Simón.

¿QUIÉN PAGARÁ LA PELÍCULA?

Nos resulta fácil ver el legalismo de Judas y de Marta, pero identificar el nuestro no es tan simple. Lo sé.

Jill administra nuestro dinero, pero yo había ahorrado un poco por mi cuenta para salir a almorzar. Me estaba cansando de los sándwiches de pasta de maní y jalea. No me había recuperado de la vez en la que Jill, en un ataque de locura administrativa, había hecho y congelado treinta sándwiches de pasta de maní y jalea al comienzo de la semana para simplificar la preparación del almuerzo durante el resto de la semana.

Era sábado por la noche, así que alquilamos una película. Nada del otro mundo. Habíamos estado apretados económicamente, así que cuando tuvimos que devolver la película, Jill quiso que la pagara con el dinero de mis ahorros y no del presupuesto familiar. Pensé que estaba volviéndose tacaña y discutimos sobre quién pagaría el alquiler de tres dólares.

Mientras pensaba en nuestra pequeña disputa, me di cuenta de que mi buena regla (no debes ser avaro), combinada con mi sensación de tener la razón, me llevaron a discutir por tres dólares. En primer lugar, me había olvidado de que nos habíamos puesto de acuerdo que yo pagaría la película. No obstante, más allá de eso, mi legalismo (como lo hace cualquier legalismo), le indicó a Jill que ella valía menos que el precio del alquiler de una película.

La pasé muy mal observando mi propio legalismo, porque mis reglas parecían muy buenas y justas: no tenía mucho dinero en mi reserva y es bueno compartir. Sin embargo, las cosas buenas y justas ciegan al legalista. Como Judas, mi interés por compartir cubría mi propia avaricia y era una tentativa para transferir la culpa en nombre de la virtud.

LA CEGUERA CARACTERÍSTICA DEL LEGALISTA

¿Te diste cuenta de que en cada uno de estos relatos, la persona que acusaba tenía el mismo problema que condenaba en el otro? El legalista moralmente arrogante se irrita por los demás, pero es culpable de los mismos defectos.

Marta acusa a Jesús de no interesarse, pero Marta no se interesó por Jesús ni por su hermana. No puede disfrutar del hecho de que su trabajo dispensa a María para aprender de Jesús. En lugar de pedir ayuda tranquilamente, juzga a Jesús por lo mismo que ella está haciendo. Simón juzga a Jesús por ser insensible y ciego, pero él es el desconsiderado que no puede ver. Al igual que Marta, yo me vi como la víctima: «Jill administra nuestro dinero y yo apenas tengo este poquito». Sin embargo, justamente aquello de lo que acusé a Jill (de ser avara) era lo que me impulsaba a mí. Somos extraordinariamente perceptivos con los defectos y los pecados ajenos, pero somos también curiosamente ciegos ante los nuestros. Nos damos cuenta de la inflexibilidad y de los problemas de los demás, pero no vemos los nuestros. Jesús dijo: «*Todas esas vilezas provienen de adentro*» (*Marcos* 7:23). Por consiguiente, no nos gusta que nos miren, por temor a que descubran qué hay en nuestro interior.

Jean-Paul Sartre, el filósofo francés, decía que una de las cosas más desconcertantes que te pueden pasar es estar mirando a alguien a través de una mirilla y darte cuenta de que la otra persona está mirándote a ti[3].

Jesús puede ver a través de las personas. Esto ha sido válido para muchos de los que lo estudiaron. Es tan maravilloso como alarmante. Alarmante porque, particularmente, no nos gusta que otro nos mire a través de una mirilla; no obstante, es maravilloso porque la verdad tiene algo de magnético. ¿Te preguntaste alguna vez por qué en las películas de terror la persona abre la puerta para averiguar de qué se trata ese sonido? Nosotros estamos pensando: «No abras la puerta. Del otro lado hay algo horrible». Sin embargo, la verdad atrae como un imán, especialmente cuando el que dice la verdad es Jesús.

Durante el último viaje de Jesús a Jerusalén, Marcos observa esta misma reacción ante Jesús; una reacción de temor y asombro: «*Subían rumbo a Jerusalén, y Jesús caminaba delante de ellos. Los discípulos estaban llenos de asombro y la gente que los seguía, abrumada de temor*» (*Marcos* 10:32).

Me pregunto si es así como se siente uno cuando está cerca de un rey, un verdadero rey, como los que tenían la antigua autoridad de arrancar cabezas. Excepto que este rey es amable de verdad: ya que a pesar de que te sientes un poquito nervioso cerca de él, también te sientes muy seguro con él. Él es bueno. No es aburrido. No es predecible. No es controlable. Sin embargo, es bueno.

Capítulo 6

LA REGLA DE ORO

LA ENCARNACIÓN CONDUCE A LA COMPASIÓN

Yo disfruto de ser tacaño. Solía pensar que solamente era austero, pero ahora reconozco con franqueza que no es una virtud. Me gusta encontrar el cambio exacto para no tener que cambiar un billete de cinco dólares. Me embarga una alegría interior cuando recibo una película gratis en *Blockbuster* con un vale. Lo esencial no es la suma de dinero; simplemente me siento bien por poder ahorrar. Soy igual con la eficiencia. Me encanta. Me he encontrado a mí mismo pasando diez minutos para descifrar cómo hacer algo más eficientemente, cuando la tarea solamente toma cinco minutos. Te cuento todo esto para ayudarte a entender lo que voy a decirte a continuación.

Fui a un partido de mi hija Ashley para verla jugar. Había jugado un partido muy difícil, lo cual le produjo una sed tremenda. Mientras salía de la cancha, la felicité por el gran trabajo que había hecho. Ella me dijo: «Tengo tanta sed. Papá, ¿podrías traerme una gaseosa?». Mi primera reacción fue darle un poco del agua helada reservada para las jugadoras. Era eficaz y barato.

Pero entonces me puse en el lugar de Ashley: «Está cansada. Jugó un partido difícil, y quiere una gaseosa, no un vaso de agua. Yo puedo hacer eso. Tengo dinero en el bolsillo. Puedo gastar ese dinero». Incluso metí una mano en el bolsillo y sentí las monedas. «Podría caminar hacia la máquina expendedora que está a unos cuántos metros en el edificio de la escuela y conseguir una gaseosa para Ashley. Paul, eso no te matará». Esto era realmente lo que me pasaba por la mente. Fui a la máquina expendedora apurando un poquito el paso, en parte, porque visualicé cómo se iluminaría el rostro de Ashley cuando le diera la gaseosa.

Como no soy naturalmente compasivo, tuve que detenerme y pensar «a la forma de Ashley». Me llevó nada más que un par de segundos, pero a cada paso, descubrí pequeñas convicciones (la austeridad, la eficiencia) que pueden bloquear la compasión. Para ingresar al mundo de Ashley, tenía que dejar de lado el mío.

Si no hubiera estado estudiando a Jesús y cómo amaba a las personas, nunca se me hubiera ocurrido hacer esto. No obstante, me había dado cuenta de cómo lo hacía Jesús cuando amaba a las personas. Permíteme que te muestre qué quiero decir.

> *En esos días, se reunió otra gran multitud, y de nuevo la gente quedó sin alimentos. Jesús llamó a sus discípulos y les dijo: «Siento compasión por ellos. Han estado aquí conmigo durante tres días y no les queda nada para comer. Si los envío a sus casas con hambre, se desmayarán en el camino porque algunos han venido desde muy lejos».* (Marcos 8:1-3)

Jesús hace tres observaciones: *han estado aquí conmigo durante tres días*, *no les queda nada para comer* y *han venido desde muy lejos*. Concluye: *Si los envío a sus casas con hambre, se desmayarán en el camino*. ¿Por qué habría de mencionar estas observaciones? Supongo que porque nada es obvio si no te está sucediendo a ti. Con estas palabras, Jesús nos muestra que el amor cuesta trabajo: tiene que desacelerarse, ponerse él mismo en el lugar de la multitud y pensar en sus necesidades. Amar requiere que nos olvidemos de nuestras necesidades para poder pensar en otra persona.

Esta es la «encarnación» (palabra que viene del latín *in carnes* y que literalmente significa «en persona»). Jesús se «personifica» con la multitud (se pone en su lugar) al pensar en su situación. Luego, les da de comer por medio de un milagro, multiplicando unos pocos panes y peces.

En otra oportunidad, en vez de mirar las necesidades físicas de la multitud, Jesús se «encarna» al ver su estado emocional: «*Cuando vio a las multitudes, les tuvo compasión, porque estaban confundidas y desamparadas, como ovejas sin pastor*» (Mateo 9:36).

Las ovejas son un desastre total si no tienen un pastor. Se pierden o pueden llegar a comer de más. Si giran del lado equivocado mientras están acostadas, terminarán «echadas» de espalda y no podrán enderezarse por sí mismas. Uno escucha hablar de perros salvajes, gatos salvajes o cabras salvajes, pero nunca escuchamos hablar de «ovejas salvajes»; ellas necesitan un cuidado constante. Jesús no se dejaba engañar por las apariencias, porque se ponía en el lugar de las multitudes. Por eso, podía ver su confusión, su soledad y su desamparo. La encarnación conduce a la compasión.

¿CÓMO PODEMOS ENCARNARNOS NOSOTROS?

¿Cómo te metes «dentro de alguien»? La regla de oro, el famoso compendio del amor que hizo Jesús, nos da una pista: «*Traten a los demás como les gustaría que ellos los trataran a ustedes»* (*Lucas 6:31*). Primero, pregúntate a ti mismo: «¿Qué me gustaría que alguien hiciera por mí en esa situación?». Luego, ve y haz tú eso por la persona. Piensa y luego, actúa. Usando nuestra tendencia natural a la obsesión por nosotros mismos, Jesús delicadamente revoluciona la conciencia sobre uno mismo. La regla de oro es una receta simple para «desinteresarse por uno mismo». Cuando Jesús vio a la gran multitud, se detuvo, reflexionó sobre sus necesidades y después actuó.

Nuestro hijo John estaba pasando un momento difícil. Era desorganizado y bocón, se sentía desdichado; en otras palabras, era el típico chico de trece años. Jill y yo probamos con todas las formas posibles de poner restricciones o de estimularlo, pero nada parecía funcionar. Cada vez estábamos más preocupados.

Entonces, en lugar de mirarlo desde la perspectiva de padres, pensé en cómo era su vida. Era un estudiante por encima del promedio, con notas inferiores a las del promedio. No le gustaban los deportes tradicionales, lo cual significaba que no era parte del grupo popular de muchachos. Cuando se despertaba por la mañana, no tenía mucho por qué sentirse bien ni qué esperar. Cuando las cosas se complicaban, no podía decir: «Por lo menos soy bueno para ________________».

Me di cuenta de que John necesitaba un empujoncito para ponerse en marcha, algo que le permitiera mantener la frente en alto. Estuve dando vueltas al tema durante casi una semana. Pensé en sus fortalezas. Es rápido y fuerte, y creí que podría interesarle luchar; así que le pregunté si le gustaría hacer lucha libre. Le interesó; entonces le pregunté al director de atletismo de la escuela si podría llegar a interesarle crear un equipo. Dijo que sí, de manera que juntos conseguimos algunas colchonetas y dinero para un entrenador.

Sin embargo, no pudimos encontrar un entrenador, así que el bueno de Papá se ofreció como voluntario. Como no sabía nada sobre lucha libre, fui a la biblioteca y estudié atentamente los libros sobre lucha libre. Afortunadamente, en el último momento encontramos a un verdadero entrenador. John siguió hasta lograr dos veces ser el jugador más valioso y se convirtió en el capitán del equipo. Para el segundo año de la secundaria, podía derrumbarme en unos diez segundos. Durante su penúltimo año, me mantenía alejado de él cada vez que se veía amenazador.

El amor es más que escuchar o ser amable. Tiene que ser considerado. Tiene que amoldarse a la necesidad de la persona. La chaqueta de luchador del equipo de la secundaria de John hizo más por él que decirle mil veces «Te amo» o que escucharlo comprensivamente durante horas. Lo mismo que mi apoyo. John siempre me recordará sentado en el piso de la sala de casa, con un libro en la mano, tratando de comprender los movimientos de lucha.

PERSONAS DIFERENTES, RESPUESTAS DIFERENTES

Jesús amolda su amor a la persona. Cuando Marta y María están llorando por la muerte de su hermano Lázaro, ambas hermanas le dicen a Jesús: *«Señor, si tan solo hubieras estado aquí, mi hermano no habría muerto»* (*Juan* 11:21, 32). Con Marta, Jesús habla de la posibilidad de la resurrección. Sin embargo, con María, la mira y llora.

¿Por qué, en situaciones idénticas, Jesús es diferente?

Porque son personas diferentes. Marta es más enérgica y

enfocada en las tareas; María es más confiada y sociable. Con Marta, Jesús responde hablando con ella sobre la esperanza y la confianza, pero se une con María en el dolor y luego actúa para resucitar a su hermano. Dos personas diferentes, dos respuestas diferentes.

Jesús no sigue ciegamente alguna «regla» que indica cómo debe relacionarse con las personas que sufren. Su amor no es un sistema de qué hacer y qué no hacer que trata de moldear a las personas. Cada persona es diferente; por consiguiente, Jesús amolda su respuesta a cómo es la persona.

Lynette, una amiga mía, fue a visitar a su padre que estaba muriendo de cáncer. Le tenía terror a la visita porque él era un machista anticuado. Cuando ella llegó, él estaba molesto con los amigos con los que jugaba al bridge. Le contó que todos se habían puesto de acuerdo para aportar diez dólares por semana destinados a un viaje que planeaban hacer. Él pensaba que no se sumaría al grupo por el estado avanzado de su cáncer y porque sentía que estaba despilfarrando el dinero en sus amigos. Lo primero que se le ocurrió a Lynette fue decirle: «¿Qué vas a hacer, llevarte el dinero contigo cuando mueras? Eres tan egoísta». Quería decirle que dejara de ser avaro; en otras palabras, darle una buena sacudida para corregirlo.

No obstante, en lugar de eso, telefoncó a los amigos y les explicó la preocupación de su padre. Ellos lo entendieron y acordaron que no debía contribuir para el fondo común. En vez de tratar de resolver los problemas de su papá con una dosis rápida de verdad, Lynette se ensució las manos, le dedicó un poco de tiempo y ayudó en los aspectos concretos.

Algunos podrían pensar que ella debió hacerle frente a su padre y dejar de apoyarlo. Otros, que Lynette no está siendo honesta por no ocuparse del egoísmo de su padre. Sin embargo, el amor de Lynette por su padre se amoldó a su necesidad. Ella no «perdió su personalidad» por entrar en el mundo de su papá. Sintió su temor y percibió el deseo que él tenía de que sus amigos aceptaran que él no iba a durar mucho tiempo más. El amor práctico que ella tenía por su papá no era deshonesto.

El amor se ajusta a diferentes personas sin perder tu propia identidad. De eso trata la encarnación.

DE ARRIBA ABAJO O DE ABAJO HACIA ARRIBA

Vemos el mismo esquema en el encuentro de Jesús con el ciego que estaba sentado junto a las puertas de Jericó.

> *Cuando Bartimeo oyó que Jesús de Nazaret estaba cerca, comenzó a gritar: «¡Jesús, Hijo de David, ten compasión de mí!».*
>
> *«¡Cállate!», muchos le gritaban, pero él gritó aún más fuerte: «¡Hijo de David, ten compasión de mí!».*
>
> *Cuando Jesús lo oyó, se detuvo y dijo: «Díganle que se acerque».*
>
> *Así que llamaron al ciego. «Anímate —le dijeron—. ¡Vamos, él te llama!». Bartimeo echó a un lado su abrigo, se levantó de un salto y se acercó a Jesús.*
>
> *—¿Qué quieres que haga por ti? —preguntó Jesús.*
>
> *—Mi Rabí —dijo el hombre ciego—, ¡quiero ver!*
>
> *Y Jesús le dijo:*
>
> *—Puedes irte, pues tu fe te ha sanado.*
>
> *Al instante el hombre pudo ver y siguió a Jesús por el camino.* (Marcos 10:47-52)

El ciego había escuchado sobre el poder sanador de Jesús. También se enteró de que Jesús era descendiente de David, el antiguo rey de Israel. Él es el prometido, el rey que tiene poder para cambiar las cosas. Sin embargo, Jesús no actúa como una persona poderosa. En cambio, se toma el tiempo para preguntarle al ciego qué quiere. ¿Acaso no es obvio? ¿Por qué no sana al hombre y sigue con el próximo mendigo? No obstante, por un breve instante, Jesús se mete bajo la piel del ciego. Preguntar nos hace bajar la velocidad y nos lleva al mundo de la otra persona, a escuchar sus palabras, sus expresiones y sus anhelos. Nos convertimos en el aprendiz, más que en el experto.

La pregunta de Jesús: «*¿Qué quieres que haga por ti?*» no es tan obvia como podríamos pensar. Una vez, Jesús le preguntó a un hombre lisiado: «*¿Te gustaría recuperar la salud?*» (*Juan 5:6*), y el hombre contestó con una larga letanía. Evidentemente, su enfermedad le había dado una identidad que él estimaba más que la sanidad. A veces, nuestros problemas hacen eso en nosotros.

Somos condescendientes con las personas cuando damos por sentado que sabemos cómo quieren que los ayudemos. Si no preguntamos, podremos sanar al ciego, pero quizás no se sienta apreciado, solo reparado. Este es el amor «de arriba abajo». Pese a que sinceramente queramos ayudar, estamos tratando de hacerlo desde una posición superior, arriesgándonos muy poco. En lugar de considerar cómo podemos amar a las personas con sus debilidades, consideramos cuán diferentes deberían de ser; a menudo, pensamos que deberían de ser como nosotros.

El amor de arriba abajo decide cómo y cuándo amar. Sin embargo, cuando nuestro amor es de abajo hacia arriba, perdemos el control de cómo amar. Otros deciden por nosotros.

El amor de abajo hacia arriba es la mejor clase de amor porque nadie puede ayudarme a pensar en tu mundo mejor que tú.

Una advertencia: no seas legalista en cuanto a hacer preguntas. Jesús no siempre les pregunta a las personas si quieren ser sanadas. En ocasiones, hasta puso a prueba a las personas, dificultándoles llegar hasta él. La vida de Jesús no nos da una «fórmula para el amor». La religión y la psicología popular muchas veces rebajan el amor a comportamientos específicos (por ejemplo: «siempre hacer preguntas»), simplificando de este modo el amor para no tener que trabajar en él. Nos gusta la claridad. «Solo dime qué hacer». No obstante, Jesús trata con las personas de acuerdo a cómo son.

¿QUIÉN DARÁ EL PRIMER PASO?

¿Qué pasaría si todos hicieran esto? ¿Qué sucedería si, fueras donde fueras, la gente se preocupara por ti y pensara en ti? Parece bueno, hasta que pensamos en quién dará el primer paso. Si obedecemos la regla de oro, no hay garantía de que nos tratarán de la misma forma en retribución. Nadie lo sabe mejor que Jesús. Mientras él agonizaba en la cruz, *«los principales sacerdotes y los maestros de la ley religiosa también se burlaban de Jesús. "Salvó a otros —se mofaban—, ¡pero no puede salvarse a sí mismo!"» (Marcos 15:31).*

Jesús no solo se hizo carne en muchas pequeñas circunstancias, sino que toda su vida fue una encarnación. Al llamar a Jesús la Palabra, Juan pone en este sentido su Evangelio: *«En el principio la Palabra ya existía. La Palabra estaba con Dios, y la Palabra era Dios. [. . .] Entonces la Palabra se hizo hombre y vino a vivir entre nosotros» (Juan 1:1, 14).* Juan llegó a la sorprendente conclusión de que Jesús era Dios en persona. Si era así, Dios no solo *pensó* en ponerse en nuestro lugar: él lo hizo precisamente al convertirse en una persona.

La pregunta: «¿Quién dará el primer paso?» está respondida.

Dios lo hizo.

PARTE 2:

EL AMOR DICE LA VERDAD

Capítulo 7

EL MOMENTO DE HABLAR

MANTENER EL EQUILIBRIO ENTRE LA COMPASIÓN Y LA SINCERIDAD

Jesús me impresionó cuando leí los Evangelios. Me parecía que su sinceridad y su franqueza eran implacables, casi groseras. ¿Cómo podía alguien tan compasivo tratar de esa manera a las personas?

Piensa, por ejemplo, cómo trató a Simón. Sí, Simón lo insultó (no recibió a Jesús con un beso, ni lavó sus pies, ni derramó aceite sobre su cabeza), pero la mayoría de las personas tendría problemas con la demostración pública de afecto de la mujer. Sin embargo, Jesús le dice a Simón que esta destructora de hogares expresa el amor mejor que él... ¡y lo hace frente a los invitados del hombre!

La gente no hace ese tipo de cosas cuando está invitada por alguien, en ninguna cultura, en ningún período histórico. En lugar de encarar directamente un insulto público, por lo general nos quejamos del tema con nuestros amigos. Sin embargo, Jesús no chismorrea. Él le habla directamente a su anfitrión delante de todos, sin importarle lo que Simón pueda pensar de él.

Si nosotros hubiéramos estado en el lugar de Jesús, nos podría haber preocupado que las personas se formaran una idea equivocada sobre la relación que tuviéramos con la mujer. O sobre lo que ella podría pensar. Al fin y al cabo, las personas excesivamente sensibles no tienen las barreras sociales normales que tenemos el resto de nosotros. Tal vez ella podría resultar como una sanguijuela que se chupa toda nuestra energía. Si abrimos la puerta una pequeña rendija, ella meterá todo el pie para ingresar. Otros podrían rechazarnos si nos ponemos del lado de ella.

Jesús no. Él está completamente comprometido con la verdad, a cualquier costo. Estuvo mal que Simón juzgara a la mujer. Estuvo mal que Simón recibiera a Jesús tal como lo hizo. Sin embargo, el comportamiento inmoral de Simón estaba disfrazado de bondad y Jesús no quiso formar parte de esa farsa. Quedarse callado hubiera sido lo mismo que respaldar esa conducta.

La importancia de la verdad en las relaciones

Jesús sabe que necesitamos ser compasivos y sinceros en nuestras relaciones. Les dijo a sus seguidores que fueran sinceros en su trato con las personas. «*Si un creyente peca contra ti, háblale en privado y hazle ver su falta*» (*Mateo* 18:15). Sin esa sinceridad, nuestra relación se daña.

A continuación hay dos ejemplos cotidianos que capturan lo importante que es la verdad para una relación.

Allison había dejado algunos platos en el fregadero. Su esposo criticó su falta de pulcritud, diciendo: «¿Por qué [una palabrota] está esto en el fregadero?». Indignada y herida, Allison se encerró en sí misma por varios días. No era la primera vez que él la insultaba y me contó que estaba pensando en dejarlo. Le rogué que le dijera con sinceridad cómo se sentía ella cuando él le hablaba de esa manera. A regañadientes, ella se enfrentó al enojo de su esposo y le dijo qué había hecho y por qué estaba mal. Sorprendido de que sus palabras la hubieran hecho enojar, él dijo: «Así es como yo trato a todo el mundo». No obstante, la escuchó y empezó a trabajar conscientemente en su aspereza.

La esposa de Alan no había ido al dentista a lo largo de todo su matrimonio. De vez en cuando, él le expresaba su deseo de que fuera. Finalmente lo hizo y como era de esperarse, necesitaba un trabajo odontológico importante, que incluía varias extracciones. Enseguida, ella acusó a Alan de evitar que ella fuera al dentista. Un amigo le dijo a Alan: «Tienes que decirle lo que ha hecho al echarte la culpa por su decisión de no ir al dentista. Está mal. Quizás no le guste, pero ella necesita que seas sincero, más allá de cómo lo reciba». Alan dudó, porque no quería herirla. No obstante, si desistimos de decir la verdad, permitimos que las personas se lastimen a sí mismas o a los demás con su propia terquedad. Todos podemos caer en una vida de aislamiento y santurronería, a menos que nos confronten con la verdad.

El compromiso de Jesús con la verdad

Jesús no solo tiene un compromiso con la verdad: valientemente arriesga su reputación por la verdad. Su valentía y su compromiso con la justicia tienen un tono severo e intransigente que causa incomodidad a las personas. Observa cómo se desarrolla esta escena cuando Jesús visita la casa de un fariseo prominente, después del culto del día de descanso en la sinagoga:

Cuando Jesús vio que todos los invitados a la cena trataban de sentarse en los lugares de honor, cerca de la cabecera de la mesa, les dio el siguiente consejo: «Cuando te inviten a una fiesta de bodas, no te sientes en el lugar de honor. ¿Qué pasaría si invitaron a alguien más distinguido que tú? El anfitrión vendría y te diría: "Cédele tu asiento a esta persona". Te sentirías avergonzado, ¡y tendrías que sentarte en cualquier otro lugar que haya quedado libre al final de la mesa!

»Más bien, ocupa el lugar más humilde, al final de la mesa. Entonces, cuando el anfitrión te vea, vendrá y te dirá: "¡Amigo, tenemos un lugar mejor para ti!". Entonces serás honrado delante de todos los demás invitados. Pues aquellos que se exaltan a sí mismos serán humillados, y los que se humillan a sí mismos serán exaltados». (Lucas 14:7-11)

Toda cultura clasifica a las personas y aquí Jesús nuevamente altera la norma cultural. Cuando somos huéspedes en la casa de alguien, es posible que notemos algo que no está del todo bien, pero generalmente se lo mencionamos en voz baja a nuestro cónyuge o a nuestros amigos cuando estamos volviendo a casa. Sin embargo, Jesús les dice a todos los presentes que, al ocupar los lugares de honor, han demostrado arrogancia y soberbia.

Si yo tuviera un buen asiento en un banquete, estaría satisfecho conmigo mismo. Si me tocara una mala ubicación, vería el orgullo en los que recibieron los mejores asientos. No obstante, Jesús, que probablemente fue el invitado de honor en este banquete, no se preocupa por ser importante ni se deja avasallar por los que lo son. En lugar de esconderse detrás de su prominencia, pone en riesgo su reputación para enseñarles a los invitados acerca del amor. Utiliza su posición superior para enseñarles que no se afanen por tener una posición. Jesús siempre usa su poder para ayudar a las personas.

Sin embargo, Jesús no ha terminado. Le dice al anfitrión que ha invitado a las personas equivocadas.

> *Luego Jesús se dirigió al anfitrión: «Cuando ofrezcas un almuerzo o des un banquete —le dijo—, no invites a tus amigos, hermanos, parientes y vecinos ricos. Pues ellos también te invitarán a ti, y esa será tu única recompensa. Al contrario, invita al pobre, al lisiado, al cojo y al ciego. Luego, en la resurrección de los justos, Dios te recompensará por invitar a los que no podían devolverte el favor».* (Lucas 14:12-14)

La sinceridad de Jesús mete el dedo en la llaga. Sus comentarios ratifican estos dos parámetros morales:

1. No te dejes incitar por el orgullo o el poder. Si lo haces, un día te traerán abajo.
2. No te creas amoroso solamente porque eres bueno con las personas; esa podría ser una manera secreta de conseguir algo para ti mismo. La verdadera prueba de la bondad es si les das a las personas que no pueden retribuirte de ninguna forma; ni siquiera diciéndoles a otros lo bueno que eres.

Jesús está diciendo que cuando buscamos a la persona menos agradable en la fiesta de la oficina, esa persona que tiene muy poco para ofrecer, Dios lo nota. Dios nos recompensará en la *resurrección de los justos* por mostrarles bondad a las personas marginadas. En otras palabras: el universo está conectado en formas que no podemos ver. El comportamiento escondido del amor (y el verdadero amor suele esconderse) finalmente es reconocido por Dios. El amor cuenta para Dios.

Cuando Jesús tenía solamente ocho días de edad, María y José lo presentaron en el templo de Jerusalén, tal como lo indicaba la Torá, el libro judío de la Ley. Un anciano, Simeón, se reunió con ellos, tomó al niño en sus brazos y dijo que, a través de este muchachito, «*saldrán a la luz los pensamientos más profundos de muchos corazones*» (*Lucas* 2:35). Dos mil años después, las palabras de Jesús todavía sacan a la luz nuestros pensamientos.

Libres de las opiniones

Jesús tiene un fuerte compromiso con lo que está bien y el valor para expresarlo. Como los antiguos profetas hebreos, es absolutamente valiente. Los demás no controlan su comportamiento. A Herodes, el gobernante ávido de poder de Galilea, lo llama «*zorro*». Dice que los fariseos hipócritas son «*sepulcros blanqueados*» e «*hijos de víboras*» (*Lucas* 13:32; *Mateo* 23:27, 33).

Los fariseos, de hecho, elogian a Jesús por no dejarse influenciar por la opinión de los demás. Es el único cumplido que le hicieron en su vida.

> *Entonces los fariseos se juntaron para tramar cómo hacer que Jesús cayera en la trampa de decir algo por lo cual pudiera ser arrestado. Enviaron a algunos de sus discípulos, junto con los partidarios de Herodes, a buscarlo.*
>
> *—Maestro —dijeron—, sabemos lo honesto que eres. Enseñas con verdad el camino de Dios. Eres imparcial y no tienes*

favoritismos. Ahora bien, dinos qué piensas de lo siguiente: ¿Es correcto que paguemos impuestos al César o no?

Pero Jesús conocía sus malas intenciones.

—¡Hipócritas! —dijo—. ¿Por qué intentan atraparme? Veamos, muéstrenme la moneda que se usa para el impuesto. Cuando le entregaron una moneda romana, les preguntó:

—¿A quién pertenecen la imagen y el título grabados en la moneda?

—Al César —contestaron.

—Bien —dijo—, entonces den al César lo que pertenece al César y den a Dios lo que pertenece a Dios.

Su respuesta los dejó asombrados, y se marcharon.

(*Mateo* 22:15-22)

Irónicamente, al elogiarlo por ser sincero, no eran sinceros. Sabiéndolo, Jesús responde con una honestidad brutal, dejando al descubierto su intención («*¿Por qué intentan atraparme?*») y cómo es su corazón («*hipócritas*»).

El alma de Jesús está anclada en Dios; eso lo libera de las opiniones ajenas. En otra conversación con los fariseos, dice: «*La aprobación de ustedes no significa nada para mí, porque sé que no tienen el amor de Dios adentro. [. . .] ¡Con razón les cuesta creer! Pues a ustedes les encanta honrarse unos a otros, pero no les importa la honra que proviene del único que es Dios*» (*Juan* 5:41-42, 44). La percepción de Dios que tiene Jesús explica su comportamiento extraordinario. Él sabe que Dios está observándolo, disfrutándolo y amándolo. Debido a que *él tiene el amor de Dios en su corazón,* no necesita que otras personas lo amen.

Imagínate cómo sería el mundo si nadie tuviera planes ocultos, si todo estuviera puesto sobre la mesa, sin chismes ni charlas a espaldas de los demás. Imagina lo liberador que sería vivir como Jesús, sin el dominio de la opinión de la gente, solamente preocupándonos por cómo nos ve Dios, sintiéndonos libres, para ocuparnos de los demás con palabras sinceras que lleven al rechazo o a la identificación genuina.

La mayoría de nosotros no vivimos así. Nos carcome saber qué impresión causamos en las personas. Ansiamos su aprobación y nos volvemos manipuladores. Esto crea una sensación falsa, pero fugaz, de satisfacción. O juzgamos a los demás, diciéndoles que necesitan nuestra aprobación. Sin embargo, Jesús describe una manera nueva de ocuparse de las personas, una que no se fija en lo que opinan los demás, una en la que tenemos compasión y sinceridad y que hace reales nuestras relaciones. Jesús dijo: «*Los que hablan por su propia cuenta buscan su propia gloria, pero el que busca honrar a quien lo envió, habla con la verdad, no con mentiras*» (*Juan* 7:18).

La sinceridad de los discípulos

La veracidad fue la marca característica en cada relación que tuvo Jesús. Él disfruta de la sinceridad en otros, aun a costa suya. Préstale atención a cómo interactuó con Natanael la primera vez que se encontraron:

Al día siguiente, Jesús decidió ir a Galilea. Encontró a Felipe y le dijo: «Ven, sígueme».

Felipe era de Betsaida, el pueblo natal de Andrés y Pedro. Felipe fue a buscar a Natanael y le dijo:

—¡Hemos encontrado a aquel de quien Moisés y los profetas escribieron! Se llama Jesús, el hijo de José, de Nazaret.

> *—¡Nazaret! —exclamó Natanael—. ¿Acaso puede salir algo bueno de Nazaret?*
>
> *—Ven y compruébalo tú mismo —le respondió Felipe.*
>
> *Mientras ellos se acercaban, Jesús dijo:*
>
> *—Aquí viene un verdadero hijo de Israel, un hombre totalmente íntegro.*
>
> *—¿Cómo es que me conoces? —le preguntó Natanael.*
>
> *—Pude verte debajo de la higuera antes de que Felipe te encontrara —contestó Jesús.* (Juan 1:43-48)

En una breve oración, Natanael desdeña a la madre de Jesús, a su familia, a sus parientes, a sus amigos de la niñez y al resto de su ciudad natal. Sin embargo, también es directo, honesto y asequible para ser corregido. Jesús no solo deja pasar la burla, sino que además elogia la franqueza de Natanael, llamándolo *un verdadero hijo de Israel, un hombre totalmente íntegro*. A Jesús le gustan las personas que dicen las cosas como son. La mayoría de los discípulos compartían esta cualidad.

Algunas semanas antes de que Jesús muriera, Santiago y Juan, que estaban en su círculo más íntimo, usan a su madre para sacar ventaja de la situación:

> *Entonces la madre de Santiago y de Juan, hijos de Zebedeo, se acercó con sus hijos a Jesús. Se arrodilló respetuosamente para pedirle un favor.*
>
> *—¿Cuál es tu petición? —le preguntó Jesús.*
>
> *La mujer contestó:*
>
> *—Te pido, por favor, que permitas que, en tu reino, mis dos hijos se sienten en lugares de honor a tu lado, uno a tu derecha y el otro a tu izquierda.* (Mateo 20:20-21)

Su puja por el poder es tan descarada que resulta fascinante: ¡meter a tu madre para que dé la cara por ti ante tu jefe! La mayoría de los adultos jamás haría algo así. ¿O sí? Quizás no lo hagamos de una manera tan abierta, pero puede que nos comportemos así de secreto, manipulando para sacar ventaja. Las ambiciones de Santiago y de Juan están sobre la mesa a la vista de todo el mundo. Su sinceridad es ingenuo y directa; eran auténticos.

Quitarse la máscara (volverse auténtico)

La palabra «hipócrita» es el término griego para «actor». Nazaret, la ciudad natal de Jesús, estaba ubicada a tres millas al sur de la ciudad de Séforis, que fue edificada mientras Jesús trabajaba como carpintero o constructor. Es muy probable que él haya trabajado allí. Quizás Jesús haya ido al teatro de Séforis y se haya fijado en el parecido entre los «hipócritas», con sus máscaras, y las personas que lo rodeaban. Jesús desafió a quienes lo rodeaban a que dejaran de actuar, literalmente. Los incentivó a que se quitaran la máscara.

Una máscara simula un rostro falso y oculta nuestro verdadero rostro, pero los que están muy cerca de nosotros pueden verlo. Yo lo vi un lunes por la noche, cuando Courtney regresó a casa de la universidad para el cumpleaños de Ashley. Yo había reprogramado una reunión para más tarde esa noche, para llevar de vuelta a Courtney a la universidad, que quedaba a cuarenta y cinco minutos de distancia. Nos pusimos de acuerdo para salir a las siete de la noche, a fin de que yo pudiera llegar a tiempo a mi cita.

Después de nuestro pequeño festejo, bañé a Kimberley y la vestí para que estuviera lista para ir a dormir. Emily, nuestra sexta hija, estaba lloriqueando. Yo sentía como que se acercaba el virus de una gripe y estaba cansado. Dieron las siete de la noche y Courtney seguía arriba. Le dije que necesitaba irme y le expliqué que ya había cambiado el horario de mi reunión una vez. Finalmente salimos y a la altura de la puerta, me di vuelta y le dije a Jill: «¿Podrías llamar a las personas con quienes me voy a reunir y decirles que llegaré tarde?». No era más que un pedido sencillo para Jill, y a las personas con las que tenía que encontrarme realmente no les importaba si llegaba tarde, pero al decir eso frente a Courtney, indirectamente le eché la culpa de causarme un problema. Eso estaba mal. Como era de esperarse, Courtney se enojó conmigo. Yo la estaba manipulando mientras aparentaba ser amable.

Es en los incidentes privados de la vida, no en los públicos, cuando mostramos cómo es nuestro corazón. Jesús dijo: «*Si son fieles en las cosas pequeñas, serán fieles en las grandes; pero si son deshonestos en las cosas pequeñas, no actuarán con honradez en las responsabilidades más grandes*» (*Lucas* 16:10).

¿Qué estaba pasando realmente en mi interior? Por fuera, estaba muy cansado y agotado, y ya había cambiado la hora de mi cita para ayudar a Courtney. Sin embargo, interiormente, estaba pensando qué bondadoso era por ayudar a Courtney al llevarla de regreso a la universidad y que ella me debía algo por mi acto de generosidad. Mi regla tácita era: «Deberías ser buena conmigo, porque yo soy bueno contigo».

Yo era el fariseo: criticaba a Courtney por hacerme llegar tarde, cuando lo único en que pensaba era en mí mismo. No me preocupaba mi cita; solamente que mi regla de estar «a la hora» había sido quebrantada. Considerando el asunto, debería de haber cancelado la reunión; no era tan importante. Si lo hubiera sido, podría haber subido la escalera y, al encontrar a Courtney leyéndole un cuento a Emily, habérselo dicho. Luego, podría haber llamado tranquilamente para avisar que iba a llegar tarde a la cita. No había necesidad de manipular.

EL DON DE LA SINCERIDAD

A nuestra cultura le gustaría tener una compasión amorfa y sin reglas. No obstante, incluso eso es una regla. Simplemente, no podemos escapar de las normas. A fin de cuentas, la regla de oro es una regla. Antes, vimos a Jesús reaccionando ante las personas que usaban incorrectamente las reglas; ahora, vemos su reacción con las personas que descuidan las reglas.

Instintivamente sabemos que Jesús tiene razón acerca de la hipocresía. Usar una máscara es algo completamente erróneo: finges que te importan los derechos femeninos, pero menosprecias a tu esposa; finges que te interesa el medioambiente, pero arrojas basura por la ventanilla del auto.

Si lo único que atormentara a este mundo fueran los accidentes automovilísticos y el cáncer, solamente necesitaríamos la compasión. No tendríamos que decir la verdad. Sin embargo, en nuestro mundo también hay maridos agresivos y esposas crueles; hay ladrones y mentirosos, asesinos y adúlteros. Estamos estropeados, física y moralmente.

Jesús demuestra que sin la verdad, nuestras relaciones no tienen definición ni sentido. Si las personas van por el rumbo equivocado, arruinándose la vida, seguirán arruinándosela, a menos que se enfrenten con la verdad. Si el único don que le ofrecemos a un esposo agresivo es la compasión, estamos contribuyendo a su mal. Si solamente tratamos de entender a la esposa cruel, sin decirle la verdad, nuestro amor por ella está incompleto.

El don de la compasión debe ir acompañado por el don de la verdad.

Capítulo 8

EL ENOJO SINCERO

LA ADVERTENCIA COMPASIVA HACIA LOS DEMÁS

Robertson McQuilkin renunció a su puesto como rector universitario para cuidar a su esposa, Muriel, que tenía Alzheimer. No siempre fue fácil.

> Una vez, perdí los papeles. En los días que Muriel todavía podía ponerse de pie y caminar, cuando aún no habíamos recurrido a los pañales, a veces había «accidentes». Estaba de rodillas al lado de ella, tratando de limpiar el desastre mientras ella permanecía de pie, confundida por el inodoro. Habría sido más fácil si ella no hubiera insistido tanto en ayudar. Me frustraba cada vez más. De pronto, para que se mantuviera quieta, le di una palmada en la pantorrilla, como si eso sirviera de algo. No fue una palmada fuerte, pero se sobresaltó. Y yo también. Nunca, en nuestros 44 años de casados, siquiera la toqué con enojo ni la reprendí en forma alguna... Sollozante, le supliqué que me perdonara, a pesar de que no podía

> entender las palabras mucho menos hablar... Tardé varios días en sobreponerme. Quizás Dios haya guardado esas lágrimas en un frasco para extinguir las llamas que tal vez algún día vuelvan a encenderse[1].

Nos compadecemos de Robertson. A veces no sabemos qué hacer con nuestra ira. De repente, aparece ahí. Nos hace sentir incómodos, confundidos. Debido a la volatilidad de la ira, algunas personas evitan expresarla del todo. Niegan estar enojadas, pero lo único que logran es que salga de otras formas, como la depresión o la irritabilidad. Otras descargan su ira desenfrenadamente, sin considerar las consecuencias. Sienten que la ira es buena, verdadera y honesta.

¿Cómo manejaba Jesús su ira? ¿Qué lo hacía enojar? ¿Qué le pasaba a su compasión cuando estaba enojado? Veamos cómo interactuó con los fariseos para responder a estas preguntas.

El enojo bueno

La cultura judía aparta el sábado por la mañana para la adoración. La sinagoga de Capernaúm es una gran estructura que tiene un cielorraso bajo sostenido por columnas[2]. Como orador invitado, Jesús podría haber comenzado con una lectura de la Ley y los Profetas (las partes más importantes de las Escrituras judías). A continuación, él habría enseñado. Sin embargo, esta mañana en particular era diferente.

> *Otro día de descanso, un hombre que tenía la mano derecha deforme estaba en la sinagoga mientras Jesús enseñaba. Los maestros de la ley religiosa y los fariseos vigilaban a Jesús de*

cerca. Si sanaba la mano del hombre, tenían pensado acusarlo por trabajar en el día de descanso. Los fariseos le preguntaron a Jesús:

—¿Permite la ley que una persona trabaje sanando en el día de descanso?

Jesús le dijo al hombre que tenía la mano deforme: «Ven y ponte de pie frente a todos».

Luego les dijo:

—Si tuvieran una oveja y ésta cayera en un pozo en el día de descanso, ¿no trabajarían para sacarla de allí? ¡Y cuánto más valiosa es una persona que una oveja! Así es, la ley permite que una persona haga el bien en el día de descanso.

Luego les preguntó:

—¿Permite la ley hacer buenas acciones en el día de descanso o es un día para hacer el mal? ¿Es un día para salvar la vida o para destruirla?

Pero ellos no quisieron contestarle.

Jesús miró con enojo a los que lo rodeaban, profundamente entristecido por la dureza de su corazón. Entonces le dijo al hombre: «Extiende la mano». Así que el hombre extendió la mano, ¡y la mano quedó restaurada! Los fariseos salieron enseguida y se reunieron con los partidarios de Herodes para tramar cómo matar a Jesús[3].

Los líderes de la sinagoga, sentados detrás de Jesús y de frente al público, le hicieron una pregunta malintencionada: «*¿Permite la ley que una persona trabaje sanando en el día de descanso?*». Entre el público hay un hombre que tiene la mano derecha atrofiada. No solamente es incapaz de trabajar, también tiene que soportar la vergüenza de no ser un miembro de Israel de pleno derecho.

Como persona discapacitada, no se le permite ingresar a la parte interior del templo.

En otras ocasiones, cuando Jesús sanó durante el día de descanso, primero hizo la sanidad y después fue criticado. Aquí, los fariseos inician la discusión, lo que sugiere que ellos pusieron al hombre con la mano atrofiada entre el público. Otra vez están tratando a la persona como un objeto. Lo están usando para meter en problemas a Jesús.

Al principio, Jesús no contesta. Cuando responde hace que el hombre se ponga de pie delante de todos, para que puedan verlo a él y a su mano tullida. Luego Jesús usa un ejemplo de la vida cotidiana, relacionando el pastoreo con este hombre: «*Si tuvieran una oveja y ésta cayera en un pozo en el día de descanso, ¿no trabajarían para sacarla de allí?*». Utilizando el modelo de la argumentación rabínica, Jesús hace el planteamiento de menor a mayor: «Si se ocupan de una oveja, ¿no se ocuparán de este hombre?». Jesús quiere hacerlos ponerse en el lugar del hombre, por medio de sus ovejas.

Antes vimos que Jesús se puso en el lugar de los débiles. Aquí, encarna a los poderosos, poniéndose en el lugar de ellos. Muestra tener paciencia y compasión con los fariseos, inclusive mientras les enseña acerca de la compasión. Ingresa a su mundo, queriendo sacarlos de su legalismo religioso frío para que se ocupen del discapacitado. Los propios principios de los fariseos argumentaban a favor de hacer el bien y de salvar la vida. Concluye preguntándoles: «*¿Permite la ley hacer buenas acciones en el día de descanso o es un día para hacer el mal? ¿Es un día para salvar la vida o para destruirla?*». Transforma la sentenciosa pregunta inicial de los fariseos en un llamamiento a la misericordia. Es un sermón poderoso.

Renuentes a permitir que Jesús sane, los fariseos guardan silencio. Están tan bloqueados por las reglas que ellos mismos han establecido que no pueden sentir compasión. Su silencio indica que este hombre vale menos que sus ovejas.

Enfurecido por la falta de compasión de los fariseos, Jesús echa un vistazo al público buscando a alguien que apruebe la sanación y que exima al hombre de su sufrimiento. Nadie se mueve. Su enojo da lugar a una triste indignación por tanta insensibilidad. Le duele la crueldad de los presentes. No obstante, el enojo y el dolor de Jesús producen un acto de amor. Le ordena al hombre que extienda su mano atrofiada, obligando a que todo el mundo la vea. Luego, frente a todos, sana al hombre. Jesús no se desahoga ni «da rienda suelta a sus sentimientos». Dice poco, pero lo que dice y hace es constructivo. El amor controla la expresión de enojo de Jesús.

Jesús no es una mezcla de mitad enojo y mitad compasión. Jesús es todo compasión y todo enojo, la perfecta expresión de amor por las víctimas de la injusticia. Cuando vemos sufrir a alguien, deberíamos sentir compasión; cuando vemos que alguien hace sufrir a otro, deberíamos sentir enojo.

Después de que Jesús sana al hombre, los fariseos se enojan tanto que trabajan durante el día de descanso conspirando para matarlo. Jesús transgredió sus reglas personales y los hizo quedar mal. Su enojo egocéntrico lleva a la represalia, en lugar de al amor.

La irritación buena

Las personas suelen irritarse (la forma más leve del enojo) porque las cosas no son como quieren. Nos movemos en puntas de pie alrededor de las personas irritables. Solemos justificar nuestra propia irritación porque estamos «dolidos», pero nos sentimos culpables porque hemos exagerado. Así que hablamos de nuestro «dolor» y tratamos de olvidar nuestra culpa.

Sin embargo, observa cómo Jesús manifestó su irritación con sus discípulos:

> *Cierto día, algunos padres llevaron a sus niños a Jesús para que los tocara y los bendijera, pero los discípulos regañaron a los padres por molestarlo. Cuando Jesús vio lo que sucedía, se enojó con sus discípulos y les dijo: «Dejen que los niños vengan a mí. ¡No los detengan! Pues el reino de Dios pertenece a los que son como estos niños. Les digo la verdad, el que no reciba el reino de Dios como un niño nunca entrará en él». Entonces tomó a los niños en sus brazos y después de poner sus manos sobre la cabeza de ellos, los bendijo. (Marcos 10:13-16)*

Hoy en día, a los políticos les encanta la publicidad que logran cuando besan bebés, pero a lo largo de la mayor parte de la historia, la gente esperaba que los niños fueran vistos sin ser oídos. El regaño de los discípulos a estos padres reflejaba cómo consideraba la sociedad a los niños: no molesten a los adultos importantes. No obstante, a Jesús le molesta esta actitud, porque los discípulos están poniéndoles trabas a la clase de personas que más le interesan a él. En el Sermón del Monte dijo: «*Dios bendice a los que son pobres en espíritu y se dan cuenta de la necesidad que tienen de él, porque el reino del cielo les pertenece. [...] Dios bendice a los que son humildes, porque heredarán toda la tierra*». (*Mateo 5:3, 5*).

Según Jesús, el reconocer nuestra necesidad es lo que abre la puerta a la felicidad auténtica y duradera. Las religiones suelen hablar de lo que la persona tiene que «hacer», pero Jesús habla de lo que «no podemos hacer». Él dice que es nuestra debilidad, no nuestro poder o lo que le damos a Dios, lo que nos permite conocer a Dios. Los *«pobres en espíritu»*, los que carecen de un sentido propio de fortaleza (es decir, los niños) lo entienden de verdad. Los *«mansos»*, los que no ejercen el poder, son los verdaderos héroes, lo cual es una muy buena noticia, porque la mayoría de nosotros no tenemos todo bajo control.

Jesús no ve a los niños solamente como ejemplo de impotencia; los valora. Los abraza y los toca, y se irrita cuando los apartan. Nos irritamos cuando los demás nos interrumpen y arruinan nuestros intentos por vernos bien o por ser eficientes. Jesús se irrita cuando no puede ser interrumpido. Le apasiona amar.

La irritación no es mala en sí misma. Cuando otro hace cosas malas, deberíamos irritarnos. Nuestra irritación, si se usa apropiadamente para actuar en amor, puede alimentar algunas palabras sinceras que, a su vez, pueden ayudar a las personas.

LA IRA BUENA

Ahora veamos a Jesús cuando está sumamente enfurecido. Este incidente se produjo justo antes de la Pascua, pocos días previos a la muerte de Jesús:

> *Cuando llegaron de nuevo a Jerusalén, Jesús entró en el templo y comenzó a echar a los que compraban y vendían animales para los sacrificios. Volcó las mesas de los cambistas y las sillas de los que vendían palomas. [. . .] Les dijo: «Las Escrituras declaran: "Mi templo será llamado casa de oración para todas las naciones", pero ustedes lo han convertido en una cueva de ladrones».* (Marcos 11:15, 17)

Un hombre, puramente impulsado por su enojo, vuelca las mesas a puntapiés y vocifera furioso: «*"Mi templo será llamado casa de oración para todas las naciones", pero ustedes lo han convertido en "una cueva de ladrones"*». La comercialización de la religión enfurece a Jesús. El culto a Dios se ha convertido en un culto al dinero. El barullo del cambio de las monedas ha reemplazado al sonido de la oración sincera. El reino del ruido ha sustituido al reino de Dios.

Los judíos llegaban de todos los puntos del mundo romano y desde más lejos para adorar en el templo de Jerusalén. Cuando cambiaban su dinero para comprar los corderos para el sacrificio, los sacerdotes recibían una comisión. Esto enfurecía a Jesús.

La Ley de Moisés indicaba que el cordero sacrificado para pagar los pecados tenía que ser perfecto, pero los sacerdotes decían que solamente sus corderos eran perfectos; de manera que los judíos tenían que comprar esos corderos, con lo cual, los religiosos profesionales recibían una ganancia cuantiosa, así como suelen hacer los monopolios. Esto perjudicaba a los pobres, sobre todo, y enfurecía a Jesús[4].

Todo este negocio se desarrollaba en el patio externo del templo, que estaba reservado para que oraran los extranjeros (únicamente los judíos entraban en los patios internos). Las antiguas profecías decían que un día los judíos llevarían la salvación a «todos» los pueblos. Israel sería la puerta por la cual todos los pueblos del mundo llegarían a conocer a Dios. No obstante, como los sacerdotes usaban el patio externo para su negocio, los gentiles no podían usarlo para orar. (Imagínate tratando de ver una obra escolar mientras alguien vende cerveza a gritos por los pasillos). Esto también indignaba a Jesús.

Su enojo sincero advierte compasivamente a las personas sobre el peligro. Muchos eruditos opinan que Jesús estaba representando una parábola de juicio que presagiaba la destrucción de Jerusalén por el general romano Tito en el año 70 d. C., advirtiéndole a Israel que, a menos que cambiara, el templo sería destruido. Esta era una declaración implícita de majestad, porque los grandes reyes de Israel eran los que tenían la máxima autoridad sobre el templo. Sin embargo, para las autoridades judías, los actos de Jesús fueron como quemar una bandera estadounidense frente al Capitolio.

En Jesús, vemos a una persona que ama y valora a los niños en un momento y que voltea las mesas en el siguiente. ¿Cómo encajamos esto? C. S. Lewis retrata este aspecto de Jesús en *The Lion, The Witch, and the Wardrobe* (*El león, la bruja y el ropero*). Susana y Lucía están conversando con el señor y la señora Castora sobre Aslan, el león que simboliza a Jesús:

> —¿No hay peligro con él? Me siento muy nerviosa de solo pensar que voy a encontrarme con un león —dijo Lucía.
>
> —Y tienes que estarlo, queridita; de eso no hay ninguna duda —respondió la señora Castora—. Si hay alguien que pueda presentarse delante de Aslan sin que le tiemblen las piernas, es porque es más valiente que la mayoría, o porque es sencillamente un tonto.
>
> —¿Pero entonces uno no está seguro ante él? —preguntó Lucía.
>
> —¿Seguro? —respondió el señor Castor—. ¿No pusiste atención a lo que acaba de decir mi esposa? ¿Quién dijo nada acerca de seguridad? Claro que con él no hay seguridad. Pero él es bueno. Es el rey, te digo[5].

Dulce y fuerte, humilde y poderoso, Jesús encarna al Guerrero Sensible.

Jesús, el perturbador de la paz

Posiblemente tengamos en mente a varias personas que necesitan una buena dosis de la ira de Jesús, pero preferiríamos que ella no estuviera dirigida hacia nosotros. La ira de Jesús es incómoda. Él es tanto el que procura la verdadera paz y el que rompe la paz falsa. La sinceridad airada de Jesús perturba la paz falsa.

En una de las reuniones privadas con sus discípulos, Jesús dice: «*¡No crean que vine a traer paz a la tierra! No vine a traer paz, sino espada*» (*Mateo 10:34*). Estas palabras perturbadoras se citan rara vez. ¿Acaso Jesús no dijo también: «*Dios bendice a los que procuran la paz, porque serán llamados hijos de Dios*» (*Mateo 5:9*)? ¿Es esto una contradicción? Si piensas en el mal y en la necesidad de justicia, el comentario de Jesús es perfectamente lógico. A pesar de que la sinceridad pueda causar dolor y de que la justicia muchas veces divide, la sinceridad y la justicia solucionan la injusticia. La compasión sin la verdad y la justicia es una parodia desagradable y débil del amor.

Jesús se enoja por la insensibilidad, la arrogancia y la injusticia. Algunas cosas no deberían existir. El maltrato debería corregirse. Recuerda alguna ocasión en la que hayas presenciado o vivido algo nefasto. Imagina a Jesús confrontando airadamente esa situación: «Esto no debería existir». La justicia satisface, devuelve la sensatez y restaura equilibrio a la vida. Algunas cosas siempre están mal: son un pecado contra Dios y contra otras personas. En el fondo, todos sabemos que existen el bien y el mal, lo verdadero y lo falso.

Uno de mis profesores de la universidad nos dio la tarea de inventar nuestro propio sistema ético. Le pregunté: «¿Y si yo fuera un nazi y quisiera crear mi propio código ético?». No me dijo nada. Él estaba atrapado entre un compromiso superficial con el relativismo (lo que dice que uno puede crear su propio código moral) y una profunda creencia en que matar está mal (uno de los Diez Mandamientos, el código moral de Dios). Yo no estaba siendo frívolo; sabía que él era judío y que ambos aborrecíamos el nazismo. Sin embargo, quería que él se enfrentara a la lógica de lo que dice Mitya en *Los hermanos Karamázov* de Dostoievski: «Si Dios no existe y no hay vida después de la tumba, ¿no quiere decir eso que a los hombres se les permitirá hacer lo que quieran?»[6].

Mi profesor quería aferrarse a su relativismo y condenar a Hitler como absolutamente malo. Como era reticente a reconocer su compromiso con lo moral, se enojó conmigo. Su enojo fue un mecanismo de defensa: no le gustaba ver su hipocresía expuesta ni su paz alterada.

El enojo enfocado en los demás

Es sorprendente ver el enojo bueno, porque es muy excepcional. Notablemente, Jesús nunca se enoja cuando lo lastiman aunque ese sería el motivo por el que nosotros perderíamos los estribos. Incluso en otra oportunidad, cuando los fariseos dicen que está poseído por el demonio, él contesta con calma. Como está tan poco aferrado a su tiempo y a sus planes, no se irrita por ser interrumpido. Como posee tan poco, tiene poco para avivar el fuego. Sin embargo, se enoja al ver la injusticia e hipocresía en los demás que anulan la compasión. Su enojo está centrado en su preocupación por el bienestar de los demás.

También se molesta con todo lo que estorbe la fe. Los discípulos obstaculizaban la fe de los pequeños. Los cambistas del templo obstaculizaban la fe de los no judíos. Jesús se enoja con todo lo que impida amar a las personas (compasión) o depender de Dios (fe).

Jesús expresa intensamente su enojo, pero siempre está en control. Solamente sus ojos se encienden cuando los líderes se niegan a bendecir la sanidad del hombre discapacitado. Hasta en el templo, se concentra específicamente en el objeto de su ira: los cambistas. Además, su ira siempre hace el bien: un hombre recibe una mano nueva, los niños reciben abrazos, los cambistas son expulsados y el templo recupera la tranquilidad. Su ira es poderosa, controlada y creativa.

Capítulo 9

EL MOMENTO DE CALLARSE

EQUILIBRAR LA SINCERIDAD CON LA COMPASIÓN

Walter, un amigo mío, llegó a casa entusiasmado porque un compañero de trabajo le había pedido disculpas por algo que había hecho varios años antes. Walter se lo contó a su esposa y ella respondió con un cortante: «Bueno, ¿qué importa?». Al principio se sorprendió y la respuesta de su esposa lo hirió. Sin embargo, después de unos minutos él le preguntó dónde había comprado un mueble nuevo y se pusieron a hablar de cómo quedaría mejor en la habitación.

Cuando Walter me lo contó, quise saber por qué no había contraatacado con el silencio cuando ella lo desdeñó, para decirle, de hecho: «Yo a ti no te intereso, ¿por qué debería interesarme por ti?». ¿Por qué mostró interés por ella?

Me contó que sabía que su mujer todavía estaba dolida por ciertas palabras sinceras que él le había dicho un par de días antes. ¿Para qué sumar otra herida, cuando la primera aún no había sanado? También sabía que ella estaba pasando por un momento difícil con otra persona. Eso podría haber afectado su charla con él. Además, sabía que ella no se sentía bien. Simplemente, no era el momento para ser sincero de una forma provechosa. La sinceridad de Walter se amoldó a la compasión por su esposa.

Walter me hace acordar a Jesús. La confrontación sincera de Jesús siempre era «por» las personas. Estaba a favor de la mujer que lloró en la casa de Simón, pero confrontó a Simón, porque no era correcto que él juzgara y maltratara a las personas. Asimismo, confrontó a Marta, porque no era justo que ella atacara verbalmente a su hermana por celos. Él confrontó bondadosamente a los discípulos cuando ellos juzgaron al ciego. Defendió pacientemente a María, reiterando que ella hizo algo bueno.

Un estudio sobre la paciencia

La última vez que comen juntos, en la Última Cena, Jesús les advierte a los discípulos que lo abandonarán cuando las cosas se pongan difíciles durante su juicio y ejecución. Pedro, el discípulo que después negó tres veces a Jesús, insiste en que él nunca abandonará a Jesús.

> *En el camino, Jesús les dijo: «Todos ustedes me abandonarán, porque las Escrituras dicen: "Dios golpeará al Pastor, y las ovejas se dispersarán"».*
>
> *[. . .] Pedro le dijo:*
>
> *—Aunque todos te abandonen, yo jamás lo haré.*
>
> *Jesús respondió:*
>
> *—Te digo la verdad, Pedro: esta misma noche, antes de que cante el gallo dos veces, negarás tres veces que me conoces.*
>
> *—¡No! —exclamó Pedro enfáticamente—. Aunque tenga que morir contigo, ¡jamás te negaré!*
>
> *Y los demás juraron lo mismo».* (Marcos 14:27, 29-31)

El griego indica que Pedro «siguió insistiendo», no dejaba de hacerlo; pero Jesús deja que Pedro tenga la última palabra. No le exige a Pedro que diga: «Jesús, entiendo de qué estás hablando y siempre has tenido la razón sobre las cosas; así que sospecho que también tienes razón en esto».

Cuando alguien rechaza nuestra sinceridad, solemos repetir lo dicho, solo que a mayor volumen y con más adverbios. Decimos: «Tú *nunca* escuchas. Tú *siempre*... ». Lo último que deseamos hacer es callarnos y escuchar o, incluso, consolar a alguien, pero eso es exactamente lo que hace Jesús. Después de que Jesús le habló a Pedro acerca de su negación, Jesús consoló a sus discípulos: «*No dejen que el corazón se les llene de angustia; confíen en Dios y confíen también en mí*» (*Juan 14:1*).

Jesús fue honesto «por» ellos. Al decirles lo que pronto sucedería, los ayudó a prepararse para la conmoción de su muerte y para cuando lo abandonaran. Él no fuerza el tema cuando ellos lo contradicen. Simplemente, les da un tiempo para que mediten, ofreciéndonos una imagen de la honestidad controlada por la compasión.

LIBERAR LA DEMANDA DE JUSTICIA

Algunos temen que si no les dicen a los demás «lo que ellos necesitan escuchar», están siendo dominados por ellos. No obstante, lo opuesto es cierto. No hace falta expresar nuestros pensamientos cada vez que nos lastiman o que las personas se oponen a nuestra sinceridad. No es necesario expresar cada preocupación o cada crítica. No siempre necesitamos decir lo que tenemos en mente. Podemos manejar algo internamente.

Callarse discretamente, perdonar, muchas veces parece

injusto y por eso resulta tan difícil y doloroso. En el primer siglo, la sociedad consideraba el perdón como algo absurdo; ni siquiera lo valoraban en teoría[1]. Lo único que importaba era «guardar las apariencias». Guardas las apariencias cuando exiges venganza por el mínimo insulto.

Sin embargo, Jesús propone un camino diferente y nos muestra cómo resolver la injusticia de perdonar a alguien que nos ha hecho daño. Una vez Pedro le preguntó: «*Señor, ¿cuántas veces debo perdonar a alguien que peca contra mí? ¿Siete veces?*». Es probable que alguien había irritado a Pedro y que él se sentía muy bien con esta espiritualidad recién descubierta, porque los rabinos decían que había que perdonar tres veces a una persona. No obstante, Jesús, tan impredecible como siempre, le dice a Pedro: «*No siete veces —respondió Jesús—, sino setenta veces siete*» (*Mateo* 18:21-22).

Entonces, Jesús explica el perdón contando la parábola del sirviente de un rey que le debía a su amo diez mil talentos, una suma inaudita, demasiado dinero para poder devolver. Sin embargo, cuando el sirviente imploró misericordia, el rey lo perdonó. Luego, el sirviente del rey buscó a un compañero suyo que le debía cien denarios, una deuda importante, equivalente quizás a cinco mil dólares, pero una nimiedad comparada con la deuda que él había tenido. El sirviente del rey echó a su compañero en la cárcel hasta que él pudiera pagarle. Él rey se enteró de esto, se enojó y arrojó a su sirviente a la prisión, diciéndole: «*¿No deberías haber tenido compasión de tu compañero así como yo tuve compasión de ti?*» (*Mateo* 18:33).

Jesús culmina la historia con estas palabras: «*Eso es lo que les hará mi Padre celestial a ustedes si se niegan a perdonar de corazón a sus hermanos*» (*versículo* 35). Lo que implica es: «Pedro, tu sinceridad para con alguien que te ha hecho daño tiene que estar templada por cuánto te perdonó Dios por las cosas malas que le hiciste a él». Cuando nos damos cuenta de cómo somos realmente desde el punto de vista de Dios, nos abstenemos de señalar a otro con el dedo.

La sinceridad exige justicia, pero el perdón nos libera de exigir justicia. Cuando perdonamos, vemos nuestra propia necesidad de misericordia... no de justicia.

¡SÉ ESPECÍFICO!

A veces sería mejor que nos calláramos, porque nuestras palabras no son de ayuda. Las frases como: «Es que no lo entiendes» o «Tú nunca escuchas» o «¿No puedes hacer nada bien?» o «Eres tan sensible» son destructivas, en parte, porque no especifican qué es lo que la otra persona ha hecho mal. Las palabras pueden ser parcialmente ciertas, pero las expresiones demasiado generalizadas hacen que los mensajes sean condenatorios y sin sentido.

Mira cómo respalda Jesús las generalizaciones que hace sobre los fariseos con ejemplos específicos. Cuando les advierte a la multitud y a sus discípulos acerca de los fariseos, dice:

> *«Todo lo que hacen es para aparentar. En los brazos se ponen anchas cajas de oración con versículos de la Escritura, y usan túnicas con borlas muy largas. Y les encanta sentarse a la mesa principal en los banquetes y ocupar los asientos de honor en las sinagogas. Les encanta recibir saludos respetuosos cuando caminan por las plazas y que los llamen "Rabí"».* (Mateo 23:5-7)

Toma tiempo y reflexión expresar exactamente qué está haciendo mal una persona, pero Jesús da seis ejemplos específicos de la jactancia de los fariseos, ofreciéndoles una ventana por la cual verse a sí mismos. Él vuelve a encarnarse, bajando la velocidad, pensando en el mundo de otro y hablando cuidadosamente a ese mundo.

Jesús les dijo a sus discípulos: «*Si un creyente peca contra ti, háblale en privado y hazle ver su falta. Si te escucha y confiesa el pecado, has recuperado a esa persona*» (*Mateo 18:15*). ¿Cómo podemos poner esto en práctica? Digamos que, a veces, tu papá puede ser muy crítico. Está tan seguro de su sentido común, que frecuentemente critica a los demás y les muestra que «su manera es mejor». Es tan difícil ser sincero con alguien como tu padre que lo ignoras o esperas hasta que te irrita a tal punto que terminas usando tu ira para soltar tu sinceridad con una frase aplastante como: «Eres tan arrogante». Te indignas con él, pero él no tiene idea de qué quieres decir y se enoja. Tú te enojas más aún porque no te escucha y te vas, deseando nunca más tener nada que ver con él. Te descargas y después, corres.

En lugar de ello, espera un momento específico en el que tu papá diga algo crítico y dile: «El otro día en la cena, cuando mamá estaba contando la anécdota sobre los niños, sé que no contó bien todos los detalles, pero tú la corregiste dos o tres veces. Da la impresión que eres mejor que ella. Me parece que no es necesario, porque yo sé cuánto la amas». Háblale con sinceridad y consideración.

Inclusive la sinceridad de Jesús, que conlleva juicios precisos, refleja la síntesis de sí mismo: «*No voy a juzgar a los que me oyen pero no me obedecen, porque he venido para salvar al mundo y no para juzgarlo*» (*Juan 12:47*). Además, cuando él emite juicios, está salvando personas.

Sin embargo, combinar la compasión con la sinceridad es más fácil de decir que de hacer. En el próximo capítulo, veremos cómo lo hace Jesús.

Capítulo 10

«SÉ LO DIFÍCIL QUE ES. YO HAGO LO MISMO»

SER SINCERO SIN SER CRÍTICO

Un sábado por la noche, Jill y yo fuimos a bailar con unos buenos amigos. El año anterior habíamos tomado un curso de baile y era la primera vez que lo intentábamos. Ir al salón de baile fue como viajar en el tiempo, haciendo un salto hasta la década de 1940. Creo que éramos los únicos no jubilados.

Jill la estaba pasando genial solamente mirando a las personas; podía hacerlo durante horas. Yo pensaba: «Hemos tomado clases de baile y hemos viajado cuarenta y cinco minutos para llegar aquí, así que sería una pérdida de tiempo si no bailamos». Realmente no quería presionar a Jill, pero seguí mencionando el tema, hasta que Jill cedió. Así que bailamos.

No obstante, teníamos un problema: Jill puede seguir el ritmo, pero no conocía los pasos. Yo sabía los pasos, pero no podía seguir el ritmo. «Felizmente», en el baile hay una regla que se ocupa de los posibles problemas: se supone que el hombre debe guiar.

Más o menos en un minuto perdí el ritmo y Jill nos corrigió

los pasos, asumiendo el liderazgo. Me enojé con ella por guiar el baile y ella me dijo: «Ahora sé por qué no me gusta bailar. Es porque te enojas».

Entonces, nos sentamos unos minutos. Luego, decidimos intentarlo de nuevo separándonos y bailando con nuestros amigos. Lo hicimos durante un rato, recuperamos el ritmo y aprendimos los pasos, lo intentamos nuevamente y funcionó. Esa noche la pasamos bien, pero estábamos tensos. Necesitábamos reconciliarnos.

En el Sermón del Monte, Jesús dice que si estás en el templo ofreciendo tu sacrificio, *«si presentas una ofrenda en el altar del templo y de pronto recuerdas que alguien tiene algo contra ti, deja la ofrenda allí en el altar. Anda y reconcíliate con esa persona. Luego ven y presenta tu ofrenda a Dios»* (*Mateo* 5:23-24). En otras palabras, ni te molestes en adorar a Dios si no estás reconciliado con los demás. Amar a las personas es más importante que la religión formal. Si hay una arruga en una relación, deja todo y ve a arreglarla. Inicia la charla, aunque el problema sea culpa del otro. El amor siempre se acerca a las personas para restaurar las relaciones.

Usa la investigación tipo viga

Cuando terminó la noche de baile, Jill y yo estábamos molestos. Los dos pensábamos que el otro tenía que escuchar y cambiar. Yo sentía que Jill tenía el noventa por ciento de la culpa y ella pensaba lo mismo de mí. ¿Cómo podíamos reconciliarnos y, a la vez, ser mutuamente sinceros?

En el Sermón del Monte, Jesús imagina una escena en la que queremos «decirle lo que pensamos» a alguien. Sus palabras nos desafían:

«¿Y por qué te preocupas por la astilla en el ojo de tu amigo, cuando tú tienes un tronco en el tuyo? ¿Cómo puedes pensar en decirle a tu amigo: "Déjame ayudarte a sacar la astilla de tu ojo", cuando tú no puedes ver más allá de la viga que está en tu propio ojo? ¡Hipócrita! Primero quita la viga de tu ojo; después verás lo suficientemente bien para ocuparte de la astilla en el ojo de tu amigo». (Mateo 7:3-5)[1]

Este ejemplo implica un giro particular en el corazón humano: los defectos que nos molestan en los demás son el reflejo de nuestros propios defectos. Juzgamos a los demás por sus defectos (*la astilla en el ojo ajeno*) mientras pasamos por alto nuestras *vigas* que son mucho más grandes. Trata de aplicarte la percepción de Jesús. ¿Qué te fastidia de otras personas? ¿Haces tú, a veces, lo mismo? Por ejemplo, ¿te molesta cuando ves que alguien es insensible con las mujeres? ¿Fuiste alguna vez indiferente con alguna mujer? Si obedeces la enseñanza de Jesús, tu actitud no será: «¿Cómo puedes ser tan estúpido?», sino: «Sé lo difícil que es. Yo hago lo mismo». Jesús dice que debemos examinarnos a nosotros mismos y erradicar nuestros defectos antes de remarcar los ajenos.

Él quiere que entendamos que nuestra maldad interior afecta nuestra capacidad para ver. Nuestra arrogancia moral y santurronería, el sentir que «nosotros nunca haríamos eso», distorsiona nuestra visión y hace que los errores del otro parezcan mucho más grandes que los nuestros. Así que cuando la otra persona no nos escucha, subimos el volumen. La sinceridad se convierte en un arma. Si tú y yo estamos haciendo lo mismo, entramos en un círculo vicioso de culpar y de ponernos a la defensiva. No obstante, si me fijo en mí mismo en primer lugar, rompo el círculo y posibilito la paz. Entonces ya no estoy sobreponiéndome a ti, diciéndote que subas a mi nivel. Te pediré que me acompañes como una persona que necesita misericordia y ayuda. La compasión empieza cuando miramos a la otra persona. La reconciliación empieza cuando te miras a ti mismo.

La regla de oro nos dice que pensemos primero en nosotros mismos y en cómo nos gustaría que nos amaran y que luego usemos esa información para amar a otra persona. La «investigación tipo viga» dice que reflexionemos primero sobre cómo hacemos cosas similares y que después usemos esa información para ser sinceros con nuestro amigo. Cuando admitimos nuestros problemas primero, desaparece la actitud de arrogancia moral y la santurronidad, dejando solamente una sinceridad compasiva.

Jesús enseñó a otros cómo hacer la «investigación tipo viga», pero nunca vemos que él lo haga. Jamás reflexiona en su propio pecado. ¿Por qué? Nos da una pista cuando les pregunta a los fariseos: *«¿Quién de ustedes puede, con toda sinceridad, acusarme de pecado? Y si les digo la verdad, ¿por qué, entonces, no me creen?»* (Juan 8:46). Esta declaración de estar libre de pecado tiene sentido si Jesús es Dios en persona. Nosotros esperaríamos que Dios esté libre de pecado y por lo tanto, no tiene que hacer la «investigación tipo viga».

«USTEDES, LOS QUE NO TIENEN PECADO...»

En la siguiente escena, Jesús vuelve a subrayar que necesitamos hacer la «investigación tipo viga»:

> *Muy temprano a la mañana siguiente, [él] estaba de vuelta en el templo. Pronto se juntó una multitud, y él se sentó a enseñarles.*

Mientras hablaba, los maestros de la ley religiosa y los fariseos le llevaron a una mujer que había sido sorprendida en el acto de adulterio; la pusieron en medio de la multitud.

«Maestro —le dijeron a Jesús—, esta mujer fue sorprendida en el acto de adulterio. La ley de Moisés manda apedrearla; ¿tú qué dices?».

Intentaban tenderle una trampa para que dijera algo que pudieran usar en su contra, pero Jesús se inclinó y escribió con el dedo en el polvo.

Como ellos seguían exigiéndole una respuesta, él se incorporó nuevamente y les dijo: «¡Muy bien, pero el que nunca haya pecado que tire la primera piedra!». Luego volvió a inclinarse y siguió escribiendo en el polvo.

Al oír eso, los acusadores se fueron retirando uno tras otro, comenzando por los de más edad, hasta que quedaron solo Jesús y la mujer en medio de la multitud. Entonces Jesús se incorporó de nuevo y le dijo a la mujer:

—¿Dónde están los que te acusaban? ¿Ni uno de ellos te condenó?

—Ni uno, Señor —dijo ella.

—Yo tampoco —le dijo Jesús—. Vete y no peques más.

(Juan 8:2-11)

Los fariseos le habían tendido una trampa. Si Jesús no condenaba a la mujer, lo habían atrapado en una violación a la Ley de Moisés y no era un buen judío. No obstante, si la condenaba, violaba su buena fama de compasivo y se ponía en conflicto con los romanos (que les prohibían a los judíos consumar la pena de muerte).

En respuesta a la trampa, Jesús se agacha y, en silencio,

comienza a escribir en el suelo con su dedo. Cuando ellos insisten, levanta la mirada y les da permiso a los hombres para que apedreen a la mujer, si primero declaran que no tienen pecado. Luego, sigue escribiendo en el suelo. Jesús les da tiempo para que lo que dijo penetre en sus corazones. Quiere que juzguen primero su propio corazón para bajarle los humos a su arrogancia moral. La única manera de ser sincero sin ser moralista no es aprendiendo un principio, sino pasando por un proceso de reflexión: ¿Cómo hago yo lo mismo?

Lentamente y uno a uno, los acusadores se retiran. A medida que empiezan a hacer la investigación tipo viga, se convencen de que sus palabras no concuerdan con sus vidas. Es probable que se convencieran de su propio adulterio, fuera físico o mental. (Jesús dice: *«Yo digo que el que mira con pasión sexual a una mujer ya ha cometido adulterio con ella en el corazón»* [Mateo 5:28]).

Posiblemente fueran persuadidos de su doble moral en cuanto se trataba de mujeres y hombres. Esto es cosa de dos, pero no está allí el hombre. Además, para ser sorprendido en adulterio, la Ley mosaica decía que al menos dos testigos tenían que atrapar a la persona en el acto sexual. La ley le prohibía al esposo hacer caer en una trampa a su mujer, esperándola escondido; pero probablemente fue lo que sucedió aquí, porque los fariseos tenían que encontrar una mujer que hubiera cometido adulterio para atrapar a Jesús. Cualquiera que fuera el caso, la pregunta de Jesús puso al descubierto que habían fracasado en vivir a la altura de sus propias normas[2]. Cuanto más lo pensaban, más pesadas comenzaron a verse las piedras que había alrededor de la mujer.

Jesús simplifica una situación compleja al incitarlos al arrepentimiento autorreflexivo. No simplificó la situación, como hace nuestra cultura, diciendo que el adulterio está bien porque te hace sentir bien. Él ratifica la regla de Dios: «*No cometerás adulterio*» cuando le dice a la mujer «*no peques más*». La ley en sí misma no era corrupta; la corrupción estaba en el corazón de los acusadores, en su arrogancia moral y santurronería.

APRENDER A BAILAR

Está claro que la «investigación tipo viga» es dolorosa. Mientras meditaba en la tensión que había entre Jill y yo, me daba miedo hablar con ella. Tendría que dejarla sonsacar algo sobre mí que no tenía ganas de escuchar y que ella no querría compartir porque, a veces, yo había rechazado su sinceridad.

A la mañana siguiente le pregunté a Jill de qué forma la había herido la noche anterior. Ella me respondió: «¿Por qué teníamos que bailar? ¿Acaso no podíamos quedarnos sentados y mirar a la gente?». Señaló a la manera en que yo había sido agresivo y enojado. Esa noche volví a preguntarle cómo la había afectado la noche anterior. Ella habló de la otra pareja: «¿Viste cómo se aman nuestros amigos? ¿Viste cómo inclinaba él su cabeza hacia ella porque él disfrutaba de ella? ¿Cómo se concentraba en ella, cómo la miraba? Tú no me amas así».

Me dejó pasmado. Ese día empecé a amar a Jill como nunca antes lo había hecho. Cuando ella se arriesgó a abrirme su corazón, empecé a entender cómo era amar a alguien, cómo amar de la manera en que ama Jesús: siendo atento, firme, tierno, efectivo, constante, persistente y desinteresado.

Más tarde, le dije a Jill que para mí hubiera sido más fácil que me hubiera dicho que no estaba siguiendo el ritmo cuando bailábamos, en lugar de ponerse a guiar ella. Cuando le dije esto, se enojó. Le pregunté por qué estaba bien que ella se sincerara y yo no, así que ella empezó a escucharme tranquilamente.

La indicación de Jesús para ser sincero amablemente (*«primero quita [la viga] de tu ojo; después verás lo suficientemente bien para ocuparte de la astilla en el ojo de tu amigo»*) guiaba mi amor por Jill. Recién después de hacerle preguntas a Jill durante todo el día, *vi lo suficientemente bien*. Cuando terminé de hacer la investigación tipo viga, mi propia herida se había reducido porque pude ver cómo la había ofendido. Entonces, en vez de una lección farisaica, mi sinceridad se convirtió en una pregunta tranquila y sencilla.

Una advertencia

Sin embargo, ¿qué hacemos cuando, por más que tratamos de cambiar, la otra persona no acepta nuestra sinceridad? ¿Cómo podemos ser sinceros con alguien cuando todo lo que decimos es interpretado a través de un filtro negativo, cuando la amabilidad es interpretada como manipulación y usada contra nosotros?

Jesús habla de esto en una parábola apropiada y concisa, después de enseñar acerca de la *astilla* y de la *viga*:

> *«No desperdicies lo que es santo en gente que no es santa. ¡No arrojes tus perlas a los cerdos! Pisotearán las perlas y luego se darán vuelta y te atacarán».* (Mateo 7:6)

Aquí ofrezco una interpretación sobria de la parábola: Algunas personas (*los cerdos*) no pueden manejar la sinceridad (*las perlas*) que les ofreces, por más amable, humilde o cauteloso que seas. Aunque *te quites la viga*, es posible que no te escuchen. De hecho, hasta pueden malinterpretar tu compasión y *te atacarán*.

Jesús denomina a tales personas «enemigos», alguien que está contra ti. Cualquier cosa que hagas o digas, los enemigos te menosprecian, le buscan la quinta pata al gato en lo que haces y te juzgan; de manera que, si tus palabras no están logrando nada, quédate callado. Esa prudencia evitará que te golpees la cabeza contra la pared por tratar de cambiar a una persona terca.

Decir que alguien es un enemigo parece duro o sentencioso. No nos gusta pensar en nuestro cónyuge, en un hijo o en una persona cercana como en un enemigo; así que nos precipitamos a decir más palabras y tratamos de arreglar la situación solamente para empeorarla. No obstante, la palabra «enemigo» podría ser simplemente una categoría pasajera para describir cómo nos está tratando alguien. Solamente hacemos la observación: «Esta mañana, mi adolescente se comporta como un enemigo». A veces, con algunas personas, más palabras empeoran las cosas. La reconciliación es la regla; el silencio con los enemigos es la excepción a la regla.

Jesús les dijo a sus discípulos: «*Miren, los envío como ovejas en medio de lobos. Por lo tanto, sean astutos como serpientes e inofensivos como palomas. Tengan cuidado, porque los entregarán a los tribunales y los azotarán con látigos en las sinagogas*» (*Mateo* 10:16-17). Puesto que nuestro mundo es hermoso pero está estropeado, Jesús es amoroso pero precavido. Por ejemplo, cuando habló en contra de los hombres que se divorcian de su esposa por la simple razón de querer una «mejora», estaba hablando en privado con los discípulos, a puertas cerradas (Marcos 10:10). ¿Por qué? El primo de Jesús, Juan el Bautista, fue ejecutado por Herodes Antipas por denunciar públicamente el divorcio de Herodes[3]. Jesús era cuidadoso hasta con sus seguidores: «*Jesús no confiaba en ellos porque conocía todo acerca de las personas. No hacía falta que nadie le dijera sobre la naturaleza humana, pues él sabía lo que había en el corazón de cada persona*» (*Juan* 2:24-25).

Sin embargo, cuidado con irte al otro extremo y llamar enemigas a las personas solamente porque fueron malas contigo, evitando, de este modo, la ardua tarea de la reconciliación. He escuchado a algunas personas decir: «Ah, él nunca escucharía», pero ni siquiera lo han intentado. Es más fácil determinar por adelantado que la persona no va a escuchar y, por consiguiente, descartarla como a una «enemiga».

¿CÓMO SE AMA A UN ENEMIGO?

Si hemos seguido las instrucciones de Jesús para la reconciliación y la persona se niega a reconciliarse, ¿qué hacemos? Fiel a su estilo, el consejo de Jesús contradice cualquier reacción instintiva que tenemos cuando alguien nos lastima. Nos dice que amemos a nuestros enemigos, que procuremos activamente el bien de ellos y que cuidemos a las personas que no podemos soportar.

Jesús nos enseña cómo amar a nuestros enemigos, tomando ejemplos de la vida cotidiana:

> «*Han oído la ley que dice que el castigo debe ser acorde a la gravedad del daño: "Ojo por ojo, y diente por diente". Pero yo digo: no resistas a la persona mala. Si alguien te da una bofetada en la mejilla derecha, ofrécele también la otra mejilla. Si te demandan ante el tribunal y te quitan la camisa, dales también tu abrigo. Si un soldado te exige que lleves su equipo por un kilómetro, llévalo dos*». (*Mateo* 5:38-41)

Moisés fue el primero en decir *«ojo por ojo y diente por diente»*, que no era la receta para la venganza, sino un freno para nuestras reacciones naturales. Instintivamente, sacamos dos ojos por uno, dos dientes a cambio de uno. No queremos una justicia imparcial; queremos castigar, sacarles más a ellos de lo que nos sacaron a nosotros. Aquí, Jesús sube la vara del amor hasta una altura extraordinaria y ordena que no solo amemos a los enemigos, sino que también busquemos de manera activa su bien. Para que no nos confundamos, menciona el derecho legal que tenían los soldados romanos de obligar a que una persona les llevara su mochila a lo largo de una milla. No solo tenemos que llevar la mochila, tenemos que ofrecer llevarla otra milla más. En lugar de exigir el doble de la venganza, debemos duplicar el amor que brindamos.

No dejamos de amar a las personas difíciles; simplemente, las amamos de una manera diferente, sin palabras. Pasamos a los hechos, dejamos tranquila a la persona y esperamos que Dios haga la obra. Él puede arreglar lo que nosotros no podemos.

Para explicar esta característica del amor, Jesús señala a Dios, quien da sin hacer discriminaciones. Él dice:

> *«Han oído la ley que dice: "Ama a tu prójimo" y odia a tu enemigo. Pero yo digo: ¡ama a tus enemigos! ¡Ora por los que te persiguen! De esa manera, estarás actuando como verdadero hijo de tu Padre que está en el cielo. Pues él da la luz de su sol tanto a los malos como a los buenos y envía la lluvia sobre los justos y los injustos por igual».* (Mateo 5:43-45)

Jesús practicaba lo que predicó aquí. Él amó incluso a las personas que lo mataron. Cuando los soldados están clavándolo a la cruz, Jesús procura enérgicamente el bienestar de los soldados romanos al borrar su deuda por medio del perdón. Dice: *«Padre, perdónalos, porque no saben lo que hacen»* (*Lucas* 23:34). El griego indica que Jesús *siguió diciendo: «Padre, perdónalos»*.

La amargura muere, la paz sigue

¿Es masoquista Jesús? Esa clase de amor parece una locura. ¿Nos expondremos a que nos lastimen más? No. Piénsalo. Existen dos problemas con los enemigos. Lo que nos hicieron duele y a medida que nos obsesionamos con lo que nos hicieron, la amargura se aferra como una pinza en nuestra mente. Le ponemos tanta atención a la herida, que no nos damos cuenta de que la amargura lentamente empieza a devorarnos por dentro, como un cáncer del alma. La amargura lentamente nos transforma, de manera que llegamos a ser como nuestro enemigo.

El mandamiento de Jesús de amar a nuestros enemigos quita la energía de la amargura. En vez de tramar nuestra venganza, planeamos cómo hacerles bien. Pensamos en sus necesidades y en cómo ayudar. El soldado romano está cansado, entonces ofrecemos llevarle la mochila una segunda milla. Lo amamos donde es débil. Un amor de esta índole sorprende a nuestro propio corazón y comienza la sanidad. La amargura muere por falta de combustible.

El amor también rompe el ciclo de la maldad, impidiendo que lleguemos a convertirnos en el enemigo. En lugar de ello, nos volvemos como Jesús, libres; ya no estamos controlados por la maldad del otro. Más aún, el amor desconcierta al enemigo y lo hace bajar la guardia. No obstante, lo mejor de todo es que abre paso para la justicia y la misericordia de Dios. Amar a un enemigo significa confiar en que Dios es mucho más eficaz que yo. Para amar, es necesario tener fe.

Durante la Segunda Guerra Mundial, Gandhi dejó de enfrentarse a los británicos, su enemigo, y respaldó sus acciones bélicas, buscando activamente su bien. ¿Cuál fue el resultado? Unos pocos años después se derrumbó la oposición británica a la independencia de la India. El amor fue demasiado poderoso.

La enseñanza de Jesús «*amen a sus enemigos*» refleja la antigua profecía judía de que el Mesías sería el «*Príncipe de Paz*» (*Isaías* 9:6-7). También complementa sus palabras: «*Bienaventurados los pacificadores*». Cuando amamos a nuestros enemigos, nos sacamos la viga del ojo y nos convertimos en pacificadores.

PARTE 3:

EL AMOR DEPENDE DE DIOS

Capítulo 11

EL SECRETO PARA AMAR

DEPENDER DE DIOS

Una parte de mi trabajo es enseñar en seminarios de fin de semana. Comienzo una de mis clases favoritas escribiendo en un rotafolio: «No hago nada por mi cuenta. Solamente puedo hacer lo que veo que hace mi papá». Les pido a las personas que analicen a la persona que dijo esto, basándose solamente en este fragmento de información. Rápidamente se entusiasman con la tarea y se convierten en instantáneos psicólogos de pacotilla:

«Parece alguien débil. Casi indefenso».

«¿Acaso piensa por su cuenta?»

«Si es un adulto, tiene que separarse un poco de su papá».

«¿Esta persona ha hecho terapia?»

«No es sano».

«Muy infantil».

«Es co-dependiente».

Después de dejar que el anzuelo vaya a lo profundo, les digo que Jesús lo dijo. *«Les digo la verdad, el Hijo no puede hacer nada por su propia cuenta; solo hace lo que ve que el Padre hace. Todo lo que hace el Padre, también lo hace el Hijo. [. . .] Yo no puedo hacer nada por mi propia cuenta»* (*Juan* 5:19, 30).

Nosotros consideramos enfermiza esta clase de dependencia. Los norteamericanos, en particular, valoran la independencia y la confianza en sí mismos, pero en los cimientos de la vida de Jesús radica una confianza ingenua en Dios, a quien él llama «*Padre*». Jesús no se somete a un reglamento, sino a una relación; así que las decisiones que toma (cuándo ser compasivo y cuándo ser sincero) vienen de Dios.

SOMETIDO A DIOS

Observa la dependencia de Jesús de su Padre celestial cuando sus hermanos le sugieren que cambie de planes:

> *Se acercaba el tiempo judío del Festival de las Enramadas, y sus hermanos le dijeron:*
>
> *—¡Sal de aquí y vete a Judea, donde tus seguidores puedan ver tus milagros! ¡No puedes hacerte famoso si te escondes así! Si tienes poder para hacer cosas tan maravillosas, ¡muéstrate al mundo!*
>
> *Pues ni siquiera sus hermanos creían en él.*
>
> *—Este no es el mejor momento para que yo vaya —respondió Jesús—, pero ustedes pueden ir cuando quieran. [. . .] Vayan ustedes; no iré al festival, porque todavía no ha llegado mi momento.*
>
> *Después de decir esas cosas, se quedó en Galilea.*
>
> (*Juan* 7:2-6, 8-9)

Jesús les dice a sus hermanos: «*pero ustedes pueden ir cuando quieran*», dándoles a entender que ellos tienen la libertad de hacer lo que quieran, cuando quieran. No obstante, en cuanto a sí mismo, dice: «*todavía no ha llegado mi momento*». Su agenda está organizada por su Padre, hasta en detalles como cuándo debería él ir al Festival de los Tabernáculos.

Sus hermanos están dándole a Jesús una lección de mercadeo: «Si quieres hacerte famoso, tienes que darte a conocer». Cuando los judíos celebraban el Festival de los Tabernáculos, la población de Israel se incrementaba a casi un millón de personas. Su familia supone que, tal como a ellos, a Jesús le encanta que la multitud lo aclame. Como un político prometedor, Jesús necesita de su ayuda para crear su imagen. Desde luego, él se acordará de su familia cuando se convierta en poderoso.

Sin embargo, a Jesús no le interesan la fama ni el poder, solamente la voluntad de su Padre; entonces, les dice «no». Observa que, aunque los hermanos aparentan ser libres, están atados a la opinión de la gente, mientras que la sumisión de Jesús a la voluntad de Dios lo libera de la opinión de los demás.

Los hermanos quieren que Jesús haga milagros en el festival al que asistirán millones de personas y que a su vez, hará famoso y poderoso a Jesús. No obstante, Jesús sabe que esos milagros no serían actos de amor, sino manipulaciones de poder. Semejantes motivaciones egoístas contaminarían el amor, como un zorrillo en el sótano durante una fiesta. Por más que abramos las ventanas del piso de arriba, por mucho que perfumemos la casa, si mezclamos egoísmo con amor, el mal olor sigue subiendo, contaminando todo.

Los hermanos de Jesús deben de haber interpretado que su libertad era obstinada, porque en el primer siglo no podías pensar y actuar fuera de tu familia de hermanos, primos, tías y tíos.

Sin embargo, Jesús tiene otro centro de gravedad: «*La*

aprobación de ustedes no significa nada para mí, porque sé que no tienen el amor de Dios adentro. [. . .] ¡Con razón les cuesta creer! Pues a ustedes les encanta honrarse unos a otros, pero no les importa la honra que proviene del único que es Dios» (*Juan 5:41-42, 44*). Debido a que Jesús tiene *el amor de Dios en su corazón,* él no necesita amor de otras fuentes. Ser esclavo del Padre lo hace libre para decirle «no» a sus hermanos y «sí» a las personas que sufren. Sin esta sumisión subyacente a Dios, Jesús quedaría atrapado en las prioridades de otras personas y de su propia cultura. Se apresuraría a Jerusalén con sus hermanos, en parte, intentando mantener contenta a su familia, en parte, tratando de hacerse famoso.

Ahora estamos en el sótano del amor. La compasión y la sinceridad, primero y segundo pisos visibles del amor, descansan sobre los cimientos de la dependencia de Dios. Básicamente, no podemos amar por nuestra cuenta. Necesitamos someternos a otra voluntad (la voluntad de Dios) en busca de dirección y de sabiduría. Depender de Dios significa rendir mi voluntad a la suya. Significa decirle a Dios: «Tú eres el que manda».

Decirse «sí» a uno mismo contamina el amor

Estamos usando un nuevo método de fonoaudiología con Kim que trabaja sobre el tono muscular de su boca para que pueda aprender a respirar regularmente y mantener el habla. Está aprendiendo cómo dejar salir el aire lenta y regularmente. Una mañana en particular, le estaba costándo mucho; Kim se negaba rotundamente siquiera a intentarlo. Yo me sentía apenado por la «pobre Kim» y me preguntaba si le pasaba algo malo, pero Jill creía que Kim solo estaba siendo testaruda. Discutimos por ello en el desayuno y Kim, al escucharnos, escribió en su máquina: «Dejen de discutir. Yo soy la que manda».

Nuestra hija Ashley y su esposo, Dave, hace poco invitaron a Kim para el fin de semana. Después del fin de semana, Dave quedó asombrado: «¡Guau! ¡Cómo es de terca ella! Hasta hace uso de sus discapacidades para conseguir lo que quiere». Kim no está sola en esto. La testarudez, esa necesidad de conseguir lo que queremos, puede ser algo tan fuerte, y a la vez algo tan sutil, que contamina nuestro amor.

Examinemos esto a través de una interacción entre un marido y su esposa. El esposo siempre saca la basura, pero se olvidó de hacerlo la semana pasada y esta semana se volvió a olvidar. Generalmente siempre lo hace, pero su mujer le dice: «Cariño, te olvidaste otra vez de sacar la basura». Ese «otra vez» es el zorrillo en el sótano, un recordatorio no muy sutil de que el marido es un fracaso. Al remarcarle su falta, la esposa sutilmente realza su propia bondad. Si no tenemos *el amor de Dios en nuestro corazón*, necesitamos robar amor de otra parte. Las palabras «otra vez» roban una galletita del amor.

No obstante, ella se dice a sí misma: «Si no le digo "otra vez", él va a seguir olvidándose. Si no le muestro que esto se está volviendo una costumbre, sacaré yo la basura regularmente». Observa la suposición subyacente: «Todo depende de mí. Si yo no se lo enseño, nadie más lo hará». Dios está completamente ausente de su pensamiento. A falta de la intervención activa de Dios, cree que su esposo «debe» escuchar sus palabras; de lo contrario, ella siente que se desaparecerá por el despiste de su esposo. Habla por su cuenta, usando las palabras «otra vez» para controlar a su esposo. Sin embargo, Jesús dijo: «*Yo no hablo con autoridad propia; el Padre, quien me envió, me ha ordenado qué decir y cómo decirlo»* (*Juan* 12:49). Entonces, en esta situación, ¿cómo podría la esposa haber sido sincera sin ser obstinada? Podría empezar omitiendo «otra vez» y después podría hacer un poco de «investigación tipo viga», preguntándose primero si últimamente se ha olvidado algo dos veces. O tranquilamente podría sacar ella la basura, sin decir nada. El amor es paciente en silencio. No lleva un registro de las equivocaciones.

Decirle «sí» a Dios nos hace libres para amar

Cuando nos decimos «no» a nosotros mismos y «sí» a Dios, nuestro amor es puro.

Un día, cuando Kim tenía unos diez años, estaba leyendo arriba, en su habitación. Bajó a la cocina donde yo estaba sentado, e indicó que quería que la ayudara a llevar una pila enorme de libros de Richard Scarry a la sala de estar improvisada que teníamos en el sótano. Ella bajó la escalera delante de mí, llevando su caja de crayones y deslizándose sentada de un escalón a otro. Más o menos cuando habíamos bajado dos tercios de la escalera, se detuvo; había desparramado los crayones por todos los escalones.

Normalmente, yo hubiera puesto los libros en el piso y la habría ayudado, pero en lugar de hacerlo, le pregunté: «Kim, ¿quieres que te ayude?». Para mi sorpresa, negó con la cabeza. No estaba seguro de qué hacer, así que me quedé de pie en la escalera y esperé, mientras ella recogía lentamente los crayones. Fueron nada más que un par de minutos, pero me parecieron como una hora. Se me ocurrió que, como a Kim le costaba usar sus dedos, era mejor para ella aprender a levantar las cosas por sí misma. Qué rápido soy para hacer cosas obvias, cuando quizás no sería lo mejor que podría hacer.

Ayudar a las personas puede ser complicado. Parecería que yo estaba haciendo algo por Kim si recogía los crayones. Sin embargo, ¿estoy ayudándola? ¿o estoy ayudándome a mí mismo para pasar a lo siguiente? Cuando estudié a Jesús, aprendí que el amor no es eficiente. Si no hubiera controlado mis deseos, habrían lastimado a Kim, aun si fuera ligeramente. Al decirme «no» a mí mismo, mi amor por ella podía ser puro, sin contaminarse con mis deseos. Jesús elogia a la persona que se relaciona de esta manera: «*Dios bendice a los que son humildes*» (*Mateo* 5:5). Benditos son los que no les imponen su voluntad a los demás.

Hambriento de conversar con Dios

Mientras esperaba a Kim en la escalera, me sentía vacío y desconcertado. Eso me pasa generalmente cuando dejo de hacer lo que «yo» quiero en una situación. Cuando altero mi forma acostumbrada de hacer las cosas, suelo sentirme desorientado. No obstante, también sentía una necesidad apacible por conocer a Dios. Cuando dejo de hacer mi propia voluntad y el «yo» muere, empiezo a preguntarle a Dios qué hacer. Comienzo a vivir sin «mi agenda» y empiezo a sentir hambre de Dios.

A menudo vemos esto en la vida de Jesús. A pesar de su hiperactividad, estaba consagrado a la oración: «*Sin embargo, a pesar de las instrucciones de Jesús, la noticia de su poder corrió aún más, y grandes multitudes llegaron para escucharlo predicar y ser sanados de sus enfermedades. Así que Jesús muchas veces se alejaba al desierto para orar*» (*Lucas* 5:15-16). Orar simplemente significa «preguntar». A través de la oración, le preguntamos a Dios qué debemos hacer.

Jesús les enseña a orar a sus discípulos, diciendo: «*Padre nuestro que estás en el cielo, que sea siempre santo tu nombre. Que tu reino venga pronto. Que se cumpla tu voluntad en la tierra como se cumple en el cielo*» (*Mateo 6:9-10*). En la oración, sometemos nuestra voluntad a la de Dios. La oración no existe en la palabrería de la jerga religiosa; en la oración tenemos una conversación personal con el Creador. La oración nos guía en cuanto a cómo amar. Sin la ayuda de Dios, estamos perdidos en la niebla.

Cuando Robertson McQuilkin renunció a la universidad para cuidar a su esposa, Muriel, un estudiante le preguntó: «¿Extraña ser rector?». Mientras reflexionaba sobre la pregunta del estudiante, puso su cuestionamiento en oración:

> «Padre, me gusta esta tarea, no me arrepiento. Pero si un entrenador pone a un hombre en la banqueta, es porque no lo quiere en el partido. No tienes por qué decírmelo, desde luego, pero me gustaría saber: ¿por qué no me necesitaste en el partido?».
>
> Esa noche no dormí bien y me desperté todavía contemplando el acertijo. Muriel todavía tenía movilidad en esa época, así que salimos a hacer nuestra caminata matutina por la cuadra. No sentía seguridad al caminar, así que caminábamos despacio e íbamos de la mano, como siempre. Este día escuché pasos detrás de mí y volteé a ver la silueta conocida de un indigente de la zona que venía detrás de nosotros. Tambaleó al pasarnos, y luego se dio la vuelta y nos miró de arriba abajo. «Eso 'ta bueno. Me gusta eso —dijo—. Eso realmente 'ta bueno. Me gusta». Se dio vuelta y siguió bajando por la calle, murmurando para sí mismo una y otra vez: «'Ta bueno. Me gusta».

> Cuando Muriel y yo llegamos a nuestro jardincito y nos sentamos, volví a recordar sus palabras. De repente entendí y quedé impactado; Dios habló a través de un viejo indigente ebrio. «Eres *tú* el que está susurrando a mi espíritu. "Me gusta, 'ta bueno" —dije en voz alta—. Puede que esté en la banqueta, pero si a ti te gusta y dices que es bueno, eso es todo lo que importa»[1].

Cuando McQuilkin «escuchó» la voz de Dios, pudo «descansar» en la tarea que Dios tenía para él. Eso hizo más profundo el significado de su amor por Muriel. Muchas veces, las personas pierden la esperanza en el amor porque se hartan de escuchar las voces de los demás: sus exigencias. Entonces, se alejan de la relación y, al principio, experimentan una libertad inicial porque recuperan su propia «voz». Sin embargo, nuestra propia voz puede ser tan tiránica como la de cualquier otra persona. Si nuestra relación con Dios implica caminar con él, hablar con él, depender de él, si escuchamos constantemente su voz, no volveremos a quedar atrapados entre nuestra voz y la de otros.

La oración también hace partícipe a Dios en nuestras historias. La mujer cuyo marido se olvida de sacar la basura puede pedirle a Dios que su esposo recuerde hacerlo. Un pedido de oración tan simple puede parecer raro, pero no lo es, si Dios realmente moldea las cosas. Ella también puede pedirle a Dios que la ayude a no ahogar a su esposo con sus palabras. Entonces, la basura se convierte en parte de la historia de lo que Dios está haciendo en ella y en su marido. ¿Terminará sacando ella la basura por el resto de su vida? Posiblemente. No obstante, cuando me toca estar en esas «situaciones de sacar la basura por el resto de mi vida», generalmente encuentro que Dios está conmigo de una manera peculiar. Descubro a Dios en la basura.

HAMBRIENTO DE LAS PALABRAS DE DIOS

La dependencia que tenía Jesús del Padre implicaba escucharlo, tanto como hablarle. Jesús vivía, respiraba y enseñaba la Escritura. Su regla de oro no es más que una cita del libro de Levítico (19:18): «*Ama a tu prójimo como a ti mismo*». Las Bienaventuranzas son, en su mayoría, citas de los Salmos.

Para Jesús, la Escritura representaba algo más que el medio para conocer la voluntad de su Padre: representaba la vida. Mientras agoniza en la cruz, Jesús cita un salmo para expresar su dolor: «*A eso de las tres de la tarde, Jesús clamó en voz fuerte: "Eli, Eli, ¿lema sabactani?", que significa "Dios mío, Dios mío, ¿por qué me has abandonado?"*» (*Mateo* 27:46 del *Salmo* 22:1). Ante la muerte, las personas se aferran a lo que valoran en vida.

Jesús también reafirma la autoridad bíblica cuando les ordena a sus discípulos que amen: «*Así que ahora les doy un nuevo mandamiento: ámense unos a otros. Tal como yo los he amado, ustedes deben amarse unos a otros*» (*Juan* 13:34). Habla como un rey: «*Cuando Jesús terminó de decir esas cosas, las multitudes quedaron asombradas de su enseñanza, porque lo hacía con verdadera autoridad, algo completamente diferente de lo que hacían los maestros de la ley religiosa*» (*Mateo* 7:28-29). Al final de su vida, Jesús se refiere al poder único de sus palabras: «*El cielo y la tierra desaparecerán, pero mis palabras no desaparecerán jamás*» (*Mateo* 24:35). Esa es una declaración sorprendente para un campesino judío del primer siglo. Sin embargo, es la verdad. Sus palabras no han dejado de existir: le dieron forma a la civilización occidental. La Biblia es el libro más vendido de todos los tiempos y el más vendido anualmente.

Algunos opinan que nos hemos liberado de la creencia primitiva en los escritos sagrados, pero la mayoría de nosotros tenemos algún tipo de Escritura o de guía que sigue. Cuando estamos confundidos en la vida, buscamos una «palabra» de autoridad o la información que arroje claridad y dirección a nuestra vida. Algunos miran los noticieros, leen los periódicos o consultan sus horóscopos. Los profesores universitarios se refieren a «la literatura» (el pensamiento actual en una área en particular) casi con reverencia. Los psicólogos miran a Freud. Los revolucionarios miran a Marx. Millones de norteamericanos miran a Oprah. Buscamos una palabra que ponga orden al caos de la vida, una palabra que le dé sentido a tanta desolación.

Cada uno de nosotros está moldeado por una escritura, ya sea un libro, una película o un terapeuta. La búsqueda de palabras de certeza está tan generalizada que uno sospecha que está preprogramada. Einstein reflexionó que «Los seres humanos [...] bailan al son de una melodía misteriosa, entonada a la distancia por un músico invisible»[2]. Jesús bailaba al ritmo de las palabras de lo que llamamos la Biblia, que es la letra viva de su Padre celestial. Las palabras de la Escritura le daban forma a su vida.

Las palabras de la Biblia estaban moldeándome cuando me detuve en la escalera y le pregunté a Kim si quería ayuda. Había estado pensando en cómo Jesús le entregaba su voluntad a Dios y lo rápido que era yo para hacer mi propia voluntad. Generalmente, mi voluntad me parecía una buena idea, así que me costaba verlo. No obstante, las palabras escritas de Dios estaban tocándome, desacelerándome. Si otros miembros de la familia hubieran ayudado a Kim, no habría pensado dos veces en sus actos. Algo muy personal estaba ocurriendo entre Dios y yo, que surgió de la comunicación que se estaba desarrollando y que tenía relación con la oración y con la Palabra escrita.

Jesús interpretó la vida a través de la óptica de su Padre. No dijo que debíamos amar a nuestros enemigos porque «eso es lo que hace el amor»; dijo que tenemos que amar porque así es su Padre. «*Él [. . .] envía la lluvia sobre los justos y los injustos por igual*» (*Mateo* 5:45). Debido a que el Padre define el amor, es prudente no hacer mi propia voluntad y no seguir el impulso de mis buenas ideas y esperar a Kim tranquilamente en la escalera. Yo no tenía que ser eficiente, porque Dios es un Padre amoroso que está orquestando todos los detalles de mi vida, inclusive los crayones desparramados.

Capítulo 12

DECIRLE «NO» A ALGUIEN QUE AMAS

RESPONDER COMPASIVAMENTE A LAS EXIGENCIAS

Las palabras más fuertes de nuestra vida provienen a menudo de nuestras relaciones más íntimas: madres, padres, maridos, esposas, hijos. Ellos son los que mejor nos conocen y pueden usar ese conocimiento para organizar nuestra vida. A veces, latente detrás de sus pedidos, anida la exigencia de que les facilitemos las cargas. ¿Cómo le decimos «no» a alguien que amamos? ¿Cómo decir «no» sin sentirnos culpables? ¿Cómo les decimos «no», haciéndoles bien al mismo tiempo? Pareciera que lo más fácil es contraatacar, retraerse o dejar de hablarles.

La relación de Jesús con su madre nos da un ejemplo de cómo responder compasivamente a las peticiones de las personas que amamos. Nos da un ejemplo de cómo decir «no».

En los primeros capítulos del Evangelio de Lucas, vemos a María como una muchacha judía (probablemente de catorce o quince años) que obedeció a Dios con una fe ingenua y prístina. Sin embargo, a medida que avanzamos en la lectura de los Evangelios, trasciende una imagen más rica y humana de María.

JESÚS LE DICE «NO» A ECHARLES LA CULPA A LOS DEMÁS

Cuando Jesús tenía doce años, viajó a Jerusalén con María y José.

Cada año, los padres de Jesús iban a Jerusalén para el festival de la Pascua. Cuando Jesús tenía doce años, asistieron al festival como siempre. Una vez terminada la celebración, emprendieron el regreso a Nazaret, pero Jesús se quedó en Jerusalén. Al principio, sus padres no se dieron cuenta, porque creyeron que estaba entre los otros viajeros; pero cuando se hizo de noche y no aparecía, comenzaron a buscarlo entre sus parientes y amigos.

Como no pudieron encontrarlo, regresaron a Jerusalén para buscarlo allí. Tres días después, por fin lo encontraron en el templo, sentado entre los maestros religiosos, escuchándolos y haciéndoles preguntas. Todos los que lo oían quedaban asombrados de su entendimiento y de sus respuestas.

Sus padres no sabían qué pensar.

—Hijo, ¿por qué nos has hecho esto? —le dijo su madre—. Tu padre y yo hemos estado desesperados buscándote por todas partes.

—¿Pero por qué tuvieron que buscarme? —les preguntó—. ¿No sabían que tengo que estar en la casa de mi Padre?

Pero ellos no entendieron lo que les quiso decir.

Luego regresó con sus padres a Nazaret, y vivió en obediencia a ellos. Y su madre guardó todas esas cosas en el corazón.

Jesús crecía en sabiduría y en estatura, y en el favor de Dios y de toda la gente. (Lucas 2:41-52)

Después de buscar a su hijo durante tres días entre miles de personas, María se siente nerviosa y asustada, como le pasaría a cualquier madre. Cuando lo encuentra, le echa la culpa a Jesús por separarse de ellos y por preocuparla. Sin dejarse amedrentar porque ella le echa la culpa, Jesús le dice que no debería haberse preocupado por él, que ella debería haber sabido que él estaría en el templo, la casa de su Padre. Jesús expresa sencillamente su deseo de estar con su Padre celestial. No se siente culpable ni se pone a la defensiva; simplemente vuelve a casa con sus padres y los «obedece», como lo había instruido su Padre: «*Honra a tu padre y a tu madre*» (*Éxodo* 20:12). Tiene una sana independencia de sus padres, que no lo lleva a la rebeldía. Se niega a que le echen la culpa, pero acepta irse a casa con sus padres. El amor de Jesús no es incondicional; está condicionado y formado por su Padre.

Muchas veces, tenemos miedo de someternos a los demás, porque tememos perder el control; podríamos tener que llegar a hacer algo que no queremos hacer. No obstante, si confiamos en que Dios controla a las personas, ya sean nuestros padres, empleadores o cualquier otro en nuestra vida, podemos someternos con libertad a la autoridad de esa persona. Porque sabemos que alguien más poderoso los controla, podemos entregarnos. Por ejemplo, supongamos que tienes un jefe complicado que te agobia con tareas sin sentido. Puedes ser paciente con él, si tu papá es el presidente de la empresa y te ha asegurado que no sufrirás bajo sus órdenes por mucho tiempo más.

JESÚS LE DICE «NO» A LA JACTANCIA

La relación de Jesús con su Padre también le permite decir «no» cuando su madre quiere presumir de él en una boda a la que habían asistido. Eso fue justo al comienzo de su ministerio público, y todavía no había hecho ningún milagro.

Al día siguiente, se celebró una boda en la aldea de Caná de Galilea. La madre de Jesús estaba presente, y también fueron invitados a la fiesta Jesús y sus discípulos. Durante la celebración, se acabó el vino, entonces la madre de Jesús le dijo:

—Se quedaron sin vino.

—Apreciada mujer, ese no es nuestro problema —respondió Jesús—. Todavía no ha llegado mi momento.

Sin embargo, su madre les dijo a los sirvientes: «Hagan lo que él les diga».

Cerca de allí había seis tinajas de piedra, que se usaban para el lavado ceremonial de los judíos. Cada tinaja tenía una capacidad de entre setenta y cinco a ciento trece litros. Jesús les dijo a los sirvientes: «Llenen las tinajas con agua». Una vez que las tinajas estuvieron llenas, les dijo: «Ahora saquen un poco y llévenselo al maestro de ceremonias». Así que los sirvientes siguieron sus indicaciones.

Cuando el maestro de ceremonias probó el agua que ahora era vino, sin saber de dónde provenía (aunque, por supuesto, los sirvientes sí lo sabían), mandó a llamar al novio. «Un anfitrión siempre sirve el mejor vino primero —le dijo—, y una vez que todos han bebido bastante, comienza a ofrecer el vino más barato. ¡Pero tú has guardado el mejor vino hasta ahora!».

Esta señal milagrosa en Caná de Galilea marcó la primera vez que Jesús reveló su gloria. Y sus discípulos creyeron en él. (Juan 2:1-11)

Caná se ubica unas siete millas al norte de Nazaret. Las bodas eran eventos de siete días, durante los cuales los invitados a la fiesta eran alimentados todos los días. Quedarse sin vino era una gran catástrofe, como olvidarse del pastel de bodas. María se entera de la falta de vino y quiere que Jesús haga algo al respecto. Ella no acepta que Jesús le diga «no» («*Mujer, ¿eso qué tiene que ver conmigo?*») y les dice a los sirvientes que se pongan a su disposición. Probablemente, ella quiso que su fabuloso hijo «demuestre lo que sabe hacer». ¿Qué madre no quiere que su hijo se vea bien?

Cuando Jesús le dice: «*Todavía no ha llegado mi hora*», está diciendo nuevamente que él se somete a los tiempos de Dios, no a los de cualquier otra persona; ni siquiera, a los de su madre. (*Mi hora* se refiere a la hora de la gloria de Jesús, el momento especial en el que la gente ve todo lo mejor que hay en Jesús).

Jesús no tenía problemas con «lo» que María quería (el vino para la fiesta), sino con el «por qué» lo quería (para jactarse de él). El «por qué» de lo que Jesús hace es tan importante como el «para qué» lo hace. Cómo él está seguro con su Padre, no necesita demostrar que es independiente de María. Por eso accede a ocuparse de la falta de vino.

Aunque parece estar dominado por María, es tan humilde y sin prejuicios que hace exactamente lo que ella quiere, a diferencia del marido que se resiste a los pedidos de su mujer porque teme parecer servil. Sin embargo, en lugar de un despliegue espectacular que haría famoso a Jesús, el milagro es un acto de amor realizado silenciosamente para mantener la dignidad de la joven pareja y de su familia. (Hubieran pasado vergüenza si se hubiera hecho una demostración pública). Jesús los hace quedar como muy generosos al preparar 675 litros de vino fino, mucho más de lo que necesitarían. Debido a que Jesús está allí, la fiesta no solamente sigue adelante, ¡sino que se pone mejor! Dios reservó lo mejor para el final.

JESÚS LE DICE «NO» A LA PRESIÓN FAMILIAR

Pronto, Jesús comienza a hacer milagros que alivian el dolor, el hambre, la enfermedad y la incapacidad de las personas. No es sorprendente entonces que miles de personas lo acosen a él y a sus discípulos.

Cierta vez, Jesús entró en una casa y las multitudes empezaron a juntarse nuevamente. Pronto ni él ni sus discípulos encontraron un momento para comer. Cuando sus familiares oyeron lo que sucedía, intentaron llevárselo. «Está fuera de sí», decían.

Pero los maestros de la ley religiosa que habían llegado de Jerusalén decían: «Está poseído por Satanás, el príncipe de los demonios. De él recibe el poder para expulsar los demonios».

Jesús los llamó para que se acercaran y respondió con una ilustración. «¿Cómo puede Satanás expulsar a Satanás? —preguntó—. Un reino dividido por una guerra civil acabará destruido. Sin embargo, si yo expulso a los demonios por el Espíritu de Dios, entonces el reino de Dios ha llegado y está entre ustedes».

Luego la madre y los hermanos de Jesús vinieron a verlo. Se quedaron afuera y le mandaron a decir que saliera para hablar con ellos. Había una multitud sentada alrededor de Jesús, y alguien dijo: «Tu madre y tus hermanos están afuera y te llaman».

Jesús respondió: «¿Quién es mi madre? ¿Quiénes son mis hermanos?». Entonces miró a los que estaban a su alrededor y dijo: «Miren, estos son mi madre y mis hermanos. Todo el que hace la voluntad de Dios es mi hermano y mi hermana y mi madre». (Marcos 3:20-24; Mateo 12:28; Marcos 3:31-35)

La familia de Jesús cree que se ha vuelto loco. Tal intervención familiar hoy puede parecer rara. Si un hermano mayor está en problemas o está sobrepasado, podríamos hablar con él, pero probablemente no iríamos a *hacernos cargo de él*. No obstante, la preocupación de la familia de Jesús se debía a la cultura de vergüenza y de honra del antiguo mundo mediterráneo, que valoraba más al grupo que al individuo. El individuo obtiene su honra del grupo y, asimismo, tiene el potencial de deshonrar a su grupo o a su familia. Cómo le va a Jesús se refleja en su familia en conjunto. Por lo tanto, las acciones de la familia tienen, en parte, un origen egoísta[1]. No obstante, si Jesús se hubiera dejado llevar por ellos, habría cedido a sus planes por el bien de la paz familiar. Cuando concordamos con la gente solamente para hacerlos callar, aparentamos ser agradables, cuando en realidad, estamos manipulándolos.

Jesús desaira a su familia al referirse a un criterio superior a la familia y a un tipo de familia diferente, una nueva comunidad donde «*cualquiera que hace la voluntad de Dios es mi hermano, mi hermana y mi madre*». Nuevamente, vemos que la relación de Jesús con su Padre define su amor y le da forma a su propósito. Esta relación lo libera de la culpa del «debería estar haciendo más». La dependencia de Dios, entendida de esta manera, nos protege de las demandas inquietas propias y ajenas.

La familia de Jesús trata de controlarlo, de obligarlo a hacer la voluntad de ellos porque creen que está loco. Mientras tanto, los fariseos lo rechazan porque piensan que su poder extraordinario proviene de las tinieblas. En la actualidad, las personas lo menosprecian diciendo que «solamente» es un gran maestro de la moral o un ejemplo de amor. Sin embargo, alguien que no es más que un maestro de la moral no va por ahí diciéndole a la gente que él puede perdonar los pecados. Jesús tiene una explicación alternativa: «*El reino de Dios ha llegado a ustedes*». En otras palabras, el rey está aquí[2].

DECIRLE «NO» A ALGUIEN QUE AMAS

¿Cómo puede resultar el decir «no» en nuestra vida?

Jeff esperaba con ansias salir a cenar el viernes con su esposa, Lois, y después, ir al cine. El viernes a altas horas de la tarde, Lois llamó a Jeff y le dijo: «¿Puedo quedarme hasta tarde hoy en el trabajo?». Jeff pensó: «Si le digo que "no", lo usará en contra mía». Así que de mala gana le dijo: «Está bien, pero trata de llegar a casa temprano». Después de escuchar el titubeo de Jeff, Lois pensó: «Si me quedo, él va a usar esto en contra mía y se quejará todo el fin de semana». Así que después de que colgó, decidió irse a casa. Esa noche, Jeff estuvo irritable y un poco gruñón. La cosa estaba tensa entre ellos.

Cuando Lois llamó, Jeff no quiso decirle que «no» para no parecer egoísta. Cuando ella llegó a casa, aun después de que él le había dicho que podía quedarse hasta tarde, estaba enojado porque sentía que Lois lo hacía quedar como un egoísta. Al igual que George Wilson cuando le grita al padre de Daniel el travieso, él quería gritarle: «Yo no soy el malo en esto. Soy la víctima».

Ahora imagina a Jesús dentro de Jeff. Lois lo llama y le dice: «¿Te molesta si hoy me quedo hasta tarde? Hay algunas cosas por hacer en el trabajo que quiero terminar». El nuevo Jeff puede decirle que «no» con total libertad. No tiene miedo al rechazo de Lois o a parecer egoísta: «Lois, realmente te extrañaría si no estoy contigo esta noche. Preferiría que vengas a casa». Eso no tiene nada de egoísta. Jeff le transmite honestamente sus propios buenos deseos. La noche del viernes ha sido un compromiso de larga data entre ellos. A él le encanta estar con ella. Debido a que Jeff tiene *el amor de Dios en su corazón*, no va a molestarse si Lois lo somete a la «cura del silencio» durante la cena.

O él podría decir: «Lois, yo te voy a extrañar, pero si quieres quedarte estoy de acuerdo». Luego, puede decirse a sí mismo que esto es de Dios y preguntarse qué podría aguardarle. Más tarde, esa noche, cuando esté solo y sienta una punzada de desilusión, puede confiar que Dios tiene algo mejor para él, y buscarlo.

Jesús cuida de su madre

Mientras Jesús agoniza lentamente en la cruz, sus amigos observan desde la distancia:

> *Estaban de pie junto a la cruz la madre de Jesús, la hermana de su madre, María la esposa de Cleofas y María Magdalena. Cuando Jesús vio a su madre al lado del discípulo que él amaba, le dijo: «Apreciada mujer, ahí tienes a tu hijo». Y al discípulo le dijo: «Ahí tienes a tu madre». Y, a partir de entonces, ese discípulo la llevó a vivir a su casa.* (Juan 19:25-27)

Ninguna madre quiere ver morir a su hijo, mucho menos colgando desnudo mientras agoniza lentamente por ser torturado hasta la muerte. Nosotros esperaríamos que María gritara «¡NO!», pero ella está en silencio. Adiós a sus planes y sugerencias. Han muerto. Seguramente está reflexionando en lo que le dijo el anciano en el templo cuando ella y José llevaron a Jesús para que lo circuncidaran: «*Entonces Simeón les dio su bendición y le dijo a María, la madre del bebé: "[. . .] una espada atravesará tu propia alma"*» (*Lucas* 2:34-35).

Todo salió mal. María no estaba pensando en esto cuando presionó a Jesús para que revelara su gloria en la boda de Caná. No obstante, una semana antes de su muerte, Jesús dijo: «*Ya ha llegado el momento para que el Hijo del Hombre entre en su gloria*» (*Juan* 12:23). ¿Quién hubiera pensado que la muerte de Jesús (como veremos luego) era su momento de gloria, el momento en el que Dios se revelaría más a través de Jesús?

Mientras ve morir a su hijo, el ego de María muere. El ego humano, tan fuerte y persistente, destruye al amor. Les decimos que «no» a los que amamos porque existe el ego. De pie y en silencio con Jesús en su muerte, María entrega su control.

Todas las veces anteriores en que María se encontraba con Jesús, María se sentía impulsada a tomar el control, pero en la cruz, su hijo se acerca a ella. Aun en su dolor, busca con su mirada a su madre y, cuando la ve, se preocupa por su futuro pidiéndole a su discípulo más cercano, Juan, que se la lleve a casa.

Minutos después, Jesús dice: «*¡Todo ha terminado!*» (*Juan* 19:30). La hora de Jesús finalmente ha llegado. No hay nada más que hacer. No lamenta haber perdido oportunidades; tiene la simple seguridad de que ha logrado su misión. Puede descansar, aun en la cruz. Su dependencia del Padre no solo afianza sus relaciones, sino también su alma.

Capítulo 13

NEGARSE A SÍ MISMO

EL AMOR QUE ES PURO

Los chicos y yo estábamos sentados alrededor de la mesa del comedor mientras Jill limpiaba la cocina. A ella le gusta enjuagar las ollas y las cacerolas antes de sentarse a comer, para que la comida no se pegue y se endurezca en ellas. Le dije: «Ven, siéntate. Puedes hacer eso luego. Los chicos tienen hambre». Pasó un minuto y volví a decírselo. Luego otra vez. Ella sintió la presencia de un zorrillo en el sótano y, finalmente, respondió con aspereza.

Jill había percibido con exactitud que yo realmente no estaba preocupado por los niños; yo tenía hambre y los había usado como una excusa para satisfacer mi apetito. Mi mensaje oculto para Jill fue: «Si tú fueras como yo, tu vida sería mucho más fácil». (¿Acaso no es eso irritante?) Esta clase de egoísmo destruye el amor. Si mezclamos amor y ego, no obtenemos una mezcla de amor y ego; solamente conseguimos puro egoísmo.

¿Cómo podemos decirle «no» al egoísmo? Nuevamente, Jesús es nuestro modelo. El Evangelio de Mateo habla del encuentro entre Jesús y Satanás en el desierto, en el que Satanás intenta tres veces convencer a Jesús para que sucumba ante los deseos egoístas.

El concepto de Satanás puede parecer raro para algunas personas: ¿No es Satanás un mito de personas primitivas que no eran tan inteligentes como nosotros? Nuestro mundo, especialmente el mundo estadounidense, no tiene una categoría para la maldad, por lo que la naturaleza sinsentido y grosera del mal nos toma por sorpresa. Nos han enseñado a creer que las personas, básicamente son buenas y que los problemas provienen de la falta de educación y de la pobreza. No obstante, si esto fuera verdad, ¿cómo es posible que Alemania, uno de los países más educados e «iluminados» del mundo, haya podido apoyar a Hitler? Nos avergonzamos porque no tenemos una categoría que le encuentre sentido a esto.

Jesús sabía de la maldad[1]. La Biblia no describe solamente la existencia del mal, sino también su carácter personal. Satanás, quien personifica al mal, no aparece con cuernos y cola; es un ser personal que quería ser igual a Dios.

DECIRLE «NO» AL AUTOCONSENTIMIENTO

En el siguiente enfrentamiento, Satanás y Jesús se tratan uno al otro con frialdad. Ningún comentario amable atenúa su duelo. Las respuestas cautelosas de Jesús, como estocadas de una espada, son rápidas y van al grano.

> *Luego el Espíritu llevó a Jesús al desierto para que allí lo tentara el diablo. Durante cuarenta días y cuarenta noches ayunó y después tuvo mucha hambre.*

En ese tiempo, el diablo se le acercó y le dijo:

—[Ya que] eres el Hijo de Dios, di a estas piedras que se conviertan en pan.

Jesús le dijo:

—¡No! Las Escrituras dicen: "La gente no vive solo de pan, sino de cada palabra que sale de la boca de Dios".

(Mateo 4:1-4)[2]

Jesús estuvo en el desierto durante cuarenta días y no comió nada. ¡Está hambriento! Bajo la apariencia de cuidar a Jesús, Satanás le insinúa: «Tienes hambre. Tienes poderes especiales. Usa esos poderes para ocuparte del hambre». Préstale atención a la pequeña distorsión: «[Ya que] *eres el Hijo de Dios*», usa tu poder para cuidarte a ti mismo. Mantente fuerte, como Dios[3].

Sin embargo, Jesús no es su propio jefe, así que responde citando a las Escrituras: «*La gente no vive solo de pan, sino que vivimos de cada palabra que sale de la boca del Señor*» (*Deuteronomio* 8:3). Él señala las palabras de Dios como fuente de vida. «Lee tu Biblia, Satanás. La vida no consiste solamente en ocuparse de las necesidades físicas, sino también de escuchar a mi Padre». La voluntad de su Padre le indicaba que se alejara del autoconsentimiento y que aceptara sus límites como ser humano.

Decirle «no» a la autopromoción

Entonces, Satanás intenta con una táctica diferente:

Después el diablo lo llevó a la santa ciudad, Jerusalén, al punto más alto del templo, y dijo:

—Si eres el Hijo de Dios, ¡tírate! Pues las Escrituras dicen:

"Él ordenará a sus ángeles que te protejan.
Y te sostendrán con sus manos
para que ni siquiera te lastimes el pie con una piedra".

Jesús le respondió:

—Las Escrituras también dicen: "No pondrás a prueba al SEÑOR tu Dios". (*Mateo* 4:5-7)

Hábilmente Satanás distorsiona la respuesta anterior de Jesús, diciendo: «Si la voluntad de Dios es tan importante para ti, confía en él saltando del pináculo del templo. Además, ¿quieres citar la Biblia? Bueno, la Biblia dice que la voluntad de Dios te protegerá. Lee el Salmo 91, Jesús». Satanás incita a Jesús a ponerse en una situación que requiera que Dios lo proteja.

Hacer lo que Satanás sugiere sería un despliegue espectacular de poder que, instantáneamente, les mostraría a todos en público que Jesús es el Hijo de Dios. Hoy, una demostración equivalente de poder sería saltar del dirigible de Goodyear hacia el campo de juego del Super Bowl, frente a una audiencia televisiva de cuarenta millones de personas. Sin embargo, Jesús le dice «no» a la fama, a la popularidad instantánea.

La sencillez ingenua de Jesús y sus respuestas afiladas destrozan las sutilezas de Satanás. Él remarca que Satanás separó estos versículos bíblicos del resto («*Las Escrituras también dicen*»), para hacerlos significar lo que Satanás quería, en vez de escuchar lo que dijo Dios. Jesús continúa diciendo que está mal *poner a prueba a Dios*, exigir que Dios arregle una situación de determinada manera y ponerte a ti mismo por encima de Dios, bajo la pose de parecer espiritual. Le dice a Satanás:

«No, mientras yo confíe en Dios, no actuaré por mi cuenta. Mi Padre debe mostrarme cuándo y dónde confiar en él, hasta en las cuestiones espirituales». Aun en los asuntos de la fe, Jesús espera en Dios.

DECIRLE «NO» AL PODER

Como la estrategia sutil no funcionó, Satanás se saca la máscara la tercera vez que habla con Jesús.

> *Luego el diablo lo llevó a la cima de una montaña muy alta y le mostró todos los reinos del mundo y la gloria que hay en ellos.*
>
> *—Te daré todo esto —dijo— si te arrodillas y me adoras.*
>
> *—Vete de aquí, Satanás —le dijo Jesús—, porque las Escrituras dicen:*
>
> *"Adora al Señor tu Dios y sírvele únicamente a él".*
>
> (*Mateo* 4:8-10)

¿Qué pasa cuando vislumbro lo que Satanás le mostró a Jesús? Veo a una mujer hermosa y me siento atraído hacia ella. Alguien me hace un elogio (un pequeño pedazo de gloria) y pienso qué perspicaz que fue. Otra persona me dice algo que no me gusta y me pregunto qué problemas tendrá.

No obstante, lo que a mí me atrae, a Jesús le repugna. Él se enoja ante la idea de adorar cualquier aspecto de la vida que no sea su Padre celestial. Rechaza el camino rápido a la gloria y al poder y despacha a Satanás.

Lucas culmina su relato de la tentación de Jesús, diciendo: «*Cuando el diablo terminó de tentar a Jesús, lo dejó hasta la siguiente oportunidad*» (*Lucas* 4:13). Como con el malo de las películas de terror,

Satanás regresa. Sin embargo, no como una persona; podemos inferir su presencia cuando influye a las personas.

JESÚS LE DICE «NO» AL DESEO DE UNA SOLUCIÓN RÁPIDA

Luego Jesús apareció en el templo, pero en lugar de presentar un show espectacular para quedar bien (como había sugerido Satanás), él echó a los cambistas. Enojó a los líderes judíos.

> *Los líderes judíos exigieron:*
>
> *—¿Qué estás haciendo? Si Dios te dio autoridad para hacer esto, muéstranos una señal milagrosa que lo compruebe.*
>
> *—De acuerdo —contestó Jesús—. Destruyan este templo y en tres días lo levantaré.*
>
> *—¡Qué dices! —exclamaron—. Tardaron cuarenta y seis años en construir este templo, ¿y tú puedes reconstruirlo en tres días?*
>
> *Pero cuando Jesús dijo «este templo», se refería a su propio cuerpo.* (Juan 2:18-21)

En la literatura rabínica, una señal era un hecho sobrenatural que establecía tu autoridad como rabino; no le servía a nadie; solamente proclamaba tus credenciales[4]. Las autoridades le dijeron a Jesús: «Haz un milagro por tú mismo. Vive para tu opinión de ti mismo». Como la idea de Satanás de convertir las piedras en panes, esta es una invitación a separar el poder del amor.

No obstante, en lugar de buscar protagonismo, Jesús apunta hacia su muerte. La señal que demostrará quién es él es su muerte y su resurrección. Como veremos, decirle «no» al Diablo significa decirle «sí» al sufrimiento.

Los judíos no se imaginaban al Mesías como un rey sufrido; lo veían como un rey victorioso. Por lo que, no mucho antes de morir, Jesús les explica con paciencia a sus discípulos que él no es la clase de Mesías que ellos han estado buscando:

> *Entonces Jesús comenzó a decirles que el Hijo del Hombre tendría que sufrir muchas cosas terribles y ser rechazado por los ancianos, por los principales sacerdotes y por los maestros de la ley religiosa. Lo matarían, pero tres días después resucitaría. Mientras hablaba abiertamente de eso con sus discípulos, Pedro lo llevó aparte y empezó a reprenderlo por decir semejantes cosas.*
>
> *Jesús se dio la vuelta, miró a sus discípulos y reprendió a Pedro: «¡Aléjate de mí, Satanás! —dijo—. Ves las cosas solamente desde el punto de vista humano, no del punto de vista de Dios».*
>
> *Entonces llamó a la multitud para que se uniera a los discípulos, y dijo: «Si alguno de ustedes quiere ser mi seguidor, tiene que abandonar su manera egoísta de vivir, tomar su cruz y seguirme. Si tratas de aferrarte a la vida, la perderás; pero si entregas tu vida por mi causa y por causa de la Buena Noticia, la salvarás».* (Marcos 8:31-35)

Molesto por las palabras de Jesús, Pedro piensa: «Los mesías no mueren; cabalgan al frente de ejércitos vencedores y destruyen a los enemigos de Israel. Usan su poder para deshacerse de las personas que complican la vida. Si solamente pudiéramos librarnos de los romanos, la vida sería mucho más simple. ¿Por qué esta charla sobre la muerte, Jesús? No te menosprecies. Reconoce tu valor. ¿Dónde está tu autoestima? ¡Tú eres el Mesías, Jesús!».

Sin embargo, Jesús se da vuelta y mira a los demás discípulos para que puedan escuchar cómo reprende a Pedro. Al igual que las autoridades religiosas, Pedro quiere un Mesías que haga que su mundo sea agradable y sin dolor. Satanás ha vuelto, sugiriéndole ideas en voz baja, usando la poca visión de los hechos que tiene Pedro para tratar de mantener a Jesús alejado de la cruz. Jesús dice «no». Él no tendrá nada que ver con el éxito terrenal rápido, independiente y terco. Este mundo no es su hogar: su vida está con su Padre celestial. «*Pues he descendido del cielo para hacer la voluntad de Dios, quien me envió, no para hacer mi propia voluntad*» (*Juan* 6:38).

La determinación de Jesús de obedecer a su Padre significaba que sufriría. Este es el camino del amor.

Decirse «no» a uno mismo es una invitación al sufrimiento

Instintivamente tememos a comprometernos a amar porque eso significa el fin de muchas cosas. Nos cuestionamos: «Si amo de esta manera, ¿quién me amará a mí?». Satanás se aprovechó de este temor cuando tentó a Jesús. Quería que Jesús pensara: «Si yo no me ocupo de mí mismo, nadie lo hará». Sin embargo, Jesús no se rinde, porque confía en que su Padre lo cuidará.

Cuando Robertson McQuilkin renunció al rectorado de la universidad para cuidar a su esposa, sus amigos lo instigaban: «Muriel ya no te reconoce más, no reconoce nada, en realidad es hora de ponerla en un hogar para ancianos y seguir con la vida». Cuando una estudiante le preguntó si alguna vez se cansó de cuidar a Muriel, él respondió:

> «¿Cansarme? Todas las noches. Por eso me voy a dormir».
>
> «No, me refiero a cansarse de... » y ella inclinó su

> cabeza hacia Muriel, que estaba sentada silenciosamente en su silla de ruedas, con una mirada vacía como diciendo: «No hay nadie en casa justo ahora».
>
> «¿Por qué no me canso? Me encanta cuidarla. Ella es mi amada»[5].

Robertson eligió amar antes que buscar la realización personal. Sin embargo, muchas personas le ponen fin a una relación si esta no satisface sus necesidades. Su amor se evapora si la relación no es recíproca, si no es física, si la otra persona no se comunica, o si la otra parte no está llevando su parte de la carga[6].

No obstante, si nuestro amor depende de cómo nos ame la otra persona, lo nuestro es un acuerdo comercial, no amor. Jesús dijo: «*Si solo amas a quienes te aman, ¿qué recompensa hay por eso? Hasta los corruptos cobradores de impuestos hacen lo mismo*» (Mateo 5:46). ¿Es posible un amor puro y desinteresado como este? ¿O siempre estamos en él por nosotros mismos?

Robertson nos cuenta sobre un taller al que concurrió en el que...

> Una experta nos dijo que hay dos motivos para que las personas mantengan en casa al integrante de la familia, en lugar de ponerlo en un asilo: necesidad económica o sentimientos de culpa. Luego hablé con ella en privado, tratando de sonsacarle algún otro motivo posible para mantener a alguien en casa. Sin embargo, ella insistía en que esos eran los únicos dos motivos. Finalmente, le pregunté: «¿Qué me dice del amor?». «Oh —respondió—, eso lo ponemos en la categoría de la culpa»[7].

Irónicamente, así como nuestro mundo es reacio a decir que algo es malo, también se ha vuelto más cínico en cuanto a la posibilidad del amor desinteresado. Negar la existencia de Satanás es consecuencia de la mentalidad que niega la realidad del mundo espiritual. No obstante, si el mundo es puramente material, entonces toda acción es interpretada como egocéntrica y no tenemos fundamento para el amor. Negar la maldad finalmente lleva a la conjetura de que el amor no existe.

JESÚS SE DICE «NO» A SÍ MISMO PARA AMAR

Robertson McQuilkin alivió el sufrimiento de su esposa, en un sentido, cargándolo sobre sí mismo. Jesús les dijo a sus discípulos: *«Pues ni aun el Hijo del Hombre vino para que le sirvan, sino para servir a otros y para dar su vida en rescate por muchos»* (*Marcos 10:45*). Para eliminar el mal del mundo, él sufriría, cargando el mal sobre sí mismo.

La noche anterior a su muerte, Jesús ora en una arboleda de olivos llamada Getsemaní (que significa «lagar»: las olivas se machacaban bajo una columna de piedra para extraerles el aceite). Las palabras no hacen justicia a la intensa agonía que experimenta Jesús en el bosque de olivos mientras anticipa el dolor y el sufrimiento que está a punto de padecer. Está angustiado, ese estado de presión, nerviosismo y consternación producido por el estrés mental. La aflicción lo aplasta; no hay nada a la vista que pueda aliviarlo. El intenso dolor conmociona a Jesús[8]. Les dice a sus tres amigos: «*Mi alma está destrozada de tanta tristeza, hasta el punto de la muerte. Quédense aquí y velen conmigo*» (*Marcos 14:34*). El dolor es tan intenso que es como la muerte misma. Internándose un poco más en el bosquecillo, Jesús cae al suelo y ora: «*Abba, Padre* —*clamó*—, *todo es posible para ti. Te pido que quites esta copa de sufrimiento de mí. Sin embargo, quiero que se haga tu voluntad, no la mía»* (Marcos 14:36). Jesús quiere un alivio para el terror que sobrevendrá; pide una escapatoria. Sin embargo, se regirá por lo que diga su Padre y no por sus sentimientos: «*Sin embargo, quiero que se haga tu voluntad, no la mía*».

JESÚS DICE «NO» EN SU PEOR MOMENTO

Pocas horas después, mientras Jesús está muriendo en la cruz, vuelve a ser tentado a hacer su propia voluntad. La crucifixión se lleva a cabo en el camino de Jope, la principal ruta hacia el oeste, por lo tanto hay muchos transeúntes.

> *La gente que pasaba por allí gritaba insultos y movía la cabeza en forma burlona. «¡Pero mírate ahora! —le gritaban—. Dijiste que ibas a destruir el templo y a reconstruirlo en tres días. Muy bien, si eres el Hijo de Dios, sálvate a ti mismo y bájate de la cruz».*
>
> *Los principales sacerdotes, los maestros de la ley religiosa y los ancianos también se burlaban de Jesús. «Salvó a otros —se mofaban—, ¡pero no puede salvarse a sí mismo! Con que es el Rey de Israel, ¿no? ¡Que baje de la cruz ahora mismo y creeremos en él! Confió en Dios, entonces, ¡que Dios lo rescate ahora si lo quiere! Pues dijo: "Soy el Hijo de Dios"».* (Mateo 27:39-43)

«*Si eres el Hijo de Dios, ¡bájate de la cruz!*», gritan algunos de los que pasan por ahí. «Si eres Dios, ¡cuídate a ti mismo! Fíjate, Jesús. Usa tu poder para protegerte del sufrimiento. Usa tu divinidad para proteger tu humanidad».

«*¡Salvaste a otros, pero no puedes salvarte a ti mismo!*», se burlan.

Jesús sanó a los enfermos y defendió a los débiles, pero ¿quién va a defenderlo a él?

Siguen mofándose de él: «*Él confía en Dios. Que Dios lo rescate.* Mira dónde terminas cuando confías en Dios como un niño de pecho. Te abandona, Jesús. Tú te entregas a Dios y él se aprovecha de ti, clavándote en esta cruz».

Mientras Jesús hace presión contra los clavos para recobrar la respiración, con la espalda en carne viva apoyada contra el madero, los maestros y los ancianos le gritan que haga una señal. Le dicen que si él saltara de la cruz, ellos creerían en él.

Sin embargo, Jesús no hará nada de eso. No se centrará en sí mismo para buscar la gloria humana, ni se dejará dominar por sus sentimientos. Le dice que «no» a sus propios deseos. Confía. Ama hasta el final.

Capítulo 14

DECIRLE «SÍ» A LA INTROMISIÓN MODERADA

EL AMOR ILUMINA LA OSCURIDAD

Una mañana, nuestra hija Ashley estaba particularmente gruñona. En parte, era por nuestro estricto toque de queda; en parte, por tener un mal día y en parte, por vivir con siete personas que no estaban constantemente al tanto de sus necesidades. Cada vez se enfocaba más en sí misma y como consecuencia, estaba constantemente molesta con la vida.

Después de que Ashley se fue a la escuela, Jill empezó a pensar qué mala había sido la actitud de Ashley durante los últimos meses. Se le ocurrió ir hasta la escuela, sacar a Ashley del aula y hablar con ella. Finalmente, se dijo a sí misma: «Esto es una locura», se subió al auto, manejó hasta la escuela y le dijo al director: «Tengo que hablar de algo muy importante con mi hija».

Ashley estaba en medio del ensayo de coro de décimo grado y antes de darse cuenta, estaba en el estacionamiento, sentada con su madre en la minivan. Jill indicó el espejo del visor que estaba frente a Ashley y, con lágrimas cayéndole por el rostro, le dijo suavemente: «Mírate. ¿Sabes en qué te has convertido? Nada más, mírate. Mira esas joyas, mira el maquillaje. Mira la laca para el pelo, el brazalete de tu novio. Ahora, mira tu corazón y compara tu exterior con tu interior. Uno es refinado y el otro es desagradable».

Ashley me dijo luego que eso la impactó tanto, que desde entonces rara vez ha usado joyas o maquillaje. Ella más que nadie diría que las joyas o el maquillaje no tienen nada de malo. No obstante, a partir de entonces, empezó a pensar quién era ella por dentro. Ahora me sorprendo por lo que a Ashley le parece bello. No solamente se rodea de personas discapacitadas en su trabajo como maestra de Educación Especial, sino que los discapacitados son sus amigos fuera del trabajo.

El amor avanza hacia la persona, aunque eso signifique una confrontación. No la deja sola cuando sufre o cuando es egoísta. A veces, la persona está tan paralizada que, a menos que nos entrometamos, a menos que derribemos nuestra reticencia natural, no podremos amarla. Cuando tengo que hablarle a alguno de nuestros adolescentes y sé que me va a echar la bronca, me recuerdo a mí mismo que el amor avanza hacia las personas. Ni siquiera necesito saber qué decir: simplemente, me acerco.

El amor no deja solas a las personas

La misma libertad a la que Jesús le dice «no» se manifiesta en sus intromisiones bondadosas. Como está anclado en su Padre, no se deja atrapar por las actividades de su cultura, ni le teme a sus propias actividades. Observa cómo Jesús se mueve en amor hacia este «villano» del primer siglo:

> *Jesús entró en Jericó y comenzó a pasar por la ciudad. Había allí un hombre llamado Zaqueo. Era jefe de los cobradores de*

impuestos de la región y se había hecho muy rico. Zaqueo trató de mirar a Jesús pero era de poca estatura y no podía ver por encima de la multitud. Así que se adelantó corriendo y se subió a una higuera sicómoro que estaba junto al camino, porque Jesús iba a pasar por allí.

Cuando Jesús pasó, miró a Zaqueo y lo llamó por su nombre: «¡Zaqueo! —le dijo—. ¡Baja enseguida! Debo hospedarme hoy en tu casa». Zaqueo bajó rápidamente y, lleno de entusiasmo y alegría, llevó a Jesús a su casa; pero la gente estaba disgustada, y murmuraba: «Fue a hospedarse en la casa de un pecador de mala fama».

Mientras tanto, Zaqueo se puso de pie delante del Señor y dijo:

—Señor, daré la mitad de mi riqueza a los pobres y, si estafé a alguien con sus impuestos, le devolveré cuatro veces más.

Jesús respondió:

—La salvación ha venido hoy a esta casa, porque este hombre ha demostrado ser un verdadero hijo de Abraham. Pues el Hijo del Hombre vino a buscar y a salvar a los que están perdidos. (Lucas 19:1-10)

Cuando pienso en Zaqueo, veo a Danny DeVito: alguien bajito, encorvado y un poco extravagante. Como empleado del imperio romano que se había enriquecido quedándose con el dinero de los impuestos, Zaqueo estaba excluido de la sociedad judía. Él es escoria. Debido a que él maneja a los cobradores locales de impuestos, es un delincuente que maneja a otros delincuentes. Su sola presencia disgusta sus compatriotas judíos porque les recuerda que son un país invadido. Los soldados romanos se paran junto a su caseta de cobro y hacen cumplir con la recaudación.

Sin embargo, Jesús ingresa audazmente en la vida de Zaqueo. Se detiene y levanta la mirada hacia él y después se invita a sí mismo a cenar y a pasar la noche en su casa. Es como si el Presidente detuviera su comitiva para decir que irá a tu casa: Jesús es lo más prometedor que le sucederá a Israel en varios cientos de años. Si tú fueras Zaqueo, te sentirías honrado. No obstante, dudo que el Presidente diría «*Debo hospedarme*» o «*baja enseguida*» (literalmente, «apúrate»). Jesús habla con autoridad, esperando ser obedecido, como si fuera el rey. El poder de sus milagros iguala al poder de su persona.

No obstante, en el primer siglo, las «personas buenas» no comían con los recaudadores de impuestos, porque la comida no tenía que ver solamente con comer: tenía que ver con compartir la vida. La buena disposición de Jesús a comer con Zaqueo le indicaba a todo el mundo que no solamente aceptaba al cobrador de impuestos, sino que además lo perdonaba. Esto indigna a la multitud. Jesús rompió con un tabú social.

Cuando amamos, nos ensuciamos. Jesús amó a la viuda de Naín y se hizo «impuro» por tocar el ataúd. Aquí la mugre proviene de las opiniones de las personas que menospreciaban a Jesús por relacionarse con alguien que les robaba a sus paisanos y repartía el dinero entre él y el gobierno romano.

Al escuchar los chismes de la gente, Zaqueo arregla la mala reputación que le ha provocado a Jesús mejorando su propia reputación. Espontáneamente se compromete a devolver más de la totalidad del dinero y a donar la mitad de su fortuna. Como era un administrador perfecto, Zaqueo va al centro del problema y lo soluciona de tal manera que no pueda resurgir. Primero Jesús toma la carga de Zaqueo y luego Zaqueo toma la carga de Jesús. Cuando se invita a sí mismo a cenar,

Jesús crea una cadena de amor que ahora alcanza a cientos de personas pobres.

¿Por qué Jesús se entromete? Él está en una misión dirigida por Dios para buscar y salvar lo que estaba perdido. Jesús buscó a Zaqueo. No se quedó esperando a que las personas fueran a él. Es un rey invasor que vino a recuperar su reino. Jesús comenzó la obra de su vida anunciando que Dios se había metido en el mundo. «*¡El reino de Dios está cerca!*» (*Marcos* 1:15). Así que como rey, Jesús interviene y se hace cargo. No obstante, ¡qué reino tan raro: pobres, marginados, prostitutas, samaritanos y mujeres! No es para sorprenderse que Jesús le dijera a Pilato: «*Mi reino no es un reino terrenal*» (*Juan* 18:36). Es un reino alrevesado.

Con un toque final de amor, Jesús se da vuelta y bendice a Zaqueo: «*La salvación ha venido hoy a esta casa*» (*Lucas* 19:9). El nombre de Jesús en hebreo significa «Dios salva». Jesús salvó a Zaqueo al relacionarse con él y por tanto, haciéndose cargo de la mala fama de Zaqueo. La salvación obró por sustitución: así es como funciona el amor.

El contacto físico como una intromisión de amor

La princesa Diana sorprendía a las personas por su predisposición a tocar a los niños sucios y pobres o a cargar en sus brazos a los bebés infectados con SIDA. Era majestuosa, elegante, pero tenía trato humano. El duelo por su muerte fue sin precedentes. Cuando tocaba físicamente a las personas, nos tocaba a nivel emocional. Lo mismo sucedía con la Madre Teresa. Su imagen abrazando a una persona desamparada y moribunda (sin sentir repulsión por la suciedad de las heces, del vómito, de los esputos y de la sangre) provocaba amor y admiración en el mundo entero. La Madre Teresa dijo: «Nos entrenamos para ser sumamente amables y suaves en el toque físico, en el tono de voz y en nuestra sonrisa, al fin de hacer muy real la misericordia de Dios». Era muy consciente al imitar el toque de Jesús[1].

Cuando Jesús tocaba a las personas, se entrometía suavemente en sus vidas. Cualquier cosa que tocaba se volvía pura e íntegra. Tocó al ciego, al sordo y al cojo cuando los sanó. Él se acercaba a las personas de las que los demás se apartaban. Parece que no podía sacarles las manos de encima a los leprosos:

> *En una de las aldeas, Jesús conoció a un hombre que tenía una lepra muy avanzada. Cuando el hombre vio a Jesús, se inclinó rostro en tierra y le suplicó que lo sanara.*
>
> *—¡Señor! —le dijo—, ¡si tú quieres, puedes sanarme y dejarme limpio!*
>
> *Movido a compasión, Jesús extendió la mano y lo tocó.*
>
> *—Sí quiero —dijo—. ¡Queda sano!*
>
> *Al instante, la lepra desapareció y el hombre quedó sano. (Lucas 5:12; Marcos 1:41-42)*

La lepra desfigura a sus víctimas, ya que destruye su capacidad de sentir dolor. Los leprosos «pierden» los miembros de su cuerpo porque no saben cuándo se lastimaron. Su aspecto asustaba a las personas que también tenían miedo de «infectarse» con esta enfermedad contagiosa. Si alguien contraía lepra, era aislado por su familia, nunca más volvía a tener contacto físico con ella ni volvía a abrazar a sus hijos o a sentir las caricias de su cónyuge. Cuando cualquiera se le acercaba, tenía que gritar:

«Impuro, impuro». Los judíos tenían prohibido tocar a un leproso. Los leprosos eran «impuros» en todo el sentido de la palabra.

Sabiendo todo esto, Jesús pone su mano en el rostro infectado y desfigurado del leproso. En un instante se vuelve limpio y completo, como la piel de un bebé. En un instante Jesús le devuelve a este hombre su cuerpo, su familia y su pueblo.

A veces Jesús tocaba a las personas cuando tenían temor o estaban confundidas. Una vez, cuando los discípulos estaban paralizados de miedo, Jesús vino y los tocó. «*Entonces Jesús se les acercó y los tocó. "Levántense —les dijo—, no tengan miedo"*» (*Mateo* 17:7). Después de sanar a un niño, «*Jesús lo tomó de la mano, lo levantó, y el muchacho se puso de pie*» (*Marcos* 9:27).

Una antigua profecía sobre el Mesías reflejaba esta ternura: «*No gritará, ni levantará su voz en público. No aplastará a la caña más débil, ni apagará una vela que titila*» (*Isaías* 42:2-3). El Mesías no sería gritón ni agresivo. Tocaría amablemente a los que eran como una caña débil, que al mínimo toque podría quebrarse, y dulcemente se ocuparía de las personas que eran como velas apenas encendidas, a las que el menor movimiento podría apagar.

Muchas veces tenemos miedo de tocar porque ya sea física o figurativamente, tocar significa arriesgarse a violar el espacio personal y supone intimidad. No sabemos en qué nos meteremos o de qué forma seremos malinterpretados. El mundo está lleno de «leprosos» modernos: los discapacitados, los solitarios, los enfermos mentales. Un amigo mío, cuya esposa lucha contra la depresión, dijo: «Todos me preguntan cómo le va a mi esposa, pero nadie la visita». Sin embargo, el amor trae luz a la oscuridad. Se entromete.

Desde luego, algunas personas tocan de manera impropia. Cuando habla del peligro del deseo sexual, Jesús exagera para enfatizar: «*Si tu mano —incluso tu mano más fuerte— te hace pecar, córtala y tírala*» (*Mateo* 5:30). Nuestras manos fueron hechas para que toquemos dulcemente, con amor. ¿Cómo se te ocurre usar tus manos para tocar a las personas como si fueran objetos?

La apertura desinteresada

Cuesta amar a las personas cuando constantemente entran en tu espacio exigiendo atención. No obstante, si siempre tenemos todo controlado y decidimos a quién y cuándo amaremos, corremos el riesgo de tener una imitación diluida del amor. Si no estamos abiertos a que interrumpan nuestros planes, o a que controlen nuestra cuenta bancaria, es posible que nos estemos mintiendo con respecto a nuestra propia bondad. El amor da.

Jesús abre desinteresadamente su vida a las necesidades de los desposeídos, los perdidos, los solitarios y los leprosos. No solamente los toca, también permite que lo toquen a él. Por ejemplo, la mujer que estaba en la casa de Simón lloró a los pies de Jesús y los secó con su cabello. En la Última Cena, Juan le susurra una pregunta a Jesús mientras se inclinó hacia él. Ese momento fue tan emotivo para Juan que él se llama a sí mismo el que se inclinó hacia Jesús en la cena (ver *Juan* 13:25).

Mira esta intromisión dentro de una intromisión:

> *Del otro lado del lago, las multitudes recibieron a Jesús porque lo estaban esperando. Y un hombre llamado Jairo, líder de la sinagoga local, se acercó y cayó a los pies de Jesús mientras rogaba que lo acompañara a su casa. Su única hija, que tenía unos doce años, estaba muriendo.*

Mientras Jesús iba con Jairo, las multitudes lo rodeaban. Una mujer de la multitud hacía doce años que sufría una hemorragia continua y no encontraba ninguna cura. Acercándose a Jesús por detrás, le tocó el fleco de la túnica. Al instante, la hemorragia se detuvo.

Jesús se dio vuelta y preguntó a la multitud: «¿Quién tocó mi túnica?».

Todos negaron, y Pedro dijo:

—Maestro, la multitud entera se apretuja contra ti.

Pero Jesús dijo:

—Alguien me tocó a propósito, porque yo sentí que salió poder sanador de mí.

Él siguió mirando a su alrededor para ver quién lo había hecho.

Cuando la mujer se dio cuenta de que no podía permanecer oculta, comenzó a temblar y cayó de rodillas frente a Jesús. A oídos de toda la multitud, ella le explicó por qué lo había tocado y cómo había sido sanada al instante. «Hija —le dijo Jesús—, tu fe te ha sanado. Ve en paz».

Mientras él todavía hablaba con ella, llegó un mensajero de la casa de Jairo, el líder de la sinagoga, y le dijo: «Tu hija está muerta. Ya no tiene sentido molestar al Maestro».

Cuando Jesús oyó lo que había sucedido, le dijo a Jairo: «No tengas miedo. Solo ten fe, y ella será sanada».

Cuando llegaron a la casa, Jesús no dejó que nadie entrara con él, excepto Pedro, Juan, Santiago, y el padre y la madre de la niña. La casa estaba llena de personas que lloraban y se lamentaban, pero Jesús dijo: «¡Dejen de llorar! No está muerta; solo duerme».

La multitud se rió de él, porque todos sabían que había muerto. Entonces Jesús la tomó de la mano y dijo en voz fuerte: «¡Niña, levántate!». En ese momento, le volvió la vida, ¡y se puso de pie enseguida! Entonces Jesús les dijo que le dieran de comer a la niña. (*Lucas* 8:40-55; *Marcos* 5:30, 32)

Mientras Jesús regresa a casa de un viaje agotador para ser cálidamente recibido y para recibir un descanso bien merecido, el dirigente de la sinagoga local lo interrumpe porque su hija se está muriendo. Cuando Jesús va a ayudarlo, la gran multitud casi lo aplasta. Una mujer «impura», que tenía prohibido entrar a la sinagoga de Jairo a causa de sus hemorragias menstruales, se abre paso entre la gran multitud para llegar a Jesús. Cualquier persona a la que ella tocara sería ceremonialmente impura por un día (*Levítico* 15:26-27). A causa de su impureza y de su incapacidad para tener hijos, es casi seguro que fuera divorciada o soltera: era una mujer leprosa. Si le pide abiertamente a Jesús que la sane, se provocará más vergüenza por las personas que la desprecian por su condición. Entonces cuando ella alcanza a Jesús, sólo toca una de las borlas azules que los hombres judíos usaban en los extremos de sus prendas. Instantáneamente es curada.

Jesús se detiene y mira alrededor. «¿Quién me tocó?». Pedro señala lo absurda que es la pregunta de Jesús, porque *la multitud se apretuja* contra él, haciendo que la negación de la muchedumbre sea también hasta un poco cómica. (Esto nos da un vistazo de cómo era ser Jesús, constantemente interrumpido y tocado). Sin embargo, Jesús dice que no fue un toque normal.

Generalmente Jesús mira primero y después sana. No obstante, las acciones de la mujer obligan a que Jesús invierta su modelo normal. Él la busca después de sanarla. Jesús nunca sana sin conectarse con la persona, nunca separa su poder de su amor. Así que retrasa la emergencia. La mujer sabiendo que está a punto de ser atrapada, sale de la multitud y describe públicamente su vida de dolor y de vergüenza, mientras Jesús la escucha en silencio. Él la elogia por su disposición a venir a él con su carencia y por confiar en que su poder será para ella. Por último, la bendice: «Ve en paz. Shalom para ti por el resto de tu vida».

Entonces, la segunda interrupción a Jesús (la mujer) es interrumpida por la primera interrupción (Jairo). Le han avisado a Jairo que es demasiado tarde; su hija ha muerto. A diferencia de la mujer, la fe de Jairo flaquea. Los muertos no vuelven a la vida. Sin embargo, Jesús lo tranquiliza y van en busca de la hija.

Cuando los dolientes escuchan que Jesús cree que la niña solamente está dormida, interrumpen su duelo para reírse. Se podría decir que son dolientes profesionales: solamente un profesional podría pasar del llanto a la risa y viceversa. Siempre al mando de la situación, Jesús ordena que los dolientes salgan de la casa: «No dejaré que estén en esta casa para arruinarles este momento tan especial a los padres. Ustedes no creen. Ustedes no ven». Entonces, toma a la niña de la mano y la resucita. Los padres, anonadados, no saben qué hacer. Jesús, siempre práctico, siempre pensando en la persona, les dice que la niña está hambrienta y que le traigan algo para comer.

El equilibrio del amor

Jesús le dice que «no» a algunas intromisiones, pero recibe otras de buena gana y luego se da vuelta e interfiere en la vida de otros. El amor es así, no es rígido. ¿Cómo podemos saber cuándo nos estamos entrometiendo y cuándo no? La siguiente historia sugiere algunas maneras.

Jill se sentía frustrada. Nuestro trabajo de medio tiempo preparando impuestos se había quedado con solamente veinte clientes. Ella volvió a casa luego de hacer las compras y se desanimó por lo ajustado que estaba nuestro presupuesto. Me dijo que ni siquiera tenía dinero para comprar una crema de manos. De inmediato le ofrecí comprarle una con el dinero que había ahorrado. Jill no le prestó atención al ofrecimiento, diciendo que el presupuesto había estado apretado durante diez años y que ya estaba cansada de ello. Me dijo que me fuera solo de vacaciones, que eso nos ahorraría unos dólares. Los dos estábamos enfadados.

Más tarde esa noche, estaba deprimido por nuestra discusión. Estaba enojado con Jill y agobiado por nuestra economía. Me di cuenta de que no podía hacer nada respecto a nuestras finanzas. Necesitaba que Dios interviniera y que se encargara de mi manera de relacionarme con Jill. Me descubrí orando y pidiendo ayuda, porque no sabía qué hacer. Se me pasó por la cabeza que Jill solamente quería que la escuchara. Estar ajustados de dinero es un problema, y probablemente nada de lo que yo pudiera decir lo solucionaría.

A la mañana siguiente le pedí que me disculpara por tratar de «arreglarla» a ella y por responderle apresuradamente. Me respondió: «¿Por qué me amas tan poco?».

Le repetí mis disculpas y agregué: «Sé que no se trata solamente de la crema de manos». No obstante, también le dije que había estado trabajando en tratar de amarla. Luego, esperé un poco y le dije: «Cuando tienes miedo, te pones agresiva. Solamente dime lo mal que te sientes por estar siempre apretados de dinero. Dime qué te angustia, en lugar de ser acometedora».

Jill se quedó callada.

La «llave» que abrió la típica discusión enrevesada fue mi oración pidiendo guía. Hablar con Dios echó luz sobre mi oscuridad y me permitió sacar los ojos de lo que «ella había dicho». Parecía que estaba ayudando a Jill, pero en realidad estaba ayudándome a mí mismo: yo quería que dejara de presionarme. Su angustia me dejaba incómodo y yo quería que esa sensación desapareciera. Darle una solución rápida era una forma de tratar de mantenerla callada.

Ninguno de nosotros estaba dispuesto a sentirse de cierta manera. Jill pensaba: «Yo no me sentiré desamparada porque no tenemos suficiente dinero, así que te molestaré a ti». Yo pensaba: «Yo no me voy a inquietar por nuestra falta de dinero. Tampoco permitiré que me molestes, así que te daré soluciones rápidas». En vez de aceptar la intromisión de Jill, la rechacé. Debería de haberle dicho que «sí», en lugar de «no».

En la mañana, cuando le pedí disculpas a Jill por no escucharla, estaba abriéndome a su intromisión. Cuando pedimos perdón, la gente no siempre dice: «Está bien. Es maravilloso que te disculpes». La apertura es peligrosa. Sin embargo, yo estaba seguro de que Dios me amaba, de manera que no tenía problemas en aceptar que Jill me dijera que a veces yo la amaba muy poco. Es verdad.

Silenciosamente yo también dije «no». Jill dijo que yo la amaba poco. Le respondí que había empezado a amarla más. Luego, cuando le pedí que compartiera sus temores conmigo, me entrometí con delicadeza.

A pesar de entender todos los principios del amor, aún podríamos entrometernos cuando deberíamos esperar, o esperar cuando deberíamos de entrometernos. Necesitamos la tercera voluntad (la de Dios) para que forme nuestra voluntad y nos enseñe cómo podemos amar.

PARTE 4:

EL AMOR SE ACTIVA CON LA FE

Capítulo 15

LA FE FORTALECE AL AMOR

¿DE DÓNDE PUEDO SACAR LA ENERGÍA PARA AMAR?

Se te está haciendo tarde para salir del trabajo, así que llamas a tu marido y le pides que empiece a lavar la ropa; a tu hijo, para que haga la tarea y a tu hija para que meta el guiso en el horno. Cuando llegas a tu casa, tu esposo está tirado en el sofá mirando televisión y el canasto de la ropa sucia sigue en el mismo lugar donde lo dejaste; tu hijo está pegado a la computadora mientras su mochila de la escuela descansa en un rincón; y tu hija está hablando por teléfono, mientras el guiso congelado está sobre el repostero. Nadie te mira cuando entras. Tienes ganas de gritar. El amor es lo último que se te cruza por la mente. Piensas: «¿Cuándo llegará el día en que alguien me ame y se anticipe a mis necesidades?».

La parte más difícil del amor no es «¿Cómo amo?», sino querer amar en primer lugar y luego tener la energía para hacerlo. Hay que tener energía para amar, energía con la que muchas veces no contamos.

Jesús dijo que él tenía energía gracias al Padre: «*Yo vivo gracias al Padre*» (*Juan 6:57*). La palabra para esa dependencia sencilla de

Dios es «fe». Deja de lado cualquier definición de fe que hayas tenido hasta el momento, como por ejemplo confiar en algo que es lo opuesto a la razón o que no tiene ninguna lógica. Para Jesús la fe es una conexión vital con su Padre que afecta a todas las relaciones. Todos tenemos «fe» en algo, porque todos dependemos de alguien o de algo, aunque sea de nosotros mismos.

Veamos un día en la vida de Jesús un año antes de su muerte, en el que lo vemos luchar con el problema de la energía que se necesita para amar. El hecho de que los cuatro Evangelios hayan registrado este día extraordinario demuestra que conmocionó a los discípulos en lo más íntimo de su ser.

La mañana: el descanso interrumpido

Es primavera en Galilea, un viernes por la mañana, cerca de la época de la Pascua; es una época hermosa en Palestina, pero hay nubes sobre el horizonte. Acaba de llegar la noticia de que el rey Herodes mató a Juan el Bautista, el primo de Jesús. Juan había denunciado a Herodes por casarse con la esposa de su hermano. Muchos habían creído que Juan podría ser el Mesías. Se sentía que una revolución estaba por estallar.

Cientos de años antes, los profetas judíos predijeron la llegada del Mesías (la palabra griega es *Cristo*), una persona de Dios que salvaría a Israel y también de alguna extraña manera, a toda la humanidad. El pueblo judío había estado esperando al Mesías durante cientos de años. Incluso algunos romanos cultos esperaban que el libertador del mundo surgiera de Palestina[1].

La popularidad de Jesús ha disparado. *Había tanta gente que iba y venía que Jesús y sus apóstoles no tenían tiempo ni para comer.* Jesús les sugiere a los discípulos un breve descanso al otro lado del lago.

«Entonces Jesús les dijo: "Vayamos solos a un lugar tranquilo para descansar un rato". Lo dijo porque había tanta gente que iba y venía que Jesús y sus apóstoles no tenían tiempo ni para comer. Así que salieron en la barca a un lugar tranquilo, donde pudieran estar a solas» (Marcos 6:31-32). El otro lado del lago estaba fuera del territorio de Herodes y alejaba a Jesús del peligro[2].

Además del descanso físico, Jesús invita a sus discípulos a un descanso más profundo, el del alma: *«Luego dijo Jesús: "Vengan a mí todos los que están cansados y llevan cargas pesadas, y yo les daré descanso"»* (Mateo 11:28). Sin embargo, su retiro es efímero.

> *Muchos los reconocieron y los vieron salir, y gente de muchos pueblos corrió a lo largo de la orilla y llegó antes que ellos. Cuando Jesús salió de la barca, vio a la gran multitud y tuvo compasión de ellos porque eran como ovejas sin pastor. Entonces comenzó a enseñarles muchas cosas.* (Marcos 6:33-34)

Jesús mira a la multitud, siente compasión y entonces empieza a enseñar. Él comienza el día retirándose (diciendo «no») y después se acerca a la multitud, permitiendo que los deseos de ellos (y sus necesidades más profundas) moldeen sus planes (diciendo «sí»).

LA TARDE: ESCASOS RECURSOS

Mientras el sol comienza a ponerse sobre el Mar de Galilea, Jesús le dice a Felipe:

> *«¿Dónde podemos comprar pan para alimentar a toda esta gente?» Lo estaba poniendo a prueba, porque Jesús ya sabía lo que iba a hacer.*

Felipe contestó:

—¡Aunque trabajáramos meses enteros, no tendríamos el dinero suficiente para alimentar a toda esta gente!

Entonces habló Andrés, el hermano de Simón Pedro: «Aquí hay un muchachito que tiene cinco panes de cebada y dos pescados. ¿Pero de qué sirven ante esta enorme multitud?». (Juan 6:5-9)

Jesús enfrenta a los discípulos con una necesidad abrumadora: darle de comer a miles de personas hambrientas con solamente cinco hogazas de pan y dos pescados. Quiere que pidan ayuda, que piensen fuera de lo convencional y que acudan a él de la misma manera que él acude a su Padre. Felipe le responde con su típica franqueza: «¡Ni lo sueñes!». Andrés menciona los escasos recursos: la cebada era la comida de los pobres y el pescado seco era pequeño, como nuestras sardinas.

LA CENA: REBOSANTE ABUNDANCIA

Entonces Jesús les dijo a los discípulos que sentaran a la gente en grupos sobre la hierba verde. Así que se sentaron en grupos de cincuenta y de cien.

Jesús tomó los cinco panes y los dos pescados, miró hacia el cielo y los bendijo. Luego, a medida que partía los panes en trozos, se los daba a sus discípulos para que los distribuyeran entre la gente. También dividió los pescados para que cada persona tuviera su porción. Todos comieron cuanto quisieron, y después los discípulos juntaron doce canastas con lo que sobró de pan y pescado. Un total de cinco mil hombres y sus familias se alimentaron. (Marcos 6:39-44)

Jesús alimenta a la gente porque está hambrienta. Simple y sencillamente. Sin embargo, las acciones constituyen una parábola, demostrando que él es la fuente de la vida. Las personas sentadas... sobre la hierba verde. Fíjate qué parecida es la redacción a la del Salmo 23: «*El SEÑOR es mi pastor; tengo todo lo que necesito. En verdes prados me deja descansar*». Luego Jesús *prepara un banquete delante de ellos* y les da tanto que *su copa desborda* con las doce canastas de sobras. De nuestra nimiedad Jesús crea rebosante abundancia, parecida a la que hizo con el vino en la boda de Caná. *La bondad y la misericordia* han perseguido al pueblo en la persona de Jesús. Un pastor amoroso se ha ocupado de ellos.

¿Qué se siente saber que, sin importar lo arruinado que estés, el buen pastor te mira con amor, te rodea con su compasión, te envuelve en sus brazos y se ocupa de los detalles de tu vida? El amor no nace amando, sino al ser amados. Ser amado te da la libertad y los recursos para amar. Solamente podemos dar lo que hemos recibido.

La fe en su forma más simple es recibir amor, confiando en que estaremos a salvo con alguien. Los actos de Jesús le dicen a la multitud que él es digno de su confianza. Si ellos lo buscan, él los cuidará. Sin embargo, ellos no quieren depender de él; quieren controlarlo.

DESPUÉS DE LA CENA: APODERARSE DE LA ENERGÍA DE DIOS

Inmediatamente después de que la multitud comió, «*Jesús insistió en que sus discípulos regresaran a la barca y comenzaran a cruzar el lago hacia Betsaida mientras él enviaba a la gente a casa*» (Marcos 6:45). ¿Por qué sacó a los discípulos y despidió a semejante cantidad de gente él solo? Los discípulos iban a estar agobiados con la tentación inminente de convertir a Jesús en rey: «*La gente, al ver la señal milagrosa que Jesús había hecho, exclamó: "¡No hay duda de que es el Profeta que esperábamos!". Cuando Jesús vio que estaban dispuestos a hacerlo rey a la fuerza, se escabulló hacia las colinas él solo*» (Juan 6:14-15; Marcos 6:46).

La multitud habría recordado la profecía de Moisés de que vendría un profeta como él (ver Deuteronomio 18:15). Los judíos del primer siglo esperaban que el Mesías reconstruyera la historia de Israel. Así como Moisés les dio pan a los israelitas durante sus andanzas por el desierto, de la misma manera el Mesías proveería pan. Él habría de hacer lo que hizo Moisés, solo que mejor.

La gente piensa: «Esta es la señal que estábamos esperando. ¡Jesús es el rey! Es el largamente esperado descendiente del rey David, el que gobernará el reino terrenal de Israel. Aprovechemos el momento. Echemos a los romanos al mar».

Ellos no anhelaban a un mesías por razones políticas solamente; también tenían motivos personales. Probablemente, esa primavera no les había ido bien a algunos con las cosechas y esta era la primera comida sólida que habían tenido en meses. Otros quizás habían sido acosados por un soldado romano la semana anterior. Sin embargo, algunos habían sido sanados por Jesús. Ellos piensan: «Todo está tan claro. Si Jesús se resiste, bueno, sencillamente lo obligaremos».

La multitud veía a Jesús como la respuesta a sus problemas y trató de reinventarlo a su propia imagen. Ellos querían un Dios que hiciera su vida más placentera («Si tan solo tuviera un millón de dólares… Si mi esposo me escuchara… Si tan solo mi mujer dejara de molestarme… Si…»).

Una vez más, Satanás está de regreso ofreciendo una solución despreocupada y fácil a los problemas de este mundo: Jesús, el deambulante bienestar estatal, lo máximo en maquinaria para hacer pan. Es una perspectiva embriagante de los reinos de este mundo, pero Jesús no participa y embarca a los discípulos en un bote. Un verdadero rey que no se deja llevar por la multitud, gobierna despachando a la gente.

Si la naturaleza humana estuviera acertada, la exigencia de la multitud de que Jesús fuera un rey humano tendría sentido porque solamente se necesitaría un cambio exterior y superficial: una reforma política, mejor educación o más empleos. No obstante, si la influencia del mal está generalizada, si anida dentro de cada persona, entonces hace falta una solución más drástica. Si el problema es el corazón humano y no los romanos, entonces el corazón humano es el que necesita de un nuevo rey.

¿Acaso no es por eso que nos cuesta el amor? Queremos ser el que manda, el que controla, queremos tener a otro que nos sirva. En lugar de «no hacer nada por nosotros mismos y de hacer solo lo que nuestro Padre quiere», hemos ignorado a Dios creando dioses que nos hagan sentir bien por nosotros mismos. La fe es un retorno a Dios que dice: «Lo hice a mi manera. Necesito ayuda». Vivir independientemente de Dios nos distancia del poder para amar y en definitiva, destruye al amor.

La mañana siguiente

Después de despedir a la multitud, Jesús se retira a la montaña para hablar con su Padre. Más tarde, esa noche, se une a sus discípulos en la barca. A la mañana siguiente, cuando llega al otro lado del lago a Capernaúm, las mismas multitudes le dan la bienvenida a su llegada *«Lo encontraron al otro lado del lago y le preguntaron: —Rabí, ¿cuándo llegaste acá?»* (*Juan* 6:25). Sin embargo, ellos realmente no quieren escuchar lo que Jesús tiene para decir. Lo único que les interesa es otra comida gratis. La cena estuvo genial; el desayuno debería ser magnífico. Jesús expone sus motivos: «*Les digo la verdad, ustedes quieren estar conmigo porque les di de comer, no porque hayan entendido las señales milagrosas*» (*Juan* 6:26).

Jesús le propone a la multitud que en lugar de enfocarse en la gratificación instantánea, ingiera algo que realmente la satisfará: «*No se preocupen tanto por las cosas que se echan a perder, tal como la comida. Pongan su energía en buscar la vida eterna que puede darles el Hijo del Hombre. Pues Dios Padre me ha dado su sello de aprobación*» (*Juan* 6:27). (La *vida eterna* incluye la idea de la «vida de verdad» o de la «vida como estaba destinada a ser».) No obstante, la multitud quiere un botones cósmico de hotel. Tratan de encontrar la vida en las cosas, independientemente de Dios. Creen que la respuesta es Jesús; no el mensajero de Dios, sino el Jesús creado por ellos mismos. Lo único que quieren es que Jesús les enseñe el programa de cinco pasos. «*Nosotros también queremos realizar las obras de Dios —contestaron ellos—. ¿Qué debemos hacer? Jesús les dijo: —La única obra que Dios quiere que hagan es que crean en quien él ha enviado*» (*Juan* 6:28-29).

Cada «mesías» en potencia (hubo por lo menos una docena durante el primer siglo) había pedido a sus seguidores que *creyeran* en él. No obstante, si la gente va a confiar en que Jesús es «el hombre» que se enfrentará a los romanos, ella requiere una señal, una demostración mágica del poder de Jesús. Entonces, ¿qué mejor señal que el desayuno? «*Si quieres que creamos en ti —le respondieron—, muéstranos una señal milagrosa. ¿Qué puedes hacer? Después de todo, ¡nuestros antepasados comieron maná mientras andaban por el desierto! Las Escrituras dicen: "Moisés les dio de comer pan del cielo"*»

(*Juan* 6:30-31). Traducción: «Moisés les dio a nuestros antepasados pan en el desierto. ¿Lo captas, Jesús? Es hora de desayunar».

Sin embargo, Jesús tiene algo mejor que el desayuno. «*Jesús les respondió: —Les digo la verdad, no fue Moisés quien les dio el pan del cielo, fue mi Padre. Y ahora él les ofrece el verdadero pan del cielo, pues el verdadero pan de Dios es el que desciende del cielo y da vida al mundo*» (*Juan* 6:32-33).

Jesús utiliza una necesidad humana para señalarse a sí mismo como la fuente de vida. No obstante, la multitud lo malinterpreta y se pone contenta porque nuevamente está hablando de pan. Además, ¿por qué quedarse nada más que con el desayuno? Vamos por la pensión completa. Consigamos el pase para la comida de por vida. «*Señor —le dijeron—, danos ese pan todos los días*» (*versículo* 34).

Imperturbable, Jesús dice que él es la solución para la necesidad humana: «*Yo soy el pan de vida. El que viene a mí nunca volverá a tener hambre; el que cree en mí no tendrá sed jamás*» (6:35). Si alguno de los actos previos de Jesús fue equivalente a quemar una bandera estadounidense, esta declaración es como decir: «Yo soy la bandera». Los otros «mesías» en potencia del primer siglo no hablaban así.

Más tarde, cuando la conversación gira hacia la sinagoga de Capernaúm, Jesús le dice a la multitud: «*Yo vivo gracias al Padre viviente que me envió; de igual manera, todo el que se alimente de mí vivirá gracias a mí*» (6:57). Él describe una cadena de vida en la que él recibe poder del Padre y los discípulos reciben, a su vez, poder de Jesús. No solamente practica la dependencia, sino que alienta a sus discípulos a que sean dependientes. Jesús no les pide que hagan algo que él no esté haciendo ya.

Jesús le pide a la multitud que crea en él como una experiencia total de vida. Sin esa clase de fe, no se puede amar. En otra oportunidad, Jesús les dice a sus discípulos: «*Permanezcan en mí, y yo permaneceré en ustedes. Pues una rama no puede producir fruto si la cortan de la vid, y ustedes tampoco pueden ser fructíferos a menos que permanezcan en mí»* (*Juan* 15:4).

Un modelo de amor como Jesús no necesariamente nos motiva a amar. Podemos ser animados a amar, pero no necesariamente a cambiar. Un buen modelo puede dejarnos en la depresión porque no resuelve el hastío que tenemos de la vida. Muchos de nosotros no hacemos otra cosa que tratar de llegar de un final del día al del siguiente. Un modelo de amor tampoco resuelve nuestra inclinación interior. Muchas veces no queremos un modelo para amar; solamente queremos disfrutar de la vida y que los demás vean qué sensatos somos. O mejor aún, queremos que los «demás» aprendan a *amarnos* y que prevean todas nuestras necesidades.

El amor es difícil. Jesús nos dice que amemos no solamente a nuestros hijos, sino también a las personas maltratadas, derrumbadas al costado del camino, ¡y hasta a nuestros enemigos! ¿Cómo es posible? Recurre a Dios con las manos vacías y cuéntale tus necesidades, tu incapacidad para amar. Jesús dice: *«Vengan a mí todos los que están cansados y llevan cargas pesadas, y yo les daré descanso»* (*Mateo* 11:28). Jesús no solamente nos muestra cómo amar, sino también cómo obtener el poder para amar. Aquel que nos ordena a amar nos ofrece el poder para amar.

UNA VEZ QUE DEJÉ DE EXIGIR EL DESAYUNO

¿A qué se parece la fe? ¿Cómo podemos tú y yo *desarrollar* la fe?

En una reunión de personal, estaba hablando de un proyecto nuevo con dos compañeros de trabajo. La reunión estaba por finalizar y me di cuenta de que para los otros dos no había quedado en claro que era yo el que había elaborado la idea del proyecto. Inmediatamente pensé en la solución: diría algo como, «La primera vez que concebí la idea para este proyecto...». No alardearía directamente, solamente «aclararía» algo que demostrara que la idea era mía. (En otras palabras, iba a alardear).

Sin embargo, no lo hice. Me quedé callado porque me di cuenta de que alardear era como pedirle a Jesús que hiciera el desayuno. Mi comida hubiera sido buscar agradarles. Obtener su aprobación era *trabajar por la comida que se echa a perder*. Sin importar lo que hiciera, me quedaría con hambre.

Mis dos colegas salieron de la sala y la reunión terminó sin que yo dijera nada. Mientras estaba sentado solo allí, tuve una sensación arrolladora de vacío y de inutilidad. La vida parecía que no merecía ser vivida. Me sorprendió la intensidad de ese sentimiento. Me refiero a que lo único que hice fue no alardear. ¿Por qué ese sentimiento?

Estaba sintiendo en mi corazón cómo era la vida sin Dios. La jactancia nos da una falsa sensación de «esto es realmente la vida». Dejar que otras personas sepan qué buenos somos es una forma no muy sutil de robar amor. Cuando dejé de robar (al no alardear), sentí mi vacío.

Mientras estaba sentado ahí, me llené de hambre de Dios. De una vida real. De la comida que te deja satisfecho. No sucedió nada espectacular, pero salí de esa sala pletórico. Había recibido comida verdadera en lugar de la chatarra de jactancia. Pensé en las palabras que Jesús le dijo a la multitud ese sábado en la mañana: *«Les digo la verdad, a menos que coman la carne del Hijo del Hombre y beban su sangre, no podrán tener vida eterna en ustedes»* (*Juan* 6:53).

Si estas palabras te parecen raras, no eres el único. Escucha la respuesta de la multitud:

> *Entonces la gente comenzó a murmurar en desacuerdo, porque él había dicho: «Yo soy el pan que descendió del cielo». Ellos se decían: «¿Acaso no es este Jesús, el hijo de José? Conocemos a su padre y a su madre. ¿Y ahora cómo puede decir: "Yo descendí del cielo"?».* (Juan 6:41-42)

Nosotros conocemos a este muchacho. Conocemos a sus padres. ¿Quién se cree que es? ¿El regalo de Dios para la humanidad?

Es demasiado para algunos.

> *A partir de ese momento, muchos de sus discípulos se apartaron de él y lo abandonaron.*
>
> *Entonces Jesús, mirando a los Doce, les preguntó:*
>
> *—¿Ustedes también van a marcharse?*
>
> *Simón Pedro le contestó: —Señor, ¿a quién iríamos? Tú tienes las palabras que dan vida eterna. Nosotros creemos y sabemos que tú eres el Santo de Dios.* (Juan 6:66-69)

Capítulo 16

LA FE SIGNIFICA PERDER EL CONTROL

RECURRIR A DIOS CON NUESTRAS NECESIDADES

En un vuelo reciente, le pregunté a mi compañero de asiento qué opinaba acerca de un estudio sobre Jesús como persona. Me respondió: «Yo soy la persona equivocada a quien preguntar. Soy ateo». Su sinceridad me intrigó. Muchas personas se comportan como si Dios no existiera, pero pocas dicen realmente que son ateas. Con curiosidad, le pregunté por qué. Me habló de la discapacidad de su hijo. Él no podía creer en un Dios que permitía semejante sufrimiento. Me limité a escucharlo; teníamos mucho en común.

Le hablé sobre Kim y de cómo su fe le había dado valor y fortaleza. Ella dice que Jesús está con ella durante el día. Rápidamente recurre a él, al Jesús vivo, presente y activo, para que la ayude cuando las cosas se ponen difíciles. Justo cuando estábamos aterrizando, mi compañero de asiento preguntó, en parte a sí mismo, si habría lastimado a su hijo al no mencionarle a Dios.

Los discípulos no pusieron su fe en Jesús de inmediato. Pasaron por una serie de etapas, casi como el enamoramiento.

Cada vez que creían que habían entendido a Jesús, él se salía del molde. Llegar a entender a Jesús era, también, inseparable de tratar de entenderse a sí mismos. Ver a Jesús era ver su ineptitud. Eso sucedió el día que decidieron seguirlo.

Replantear la relación

Jesús había estado hablándole a la multitud a orillas del mar de Galilea mientras Pedro y sus compañeros lavaban sus redes por allí cerca. Jesús les pidió que le prestaran su bote para poder hablarle mejor a la gran cantidad de personas sin que lo aplastaran. Podemos darnos una buena idea del tamaño del barco, porque los arqueólogos descubrieron recientemente un bote pesquero de cinco metros, del primer siglo, enterrado en el barro a orillas del mar de Galilea.

«Cuando terminó de hablar, le dijo a Simón: —Ahora ve a las aguas más profundas y echa tus redes para pescar. —Maestro —respondió Simón—, hemos trabajado mucho durante toda la noche y no hemos pescado nada; pero si tú lo dices, echaré las redes nuevamente» (Lucas 5:4-5).

Puedes sentir la paciente exasperación de Pedro con Jesús. «Tú dedícate a predicar, que yo me dedico a pescar». En el mar de Galilea la pesca es mejor junto a las ensenadas, en la mañana temprano o en la noche con linternas. Cualquier pescador sabe que los peces no pican al mediodía en lo profundo. No obstante, de todas maneras, Pedro le da una oportunidad:

> *Esta vez las redes se llenaron de tantos peces ¡que comenzaron a romperse! Un grito de auxilio atrajo a los compañeros de la otra barca, y pronto las dos barcas estaban llenas de peces y a punto de hundirse.*

Cuando Simón Pedro se dio cuenta de lo que había sucedido, cayó de rodillas delante de Jesús y le dijo:

—Señor, por favor, aléjate de mí, soy demasiado pecador para estar cerca de ti.

Pues estaba muy asombrado por la cantidad de peces que habían sacado, al igual que los otros que estaban con él. Sus compañeros, Santiago y Juan, hijos de Zebedeo, también estaban asombrados.

Jesús respondió a Simón: «¡No tengas miedo! ¡De ahora en adelante, pescarás personas!». Y, en cuanto llegaron a tierra firme, dejaron todo y siguieron a Jesús. (Lucas 5:6-11)

Antes de esto, los discípulos conocían a Jesús solamente como un maestro o como rabino. Ahora esta percepción se hace añicos. Pronto llegan a la conclusión, junto con las multitudes, de que Jesús es un profeta, un mensajero de Dios (ver Lucas 7:16; Marcos 8:28). Como los antiguos profetas hebreos, el encuentro con Jesús los llevó a tener un contacto con la santidad de Dios, que es inquietante. Sin embargo, al mismo tiempo se sienten atraídos por él, de manera que responden a su llamado. En la versión de Marcos sobre este incidente (ver 1:17), el idioma griego indica que cuando Jesús los llama a convertirse en *pescadores de personas*, ellos pasarán por un proceso. No obstante, al igual que enamorarse, ellos no tenían idea en qué se estaban metiendo.

Perder el control

Algunos meses después, la opinión de los discípulos sobre Jesús vuelve a trastornarse cuando salen en su bote y se desata una tormenta. Los vientos provenientes del desierto, combinados con la poca altitud del mar de Galilea (212 metros bajo el nivel del mar) producen tormentas repentinas y violentas. Por haber estado enseñando todo el día, Jesús está exhausto y se queda dormido en la parte posterior del barco, sobre un almohadón que generalmente usa la persona que maneja el timón. Al principio los discípulos están tan ocupados orientando las velas, tratando de equilibrar el bote y sacando el agua, que no se dan cuenta de que Jesús todavía está durmiendo. Lo despiertan con gritos: *«¡Maestro! ¿No te importa que nos ahoguemos?»*. (*Marcos* 4:38). Por lo menos, él podría ayudarlos. Jesús se levanta y con voz clara y firme, ordena a los vientos y a las olas:

> *«¡Silencio! ¡Cálmense!». De repente, el viento se detuvo y hubo una gran calma. Luego él les preguntó: «¿Por qué tienen miedo? ¿Todavía no tienen fe?».*
>
> *Los discípulos estaban completamente aterrados. «¿Quién es este hombre? —se preguntaban unos a otros—. ¡Hasta el viento y las olas lo obedecen!».*
>
> (*Marcos* 4:39-41; *también Mateo* 8:27)

Los discípulos están atónitos. La tormenta los asustó, pero la calma los horrorizó. «A las tormentas las entendemos, a Jesús no». Él no encaja en ninguna de sus categorías. Una cosa es atrapar algunos peces; pero otra es controlar instantáneamente grandes tormentas con una palabra. La idea de que Jesús sea un profeta no contempla el poder para calmar todo un sistema climatológico. Aquí está pasando algo completamente distinto; entonces, se preguntan: «¿Quién es este hombre?». Él trastoca sus categorías.

Jesús también desafía la falta de fe que tienen en él. Ellos querían alguien que los ayudara a sacar el agua, un compañero. No esperaban alguien que pudiera dominar toda la situación. Preferirían no recibir tanta ayuda con su vida. Jesús tiene una manera de tomar las riendas de toda vida a la que se lo invite.

Seguir a Jesús implica perder el control. La noche después de haber alimentado a los cinco mil, Jesús se reúne con sus discípulos en el bote.

A eso de las tres de la madrugada, Jesús se acercó a ellos caminando sobre el agua. Cuando los discípulos lo vieron caminar sobre el agua, quedaron aterrados. Llenos de miedo, clamaron: «¡Es un fantasma!».

Pero Jesús les habló de inmediato:

—No tengan miedo —dijo—. ¡Tengan ánimo! ¡Yo estoy aquí!

Entonces Pedro lo llamó:

—Señor, si realmente eres tú, ordéname que vaya hacia ti caminando sobre el agua.

—Sí, ven —dijo Jesús.

Entonces Pedro se bajó por el costado de la barca y caminó sobre el agua hacia Jesús, pero cuando vio el fuerte viento y las olas, se aterrorizó y comenzó a hundirse.

—¡Sálvame, Señor! —gritó.

De inmediato, Jesús extendió la mano y lo agarró.

—Tienes tan poca fe —le dijo Jesús—. ¿Por qué dudaste de mí?

Cuando subieron de nuevo a la barca, el viento se detuvo. Entonces los discípulos lo adoraron. «¡De verdad eres el Hijo de Dios!», exclamaron. (Mateo 14:25-33)

El punto de vista de los discípulos acerca de Jesús sigue ampliándose. Están empezando a sacar la conclusión de que Jesús es mucho más que un profeta[1]. Al mismo tiempo, el mensaje de Jesús es simple: «Pedro, cuando dejes de mirarme a mí y mires tus circunstancias, te asustarás y empezarás a hundirte. Debes mantener tu mirada puesta en mí. Yo soy suficiente». Quiere que Pedro lo mire cuando haya tormenta, de la misma manera que quería que Felipe se fijara en él cuando no alcanzaba la comida. Es así como se encuentra la energía para la vida, incluyendo el amor.

En amor, Jesús miraba a las personas. En fe, nosotros miramos a Jesús.

Recurrir a Jesús con tu necesidad

Tan solo unas pocas semanas después, Jesús y los discípulos vuelven a pasar juntos algunos momentos tranquilos mientras navegan por el lago. Lejos de las exigentes multitudes, con solo el suave golpeteo de los remos para interrumpir su conversación, Jesús les advierte acerca de la *levadura* de los fariseos, quienes acababan de pedirle otra señal a Jesús.

> *Los discípulos se habían olvidado de llevar comida y solo tenían un pan en la barca. Mientras cruzaban el lago, Jesús les advirtió: «¡Atención! ¡Tengan cuidado con la levadura de los fariseos y con la de Herodes!».*
>
> *Al oír esto, comenzaron a discutir entre sí, pues no habían traído nada de pan. Jesús supo lo que hablaban, así que les dijo:*
>
> *—¿Por qué discuten por no tener pan? ¿Todavía no saben ni entienden? ¿Tienen el corazón demasiado endurecido para comprenderlo? "Tienen ojos, ¿y no pueden ver? Tienen oídos, ¿y*

no pueden oír?" ¿No recuerdan nada en absoluto? Cuando alimenté a los cinco mil con cinco panes, ¿cuántas canastas con sobras recogieron después?

—Doce —contestaron ellos.

—Y cuando alimenté a los cuatro mil con siete panes, ¿cuántas canastas grandes con sobras recogieron?

—Siete —dijeron.

—¿Todavía no entienden? —les preguntó.

(Marcos 8:14-21)

La referencia que Jesús hace a *la levadura de los fariseos y de Herodes* es simbólica. En la cultura judía, la levadura simbolizaba algo impuro que permeaba todo el resto. Los fariseos «impuros» aparentaban confiar en Dios, cuando en realidad estaban confiando en sí mismos.

Sin embargo, los discípulos no entienden el simbolismo. Escuchan *levadura* y piensan en *pan*. «¡Alguien se olvidó de pedir la pizza! ¿Cómo podemos tener una fiesta sin pizza?». Se aterrorizan y piensan con el estómago, suponen que Jesús está molesto porque olvidaron el almuerzo.

Esto irrita a Jesús. Parece una mamá cuyo hijo se olvidó de llevar el almuerzo a la escuela por tres días seguidos: «¿Cuántas veces tengo que decirte que pongas el almuerzo en tu mochila?».

Jesús no está disgustado porque falta pan, ni porque ellos lo malinterpretaron. A Jesús le molesta que cuando afrontan una necesidad, los discípulos se miran a sí mismos en lugar de acudir a él. «¿Estaban durmiendo ustedes cuando yo hice diez mil hogazas de pan? ¿No les parece que ahora puedo hacer lo mismo?». Se comportan como si Jesús fuera incapaz de ayudarlos. Habían compartimentado su vida: «Jesús solamente hace pan cuando hay una crisis, o Jesús hará algo único cuando haya una multitud enorme de personas». Habían colocado estos dos milagros de alimentación en una categoría espiritual.

Los discípulos están preocupados por carecer de pan, a pesar de tener a la fábrica andante de pan en el barco. Se mueren por beber, mientras tienen los bolsillos llenos de monedas y están apoyados contra una máquina expendedora de bebidas. «¿Vieron la abundancia, la cantidad de canastas que sobraron? ¿No ven que yo puedo proveerles más de lo que necesitarán en su vida? ¿Por qué se encierran en sí mismos y se dan cabezazos contra la pared? ¡Acudan a mí!».

Cuando les dio de comer a los cinco mil, Jesús se enojó porque la gente trataba de controlarlo. Ahora está molesto porque sus discípulos se alejan de él. En el primer ejemplo, las personas tienen el tipo equivocado de fe. Ahora los discípulos demuestran falta de fe. La fe no es alguna especie de energía espiritual. Es darse cuenta de que nosotros no tenemos los recursos para vivir. Es acudir a Jesús y decirle: «No tengo pan, no tengo vino. No tengo amor». Es sumarse al recaudador de impuestos del templo y decir: «*Oh, Dios, ten compasión de mí, porque soy un pecador*. Ya no puedo seguir viviendo mi vida sin ti». La fe recurre a Dios con nuestra debilidad, así como Jesús quería que los discípulos acudieran a él. Ese vínculo resuelve los problemas reales, como olvidarse de traer pan. O no ser capaz de amar a tu mamá o a tu compañero de habitación.

Jesús quiere que sus discípulos hagan lo que los marginados y los enfermos han estado haciendo. Zaqueo trepó a un árbol para ver a Jesús; la mujer con la hemorragia llegó a empujones a través de la multitud y estiró el brazo para tocar a Jesús. Cuando la gente le dijo al ciego Bartimeo, «*"¡Cállate!", muchos le gritaban, pero él gritó aún más fuerte: "¡Hijo de David, ten compasión de mí!"»*. (Marcos 10:48). Otro grupo de hombres arrancó las tejas de un techo para bajar a su amigo enfermo hasta Jesús (Marcos 2:4). Jesús quiere que las personas se acerquen a él en fe, así como él se ha estado acercando a ellos en amor. Una y otra vez les dice a estas personas: «*Tu fe te ha sanado*. Tu buena voluntad de venir a mí con las manos vacías, sin un plan, es la puerta para que yo te ayude».

Este es un movimiento difícil de hacer si tienes las manos llenas. Un hombre joven y sano va a Jesús y le pregunta qué tiene que hacer para recibir la vida eterna. Cuando Jesús le dice que obedezca los Diez Mandamientos, contesta: «*Maestro —respondió el hombre—, he obedecido todos esos mandamientos desde que era joven. Jesús miró al hombre y sintió profundo amor por él*» (Marcos 10:20-21). El corazón de Jesús se siente atraído por este hombre sinceramente bueno. Luego Jesús actúa para ayudarlo y le dice que tiene que hacer una cosa más: «*Anda y vende todas tus posesiones y entrega el dinero a los pobres, y tendrás tesoro en el cielo. Después ven y sígueme*» (10:21). Jesús le ofrece librarse de la esclavitud del dinero y le propone al hombre un nuevo centro para la vida. Sin embargo, el hombre está preso de la falsa seguridad y de la gratificación cómoda que produce el dinero, así que «*Al oír esto, el hombre puso cara larga y se fue triste porque tenía muchas posesiones*» (10:22). Jesús mira, siente y ofrece ayuda, pero cuando el hombre rechaza la ayuda de Jesús, Jesús no hace nada. Lo deja ir. Jesús no está atrapado por su propia compasión ni se ve impulsado a rescatar a este hombre rico pero apesadumbrado.

El sentir de la fe

C. S. Lewis captura a qué se parece la fe en un cuento para niños. Una estudiante llamada Jill Pole fue a un arroyo a tomar agua, pero a la orilla del arroyo había un gran león. Se detuvo. El León le dijo: «Si tienes sed, puedes beber». Jill duda.

—¿No estás sedienta? —le dijo el León.

—Me estoy *muriendo* de sed —dijo Jill.

—Entonces, bebe —dijo el León.

—¿Puedo… podría… te molestaría irte mientras lo hago? —dijo Jill.

El León respondió a esto solo con una mirada y un gruñido muy bajo…

—¿Me prometerías no… hacerme nada si voy? —dijo Jill.

—Yo no voy a prometerlo —dijo el León.

—¿Tú comes niñas? —dijo ella.

—Me he tragado niñas y niños, mujeres y hombres, reyes y emperadores, ciudades y reinos —dijo el León. No lo dijo como si estuviera presumiendo, ni como si lo lamentara; tampoco como si estuviera enojado. Simplemente, lo dijo.

—No me animo a ir y beber —dijo Jill.

—Entonces morirás de sed —dijo el León.

—¡Ay, por favor! —dijo Jill, acercándose otro paso—. Debo ir y buscar otro arroyo, entonces.

—No hay otro arroyo —dijo el León[2].

En esta historia alegórica, Jill nos representa a nosotros y el León simboliza a Jesús. Como Jill, nos sentimos atraídos por el agua fresca del arroyo, pero le tenemos miedo al León. No queremos perder el control de nuestra vida, pero queremos beber el agua. No queremos parecer tontos convirtiéndonos en un «fanático religioso», pero nuestra vida no funciona. Nuestros sentimientos acerca de Jesús son contradictorios.

En la Fiesta de los Tabernáculos, la fiesta más gozosa, los judíos sacaban agua del estanque de Siloé y la derramaban. El agua simbolizaba el derramamiento del amor de Dios para cuando llegara el Mesías. Durante la fiesta, Jesús se puso de pie en el templo y declaró descaradamente ser la solución para nuestra sed más profunda. «*¡Todo el que tenga sed puede venir a mí! ¡Todo el que crea en mí puede venir y beber! Pues las Escrituras declaran: "De su corazón, brotarán ríos de agua viva"*» (*Juan* 7:37-38).

Cómo funciona la fe en la vida cotidiana

Un año, llevé a cinco de nuestros hijos a acampar. Jill había renunciado a acampar después del desastre del año anterior, de manera que se quedó en casa con Kim, que en esa época tenía ocho años.

Durante la primera hora de las cuatro horas de viaje en auto, Andrew (de cinco años) y Emily (de tres) preguntaban: «¿Ya llegamos?». Encontramos un hermoso lugar para acampar en lo alto de una escalera de madera, excavada en un lado de la montaña.

Lo primero que descubrí fue que la última persona a la que le había prestado nuestra cocina para campamento se había olvidado de devolverme la manguera que va conectada a los tanques de propano. Así que la primera noche cocinamos fideos sobre una fogata al aire libre.

Los chicos mayores habían colgado una hamaca y después de unos minutos de diversión, empezaron a pelearse. Recuerdo estar poniendo la mesa gritándoles a los niños, mientras los platos de cartón volaban en medio de las ráfagas de viento. También le estaba echando un ojo a Emily, que seguía acercándose al fuego.

Andrew se lo estaba pasando en grande. Sin Mamá cerca, lo dejé usar el hacha de mano para que consiguiera un poco de madera para el fuego. Seguía trayendo buenas piezas, hasta que uno de los niños lo delató: «Papá, él está desmenuzando los escalones de los servicios del parque». Cuando acabé con eso, nos sentamos a cenar unos fideos semiquemados. Todos estábamos irascibles.

Al día siguiente fuimos al pueblo a buscar una manguera de repuesto. Cada empleado estaba seguro de que la tendrían en la próxima tienda. Después de pasar por cuatro tiendas y la mitad del día, me di por vencido y por sugerencia de un vendedor compré un calentador de Sterno. Pronto descubrí que cocinar con combustible de Sterno es como tratar de calentar una casa con velas.

Esa noche llovió. Estábamos a los pies de una montañita y habíamos armado la carpa en lo que debió haber sido el antiguo lecho de un arroyo. Salí con una linterna y cavé una zanja improvisada alrededor de la carpa, pero no sirvió. Nuestra carpa era vieja y filtraba si le tocabas los costados. Para empeorar las cosas, el agua estaba entrando a través de la puerta de la carpa porque el cierre estaba roto. La habíamos cerrado un poco usando cordones de zapatillas, pero estábamos tan cansados y mojados que no los sacamos de las zapatillas, así que la puerta tenía todas esas zapatillas colgando de ella.

En la mañana estábamos de malhumor, iracundos y mojados hasta los huesos. Teníamos que hacer algo para secarnos. Decidí viajar hacia otro parque que supuestamente estaba a una hora y media de distancia. Podría encender la calefacción y nos podríamos secar en el auto.

Cuando se quedaron callados, miré a los niños mientras, uno a uno, agotados y mojados, se quedaron dormidos. En ese momento parecían tan dulces; nunca te habrías imaginado lo irritables y egoístas que habían sido. Sus actitudes eran la peor parte del viaje. Se habían sentido desdichados. Empezaba a preocuparme.

Entonces pensé en cómo me había comportado: impaciente, ladrándoles órdenes, rápido para criticarlos, y me puse más nervioso. Yo era un desastre. De hecho, toda nuestra familia era un caos. Requirió la presión del viaje de campamento para que me diera cuenta. Claramente, no podía arreglarlos a ellos ni a mí mismo. Pensé: «Necesito a Jesús». Ni siquiera fue una oración; era un hecho. A menos que Jesús ayudara a nuestra familia, íbamos camino al desastre.

Recurrí a él para pedirle ayuda de una manera en que nunca antes había hecho.

¿Qué sucedió a causa de mi fe? ¿Estuvo menos malhumorada nuestra familia? Sí. No obstante, sucedió de una manera muy inesperada —y dolorosa. Algo curioso: Jesús no empezó a obrar en los niños, sino en mí. Él contestó mi plegaria, creo yo, permitiendo que me desplomara trabajando de más ese otoño, un trabajo que hacía por mi cuenta y que en retrospectiva, no era tan importante. Y Jill se volvió menos dócil. ¡Mecachis! Ese fue el invierno en que ella me preguntó: «Paul, ¿me amas?».

En el viaje para acampar, me di cuenta de que yo no tenía el control. No dejé de lado mi paternidad ágil, confiada y aconsejadora solamente porque no funcionaba. No funcionaba. Eso me llevó a mi oración desesperada. Sin embargo, aun así no me entendía a mí mismo ni entendía mis necesidades más básicas. Yo solo quería ayuda, un compañero, alguien que me ayudara a sacar el agua del bote. En lugar de eso, conseguí un rey y terminé perdiendo más el control. Jesús sigue haciendo lo inesperado.

Cuando oré pidiendo ayuda, estaba «practicando» la fe. Llevé a la práctica las dos caras de la fe: me di cuenta de que estaba necesitado y acudí a Dios con esa necesidad. Ambas partes equipan la fe. Eso trajo amor a nuestra familia.

Capítulo 17

EL DESCONOCIDO ÍNTIMO

TEJER LA TELA DEL AMOR

Hasta ahora, hemos visto el amor de Jesús en partes individuales, pero no en conjunto. Cuando aprendes a manejar un auto, empiezas practicando las partes del manejo (acelerar, maniobrar, frenar) en un ambiente seguro. No obstante, a la larga tienes que salir a la calle y hacer todo en conjunto. Observa a Jesús entretejiendo los distintos estampados de su amor para confeccionar una hermosa tela, mientras entabla conversación con una mujer a la mitad de un día agotador.

PRIMERO, COMPASIÓN

Desde el valle del río Jordán, Jesús y sus discípulos suben una quebrada hacia el territorio de los samaritanos, hacia el antiguo pozo de Jacob. Cerca del pozo se ciernen dos montañas, el monte Gerizim y el monte Ebal, al que los samaritanos consideraban sagrado.

A los pies del monte Ebal se sitúa la aldea de Sicar, a solamente

MAPA DE PALESTINA MEDIA

media milla del pozo donde se sienta Jesús[1]. Allá abajo se extiende el valle de Samaria, con sus bosquecillos plateados de olivos, los campos de cebada madura acariciados por la brisa suave del mediodía.

> *Así que se fue de Judea y volvió a Galilea.*
>
> *En el camino, tenía que pasar por Samaria. Entonces llegó a una aldea samaritana llamada Sicar, cerca del campo que Jacob le dio a su hijo José. Allí estaba el pozo de Jacob; y Jesús, cansado por la larga caminata, se sentó junto al pozo cerca del mediodía. Poco después, llegó una mujer samaritana a sacar agua, y Jesús le dijo:*
>
> *—Por favor, dame un poco de agua para beber.*
>
> *Él estaba solo en ese momento porque sus discípulos habían ido a la aldea a comprar algo para comer.*
>
> *La mujer se sorprendió, ya que los judíos rechazan todo trato con los samaritanos. Entonces le dijo a Jesús:*
>
> *—Usted es judío, y yo soy una mujer samaritana. ¿Por qué me pide agua para beber? [Los judíos no se trataban con los samaritanos]. (Juan 4:3-9)*

El viaje para subir la quebrada fue caluroso y agotador; la cadena oriental de colinas judías es un desierto. Mientras Jesús se sienta en la cubierta del pozo, los discípulos van a Sicar en busca de comida. Una mujer se acerca sola al mediodía, haciendo equilibrio con un balde de agua vacío sobre su cabeza. Eso es raro: las mujeres de la aldea suelen sacar agua juntas temprano por la tarde o por la mañana. No hay una sirvienta que saque el agua para ella, lo cual indica que es de la clase social más baja.

El hecho de que Jesús hablara con ella fue absolutamente

extraordinario. Primero, las mujeres eran ciudadanas de segunda clase. Una mujer no podía recurrir a la ayuda legal si el marido la golpeaba. Su esposo podía divorciarse de ella con solo decir tres veces: «Me divorcio de ti». Los rabinos judíos advertían específicamente que no se debía hablar con una mujer en público[2]. El equivalente para nosotros sería que una persona blanca en la década de los 50 se sentara en la parte posterior de un autobús al lado de una persona negra.

En segundo lugar, los judíos y los samaritanos tenían una larga historia de odio y de hostilidad. Los samaritanos eran una subcultura judía que solamente consideraba sagrados los cinco libros de Moisés y adoraban en un templo que habían levantado en el monte Gerizim en lugar de hacerlo en Jerusalén. Aunque Samaria estaba entre los dos centros poblacionales judíos más grandes (Galilea, al norte, y Judea, al sur), algunos judíos hacían un enorme desvío a través del valle del río Jordán para evitar poner un pie en Samaria. Un judío no comía de un plato que había sido tocado por un samaritano.

No obstante, Jesús le pide a esta mujer samaritana que le dé agua, tratándola con dignidad y respeto. Ella reconoce el contexto étnico de Jesús, ya sea por su acento galileo o por los flecos azules en su ropa (los samaritanos tenían flecos amarillos). La típica mujer aldeana a la que un rabino le dirigiera la palabra en público hubiera sacado el agua en silencio, le hubiera dado de beber sin mirarlo a los ojos y después hubiera vuelto a la aldea para contárselo a sus amigas. Sin embargo, ella no. Ella pone de manifiesto las diferencias que existen entre ellos, algo que incluso hoy en día las personas sienten vergüenza de hacer con un total desconocido. Atónita, reacciona: «¿Cómo se atreve a pedirme agua para beber? ¿Acaso no entiende que supuestamente no debería hablarle a una mujer samaritana en público? ¿No se supone que debería odiarme? ¿De qué planeta viene?». Es directa, atrevida y un poco descarada.

Jesús le responde de manera atrevida y directa:

> *Jesús contestó:*
>
> *—Si tan solo supieras el regalo que Dios tiene para ti y con quién estás hablando, tú me pedirías a mí, y yo te daría agua viva.*
>
> *—Pero señor, usted no tiene ni una soga ni un balde —le dijo ella—, y este pozo es muy profundo. ¿De dónde va a sacar esa agua viva? Además, ¿se cree usted superior a nuestro antepasado Jacob, quien nos dio este pozo? ¿Cómo puede usted ofrecer mejor agua que la que disfrutaron él, sus hijos y sus animales?*
>
> (*Juan* 4:10-12)

La intrigante manera de responder de Jesús concuerda con el estilo directo de la mujer. Varias veces él la anima a pasarse de la raya. La provoca jocosamente. Fíjate cómo rebotan las palabras *tú* y *usted* de un lado para otro. Jesús habla el lenguaje de la mujer, a la vez que despierta su curiosidad insinuándole que él podría darle *agua viva*. La respuesta de ella sigue el juego y le devuelve el enfoque a él. «Bien, ¿qué más vas a decirme? ¿*Usted* se cree más grande que Jacob?».

Frente a su desafío, Jesús sigue intrigándola, insinuándole lo qué quiere decir con agua viva. «*Jesús contestó: —Cualquiera que beba de esta agua pronto volverá a tener sed, pero todos los que beban del agua que yo doy no tendrán sed jamás. Esa agua se convierte en un manantial que brota con frescura dentro de ellos y les da vida eterna*» (4:13-14). Le dice que él tiene algo que satisfará una necesidad más profunda que la necesidad de tomar agua. Como veremos en un instante, esta mujer ha tratado de satisfacer la sed de su alma con hombres, pero no funcionó. Lo que los judíos trataban de encontrar en un mesías político, ella había estado intentando encontrar en los hombres. Seguía volviendo al mismo antiguo pozo una y otra vez, pero solamente lograba seguir vacía.

Sin embargo, ahora ella «le da ventaja». «*Por favor, señor —le dijo la mujer—, ¡déme de esa agua! Así nunca más volveré a tener sed y no tendré que venir aquí a sacar agua*» (4:15). Tiene las manos apoyadas en las caderas mientras lo mira a los ojos. ¿De qué rayos está hablando?

Luego, sinceridad

Esta mujer estuvo casada cinco veces y el hombre con el que vive ahora no es su marido. Jesús le dice: «*Ve y trae a tu esposo*». Jesús está completamente serio y ella lo siente.

Ella «cierra la puerta» con una respuesta seca: «*No tengo esposo*» (4:16-17); tres palabras, en comparación con el promedio anterior de treinta y dos. Pasa de ser absolutamente franca a esconderse completamente. «Estuvo linda la charla, pero ya no estoy disfrutándola». Fin del tema. Sin embargo, Jesús sigue invadiendo su vida con su sinceridad. «*—Es cierto —dijo Jesús—. No tienes esposo porque has tenido cinco esposos y ni siquiera estás casada con el hombre con el que ahora vives. ¡Ciertamente dijiste la verdad!*» (4:17-18).

Primero, Jesús expone el lado oscuro de su vida y después confronta la falsedad de su respuesta. Con cuidado y persistencia expone su verdad a medias frente a ella, subrayándolo dos veces: «*Es cierto... Ciertamente dijiste la verdad*». Muy cierto... pero no de la manera que quisiste decirlo. Ella le pidió el agua que saciará su sed y Jesús le dice: «¿Cómo puedo darte agua viva si estás bebiendo de pozos que no satisfacen?». Todavía está sedienta porque sigue probando en pozos nuevos. Jesús la invita a que tenga fe en él, pero remarca que no puede hacerlo si su fe está puesta en los hombres. Jesús la ama tal como es, pero se niega a dejarla tal como está.

¿Qué hace ella cuando se ve acorralada? Elogia la perspicacia de Jesús. «*—Señor —dijo la mujer—, seguro que usted es profeta. Así que dígame, ¿por qué ustedes, los judíos, insisten en que Jerusalén es el único lugar donde se debe adorar, mientras que nosotros, los samaritanos, afirmamos que es aquí, en el monte Gerizim, donde adoraron nuestros antepasados?*» (4:19-20).

Esta mujer conoce bien el ego masculino. Al menos con los últimos seis tipos ha funcionado eso de dorarles la píldora, así que ¿por qué no intentarlo con éste? Ella es tan irresistible como distante, tan encantadora como falsa. El cumplido no es más que el anzuelo para comenzar una discusión religiosa y distanciarse de Jesús. Con el lugar más sagrado para los samaritanos justo a sus espaldas, le parece perfecto atacar a Jerusalén y a la religión judía. Le envía un mensaje claro: «Tú tienes tu religión y yo tengo la mía. No trates de cambiarme».

Ya se recuperó. Su contador de palabras ¡se acelera! Con un rápido movimiento elogió a Jesús, cambió de tema y trató de comenzar un debate.

De vuelta a la compasión

Sin embargo, Jesús no es un judío común:

> *Jesús le contestó:*
>
> *—Créeme, querida mujer, que se acerca el tiempo en que no tendrá importancia si se adora al Padre en este monte o en*

> *Jerusalén. Ustedes, los samaritanos, saben muy poco acerca de aquel a quien adoran, mientras que nosotros, los judíos, conocemos bien a quien adoramos, porque la salvación viene por medio de los judíos. Pero se acerca el tiempo —de hecho, ya ha llegado— cuando los verdaderos adoradores adorarán al Padre en espíritu y en verdad. El Padre busca personas que lo adoren de esa manera. Pues Dios es Espíritu, por eso todos los que lo adoran deben hacerlo en espíritu y en verdad.* (Juan 4:21-24)

En lugar de exigirle que lo escuche, Jesús sigue tratándola con dignidad porque responde a su pregunta. Se refiere a Dios como *Padre* y le dice que el Padre cambiará toda la religión y que las personas ya no necesitarán un lugar específico para adorar a Dios porque todos tendrán completo acceso a él. Y sí, de alguna manera ese acceso completo al Padre vendrá a través de los judíos. Dios está buscando a personas —como esta mujer— que lo adoren.

Todavía intentando desviar la atención, ella insinúa que es un asunto para los expertos en religión. «*La mujer dijo: —Sé que el Mesías está por venir, al que llaman Cristo. Cuando él venga, nos explicará todas las cosas*» (4:25). En otras palabras: «Puedes dejar de explicarme». La discusión se le está escurriendo. El mundo que conoce es un caos. En el lapso de unos pocos minutos, este cirujano experto expuso su cáncer y ofreció sanarla completamente.

Él no ha terminado aún. «*Entonces Jesús le dijo: —¡Yo Soy el Mesías!*» (4:26). Le dice a esta samaritana atrevida, cortante y deshonesta quién es él. La única otra vez que le dijo a alguien que él era el Mesías fue al sumo sacerdote Caifás, en su juicio. Fiel a su costumbre, otra vez está poniendo patas para arriba el orden establecido. Lo hemos visto reprender públicamente a los líderes religiosos importantes y honrar a las mujeres y a los niños. Jesús actúa como si tuviera la autoridad para reescribir las reglas.

Cuando los discípulos vuelven, se sorprenden tanto de que Jesús esté hablando con una mujer que su prejuicio tradicional hacia los samaritanos no aflora. «*Justo en ese momento, volvieron sus discípulos. Se sorprendieron al ver que Jesús hablaba con una mujer, pero ninguno se atrevió a preguntarle: "¿Qué quieres de ella?" o "¿Por qué le hablas?"*» (4:27)[3]. Ellos notan que Jesús la *busca* a ella, que se está acercando a ella en amor, de la misma manera en que el Padre *busca* a los adoradores. Jesús ha estado entrometiéndose cuidadosamente, transgrediendo su espacio para hacerle bien.

Entonces la mujer deja el cántaro de agua, vuelve a la aldea y con evasivas invita solamente a los hombres con una exageración: «*"¡Vengan a ver a un hombre que me dijo todo lo que he hecho en mi vida! ¿No será este el Mesías?". Así que la gente salió de la aldea para verlo*» (4:28-30). Ella no va y dice: «Este es el Mesías», sino que plantea la interrogante, esperando que el verdadero artículo se venda a sí mismo a quienes vayan y vean.

«¡Vengan a conocer al hombre que se metió en mi mundo!», los invita. «¡Vengan a conocer al hombre que se dio cuenta perfectamente de cómo soy y me aceptó! ¡Vengan a conocer al hombre que me mostró lo vacía que estaba! ¿Podrá ser él la persona prometida por Dios que nos salvará de nosotros mismos?». Los hombres de Sicar empiezan a salir a raudales de la aldea y van hacia Jesús. (Tal vez algunos de ellos estén un poquito nerviosos por descubrir qué quiere decir ese «*todo lo que he hecho*»). No obstante, los discípulos ya le echaron el ojo al almuerzo.

Mientras tanto, los discípulos le insistían a Jesús:

—Rabí, come algo.

> *Jesús les respondió:*
>
> *—Yo tengo una clase de alimento que ustedes no conocen.*
>
> *«¿Le habrá traído alguien de comer mientras nosotros no estábamos?», se preguntaban los discípulos unos a otros.*
>
> *Entonces Jesús explicó:*
>
> *—Mi alimento consiste en hacer la voluntad de Dios, quien me envió, y en terminar su obra. Ustedes conocen el dicho: "Hay cuatro meses entre la siembra y la cosecha", pero yo les digo: despierten y miren a su alrededor, los campos ya están listos para la cosecha.* (*Juan* 4:31-35)

Jesús ya no tiene hambre; está satisfecho porque ha hecho la voluntad de su Padre al amar a esta mujer y al mostrarle una fuente de vida y de alegría más profunda que los hombres. Jesús ha estado dependiendo de su Padre, incluso mientras le pedía a la mujer que dependiera de él. Entonces, ve que la mujer regresa con un caudal de hombres detrás de ella, y les dice a los discípulos: «*Abran los ojos y miren*». Miren a todas estas personas. Ellos son el verdadero campo a cosechar. Aquí hay más personas para amar: más adoradores para su Padre celestial.

En este encuentro, Jesús teje la tela del amor. Es un desconocido, pero se acerca. Está cansado, pero habla. Es judío, pero se interesa por una samaritana. Es un hombre del primer siglo, pero trata con dignidad a una campesina. Es serio, pero juega. Es compasivo, pero sincero. Tiene la razón, pero es poco exigente. Tiene hambre, pero está satisfecho. Es diferente a cualquier persona que haya existido jamás. Cuanto más lo miramos, más claramente podemos ver lo fracturados y estropeados que estamos. Él es la humanidad como debería ser.

En la fiesta de los Tabernáculos, cuando Jesús dice: «*Si alguno tiene sed, que venga a mí y beba*», los jefes religiosos mandan a los guardias del templo para que lo arresten. Cuando los guardias vuelven con las manos vacías, los sacerdotes les preguntan: «*¿Por qué no lo arrestaron?*», ellos responden «*¡Jamás hemos oído a nadie hablar como él!*» (*Juan* 7:45-46).

Napoleón tuvo la misma reacción que los guardias cuando empezó a leer los Evangelios durante sus últimos días en la isla de Elba. Le dijo al general Bertrand:

> Yo conozco a los hombres y le aseguro que Jesucristo no es un hombre. Las mentes superficiales ven un parecido entre Cristo y los fundadores de los imperios y los dioses de otras religiones. Ese parecido no existe. Todo lo que hay en él me asombra. Su espíritu me intimida y su voluntad me desconcierta. Entre él y cualquier otra persona en el mundo, no hay término posible de comparación. Él es de verdad un ser por sí mismo[4].

Capítulo 18

LA UNIDAD

El amor lleva a la intimidad

El amor es un viaje a la alegría, es acercarse a la otra persona; el resultado es la intimidad, la unidad. No obstante, la intimidad nos elude. Es frágil, difícil de mantener y fácil de perder. Es muy buena, pero muy excepcional.

Jesús, como la mayoría de nosotros, tenía círculos de amistades que eran más íntimas. Tenía un círculo externo de seguidores, pero pasaba la mayor parte del tiempo con sus doce discípulos. Estaba unido especialmente a Pedro, Santiago y Juan, pero particularmente a Juan. Sin embargo, la relación que tenía con su Padre expresa la intimidad más profunda.

Acerca de esta relación, Jesús dijo: «*El Padre ama al Hijo y le muestra todo lo que hace*» (*Juan* 5:20). Jesús y su Padre no se ocultan nada entre sí. Ellos se conocen completamente el uno al otro: «*Como también mi Padre me conoce a mí, y yo conozco al Padre*» (*Juan* 10:15). La palabra «conocer» tiene la acepción de «entender la información acerca de algo». No obstante, «conocer» en hebreo significa conocer y ser conocido: intimidad[1]. Cuando Adán y Eva tuvieron relaciones sexuales, la Biblia dice que Adán «conoció» a Eva. No se logra esta clase de conocimiento en un libro.

El Padre y el Hijo dan el uno al otro incondicionalmente. En su oración final, Jesús le dice a su Padre: «*Todos los que son míos te pertenecen, y me los has dado, para que me den gloria*» (*Juan* 17:10). «No soy dueño de nada: te lo entrego todo a ti. Tú no eres dueño de nada: todo me lo entregas a mí. Ninguno retiene nada para sí. Nuestra confianza mutua es total». Cuando habla de su Padre, Jesús utiliza el idioma de la intimidad: «*Tú estás en mí, Padre, y yo estoy en ti*» (17:21). Los dos son uno en propósito, conocimiento y cariño.

El Padre habla de su amor por su Hijo. En el bautismo de Jesús en el río Jordán, una voz de los cielos dice: «*Tú eres mi Hijo muy amado y me das gran gozo*» (*Lucas* 3:22). Después, en una montaña al norte de Israel, el Padre dice de Jesús: «*Este es mi Hijo muy amado, quien me da gran gozo. Escúchenlo a él*» (*Mateo* 17:5).

Jesús le habla a su Padre con un cariño similar. En el Huerto de Getsemaní, poco antes de que los soldados lleguen para llevárselo, Jesús ora: «*Abba, Padre*» (*Marcos* 14:36). La palabra aramea *abba* es muy parecida a nuestro «papi», excepto que es más respetuosa. La relación de Jesús con su Padre era tan cercana, tan dependiente, tan íntima, que llamaba «Papi» a Dios. Nadie le hablaba a Dios usando *abba*: era algo demasiado íntimo; pero la intimidad que tenía Jesús con su Padre impactó tanto a sus seguidores que la iglesia greco-parlante siguió usando la palabra *abba*.

La descripción de Jesús de la relación con su Padre sugiere esta síntesis de unidad: la unidad es un estado de compasión pura y constante, libre de egoísmo. Tus necesidades son tan completamente mías, que «Yo estoy en ti». Mis necesidades son tan completamente tuyas, que «Tú estás en mí». No tenemos secretos; nuestros corazones se tocan plenamente. Cada uno le da al otro todo lo que tiene. Nuestra alegría está completa en el otro.

La intimidad es algo raro. Recuerdo ocasiones en las que Jill sintió suficiente confianza para abrirme su corazón y compartir un dolor escondido o una simple alegría. Que ella sepa que yo entiendo una parte oculta de su corazón es invalorable. Momentos como esos son irrepetibles; me gustaría poder atraparlos y guardarlos en un frasco, pero no puedo. Solamente puedo recordarlos. Aunque pudiera reproducir el momento con las palabras y las circunstancias exactas, no podría reproducir nuestra intimidad. No se puede tener intimidad a solicitud. Esta ocurre cuando amamos.

La intimidad no siempre es profunda o intensa. Algunas veces, Jill y yo nos hemos sentido cerca uno del otro simplemente por escaparnos juntos y reemplazar el lloriqueo de los niños por el sonido acompasado de los caballos en la campiña *amish*. O experimentamos la cercanía en los momentos que nos divertimos juntos en familia, como cuando al fin descubrimos un juego que a Kim le gustaba jugar con el resto de nosotros. Esta pregunta nos dejó perplejos a todos (pedimos disculpas a Rolling Rock), pero para Kim fue una pavada: «Nombre una cerveza que comience con la letra R». Kim no dudó cuando tecleó en su computadora de habla: *root beer*.

La intimidad se desarrolla. Se necesitan años de compasión y de sinceridad, y luego, lentamente, con tranquilidad, dos personas pueden tener una conexión constante. Pasan de enojarse por las manías ajenas a reírse de ellas, de la distancia a la cercanía.

LA CLAVE PARA COMPRENDER EL UNIVERSO

Jesús resume la relación que tiene con su Padre de esta manera: «*El Padre y yo somos uno*» (*Juan* 10:30). Dos personas no podrían estar más cercanas, ser más íntimas. Cuando Jesús dijo esto, los judíos se enfurecieron porque reconocieron que él estaba afirmando ser Dios.

> *Una vez más, la gente tomó piedras para matarlo. Jesús dijo:*
>
> *—Bajo la dirección de mi Padre, he realizado muchas buenas acciones. ¿Por cuál de todas ellas me van a apedrear?*
>
> *—No te apedreamos por ninguna buena acción, ¡sino por blasfemia! —contestaron—. Tú, un hombre común y corriente, afirmas ser Dios.* (*Juan* 10:31-33)

Después de cenar por última vez con sus discípulos, Jesús ora: «*Ahora, Padre, llévame a la gloria que compartíamos antes de que comenzara el mundo*» (*Juan* 17:5). Jesús afirmó que él vivía desde antes de la creación del mundo. Antes de que existiera todo, el Padre amaba al Hijo. Jesús le dice a su Padre: «*Me amaste aun antes de que comenzara el mundo*» (17:24). Ese amor fue la cantera principal de donde provino todo lo demás en la creación. Jesús le pide a su Padre que «*tu amor por mí estará en ellos*» (17:26).

El amor que está en el centro del universo ahora se extiende externamente por medio de Jesús hacia sus seguidores. Jesús le dice a su Padre: «*que los amas tanto como me amas a mí*» (17:23). El Padre «conocía» a Jesús. A su vez, Jesús se toma el tiempo para «conocer» a las personas haciéndoles preguntas. Conoce sus debilidades, conoce el dolor ajeno. Él está «en» la vida emocional de las personas y «en» sus problemas. Él toca a las personas. Cuando vemos a Jesús, vemos a Dios respondiendo al sufrimiento humano.

Jesús ora: «*Padre, quiero que los que me diste estén conmigo donde yo estoy. Entonces podrán ver toda la gloria que me diste, porque me amaste aun antes de que comenzara el mundo*» (17:24). El caudal del amor de su Padre era tan dulce, tan incomprensible, que fue derramado al mundo a través de Jesús. La belleza del Padre (su gloria) debe ser compartida. El amor siempre conduce a la creación, a la vida y a la esperanza. El deseo de Jesús es que vivamos y reflejemos la misma unidad que él tiene con el Padre. Mirando hacia el futuro, él pide «*que todos sean uno, así como tú y yo somos uno, es decir, como tú estás en mí, Padre, y yo estoy en ti. Y que ellos estén en nosotros [. . .] para que sean uno, como nosotros somos uno. Yo estoy en ellos, y tú estás en mí*» (17:21-23).

El amor se expande como pequeñas ondas en un estanque, moviéndose siempre hacia afuera, del Padre a Jesús, de Jesús a sus seguidores y de ellos hacia nosotros. Vemos estas ondas cuando Jesús le dice a Zaqueo: «*Hoy iré a tu casa*» o cuando le dice a la mujer samaritana: «*Dame de beber*».

Jesús dijo que cuando las personas miraran a sus seguidores, deberían poder verlo a él: «*El amor que tengan unos por otros será la prueba ante el mundo de que son mis discípulos*» (*Juan* 13:35). También dijo que a través de él podríamos ver al Padre. Cuando Felipe le pide a Jesús: «*Señor, muéstranos al Padre y quedaremos conformes*», Jesús le respondió: «*Felipe, ¿he estado con ustedes todo este tiempo, y todavía no sabes quién soy? ¡Los que me han visto a mí han visto al Padre! Entonces, ¿cómo me pides que les muestre al Padre?*» (*Juan* 14:8-9). Si has visto a Jesús, has visto al Padre.

¿POR QUÉ NO HAY MÁS AMOR?

Si el amor está en el centro del universo, ¿por qué en el mundo hay tantos conflictos, odio, temor y desilusión? ¿Por qué no hay más amor?

Para responder a esta pregunta, piensa en cómo funciona el amor. Nosotros decidimos si recibimos y damos amor. No somos robots. Jean-Paul Sartre opina:

> El hombre que quiere ser amado no desea la esclavitud de su amada. No está empeñado en convertirse en objeto de una pasión que fluye mecánicamente. No quiere poseer a una autómata y, si queremos humillarlo, solo tenemos que tratar de persuadirlo de que la pasión de la amada es el resultado del determinismo psicológico. El amado sentirá que su amor y su ser son degradados. [...] Si la amada se transforma en una autómata, el amado se da cuenta de que está solo[2].

Debemos tener la capacidad de aceptar o de rechazar el amor; en caso contrario, no es amor sino un programa de computadora. Cuando Dios creó personas que podrían amar, creó seres que tendrían la capacidad de rechazarlo, que podrían usar su capacidad para amar y actuar independientemente de Dios. En la parábola del hijo pródigo, el padre deja que su hijo se vaya y le da la libertad de rechazar su amor[3].

Cuando hacemos lo nuestro en lugar de confiar en Dios, nos separamos de él y de los otros. El mundo se vuelve inservible. La posibilidad de amar genera la posibilidad de separación y, en definitiva, de maldad. La Escritura señala cómo Adán y Eva, frente a la elección de amar a Dios o de hacerse independientes, eligieron una tenaz independencia. La naturaleza de Dios dicta la naturaleza del amor y la naturaleza de las personas.

Dios llamó a sus hijos humanos para formar un gran círculo en el que todos estamos de pie, abrazados frente a una luz en el centro, que es Dios mismo. Deberíamos ver a nuestros prójimos parados alrededor de ese amor central que brilla en nosotros y que ilumina nuestros rostros, y deberíamos incorporarnos en la danza de Dios, el ritmo del amor. Sin embargo, en lugar de elegir mirar hacia el centro, le hemos dado la espalda a Dios y a los demás; miramos hacia el lado opuesto, de manera que no podemos ver la luz en el centro ni los rostros de los que están en el círculo. En vez de disfrutar de Dios y de los demás, cada uno juega su propio jueguito egoísta y anhela ser el centro. Ya no entendemos a Dios ni a nosotros mismos. La luz de Dios todavía brilla desde el verdadero centro, a nuestras espaldas, pero no sobre nuestros rostros. Debido a que fuimos creados para algo mejor, tenemos la vaga noción de que no todo está bien. No sentimos la separación de Dios, pero sí sus efectos: una sensación de mortandad, de alienación, de profunda soledad, de vacío cósmico[4].

¿Cómo puede Dios incluirnos en el círculo de su amor si estamos comprometidos con nuestro ego? No puede. En lugar del amor, gobierna el ego. El pecado enquistado en la obstinación y en el egoísmo destruye la unidad. Sin el amor de Dios para satisfacernos, tratamos de llenar el hoyo en nuestra vida con vacaciones felices, amantes nuevos, trabajo e hijos. No obstante, seguimos vacíos. Nuestro anhelo nos dice que estamos hechos para algo mejor. Anhelamos volver al círculo del amor del Padre; ansiamos eso mismo que nos elude. Eso es lo que hizo la madre de Isabelle.

El padre de Isabelle la violó de niña. Cuando Isabelle, siendo ya adulta, confrontó a su padre, la madre excluyó a su hija de su vida y se negó a comunicarse con ella de manera alguna. No obstante, Isabelle empezó a darle pequeñas muestras de amor a su madre. Le envió tarjetas de cumpleaños, anotaciones sobre las vacaciones y pequeños regalos. Finalmente, después de diez años, su madre respondió. Le dijo a su hija: «Te he tratado tan mal y tú seguiste amándome. He querido tanto llegar a ti, pero simplemente no pude».

Sus palabras «simplemente no pude» captan la paradoja de la intimidad. Muy en lo profundo, deseamos algo que rechazamos violentamente. La madre de Isabelle anhelaba acercarse a su hija, pero no podía hacerlo. Ella estaba en el centro de su círculo, de su propio mundo. Su orgullo le impedía acercarse a su hija. Los dos problemas (el distanciamiento de Dios y del prójimo) son inseparables.

Jesús creía que vino a restaurar la antigua unión con Dios y con las personas. Hasta ahora, hemos visto a Jesús amando a las personas a medida que se encontraba con ellas. Los autores de los Evangelios insinúan que en su muerte, el amor de Jesús acoge al mundo entero. La conspiración para matarlo comienza cuando los líderes judíos reúnen al Sanedrín. Tienen miedo de que Jesús conduzca una rebelión contra los romanos, quienes tomarían represalias destruyendo a Israel. Caifás, el sumo sacerdote, toma la palabra.

> *«No se dan cuenta de que es mejor para ustedes que muera un solo hombre por el pueblo, y no que la nación entera sea destruida».*
>
> *No dijo eso por su propia cuenta; como sumo sacerdote en aquel tiempo, fue guiado a profetizar que Jesús moriría por toda*

la nación. Y no solo por esa nación, sino que también moriría para congregar y unir a todos los hijos de Dios dispersos por el mundo.

Así que, a partir de ese momento, los líderes judíos comenzaron a conspirar para matar a Jesús. (Juan 11:50-53)

Jesús murió para *congregar y unir a todos los hijos de Dios*. El objetivo de su amor es la unidad. Al «morir» a los prejuicios naturales de los hombres judíos, se hace uno con la mujer samaritana del pozo. Al morir en la cruz, restaura la unidad de *todos los hijos de Dios dispersos por el mundo*. En la última parte de este libro, veremos cómo funciona eso.

De vuelta a la alegría

Cuando se restaura la unidad, regresa la alegría. El ángel les dice a los pastores en el nacimiento de Jesús: «*No tengan miedo —dijo—. Les traigo buenas noticias que darán gran alegría a toda la gente*» (Lucas 2:10). Su mera llegada trae alegría.

La alegría por su llegada marcó el paso para su vida. Jesús la pasaba tan bien, que fue acusado de ser «*un glotón y un borracho*» (Mateo 11:19). Con frecuencia lo vemos en banquetes o en festejos. El banquete del primer siglo era como una gran fiesta; a veces duraba varios días. El profeta Zacarías dijo que cuando el Mesías viniera, los ayunos se transformarían en festividades (Zacarías 8:19)[5]. Cuando le preguntaron por qué sus discípulos no ayunaban, dijo: «*¿Acaso los invitados de una boda ayunan mientras festejan con el novio?*» (Marcos 2:19). La presencia de Jesús en sí misma es suficiente motivo para hacer una fiesta.

Jesús se desvivía por celebrar con los marginados de la

sociedad. El hecho de que Jesús estuviera de fiesta con la gentuza fastidiaba a los siempre alertas fariseos, quienes se quejaron: «*Así que los fariseos y los maestros de la ley religiosa les reclamaron severamente a los discípulos de Jesús diciéndoles: "¿Por qué comen y beben con semejante escoria?". Jesús les contestó: "La gente sana no necesita médico, los enfermos sí"*» (*Lucas* 5:30-31). A Jesús le da alegría devolver a las personas la sanidad de la vida centrada en Dios.

Como vimos en el capítulo 2, el hijo pródigo se dio cuenta de que había cometido una locura al irse de la casa de su padre. Recapacitó y volvió a su casa, para descubrir a su padre esperándolo ansiosamente. Su padre les dice a los sirvientes: «*Rápido, traigan la mejor túnica que haya en la casa y vístanlo. Consigan un anillo para su dedo y sandalias para sus pies. Maten el ternero que hemos engordado. Tenemos que celebrar con un banquete, porque este hijo mío estaba muerto y ahora ha vuelto a la vida; estaba perdido y ahora ha sido encontrado*» (*Lucas* 15:22-24). Cuando el padre ordena que sacrifiquen al cordero, invita a toda la ciudad para que asista a la fiesta. De lo contrario, hubiera desperdiciado la carne (en esa época no tenían heladeras) y también hubiera ofendido a la ciudad[6]. El padre está tan feliz que no puede evitar dar una gran fiesta.

Cuando el hermano mayor, hogareño y santurrón, manifiesta su disgusto por esto, el padre le suplica: «*Mira, querido hijo, tú siempre has estado a mi lado y todo lo que tengo es tuyo. Teníamos que celebrar este día feliz. ¡Pues tu hermano estaba muerto y ha vuelto a la vida! ¡Estaba perdido y ahora ha sido encontrado!*» (15:31-32). El hijo perdido volvió a ingresar en el círculo de amor del padre, el círculo de la alegría. Vino a casa y saboreó lo que Jesús ha degustado desde el principio de los tiempos.

El hijo le dio la espalda al padre y trató de inventar su propia felicidad gastando el dinero de su padre. De igual manera, la sociedad nos dice que los logros como ser ricos, guapos o populares producen felicidad, pero no es así. Al igual que el hijo, pronto nos damos cuenta de que cuando llegamos a la meta, estamos vacíos. La felicidad es fugaz. Como en el caso del padre, la felicidad de Jesús es tan grande, que les dice a los discípulos que él quiere que «*estuvieran llenos de mi alegría*» (*Juan* 17:13). Su alegría es una posesión («*mi alegría*»), una presencia constante y regular en el centro de su personalidad. Esa alegría la logramos no trabajando en ella o creándola a partir de la experiencia humana, sino volviendo al Padre, descansando en el amor de Dios por nosotros. Jesús también les dijo a sus discípulos: «*Yo los he amado a ustedes tanto como el Padre me ha amado a mí. Permanezcan en mi amor. [. . .] Les he dicho estas cosas para que se llenen de mi gozo; así es, desbordarán de gozo*» (*Juan* 15:9, 11). Jesús es la puerta a la alegría de su Padre. Experimentar su amor es poseer alegría.

Isabelle pudo acercarse a su mamá cuando la mayoría de las personas le decía que tenía todos los motivos para darla por perdida. Ese acercamiento a su mamá parecía una locura: su mamá la había repudiado simplemente porque Isabelle fue honesta sobre el mal que había en su casa. ¿Qué fue lo que liberó a Isabelle para amar a su «enemiga»? Se dio cuenta de que ella tenía el mismo problema que su mamá: la determinación de vivir una vida egocéntrica, en vez de estar centrada en Dios. Vio que su mamá era una luchadora como ella. Cuando Isabelle dio un giro y estuvo frente al centro del círculo, pudo amar a su mamá. Dios le dio el poder para amar.

Isabelle dice que el día más feliz de su vida fue cuando recibió la carta de disculpas de su mamá. El esfuerzo del amor había llevado a la intimidad, que rebosaba de alegría. La alegría no proviene solamente de descansar en el amor que Dios tiene por nosotros, sino también en demostrarles amor a los demás. Jesús les dijo a sus discípulos que cuando ellos se amaran *«unos a otros de la misma manera en que yo los he amado»*, su alegría sería completa (ver *Juan* 15:11-12).

Si Isabelle hubiera intentado «crear» la intimidad, hubiera metido la pata. Su mamá se habría sentido presionada en lugar de amada. Ella no hubiera dado lugar a que su mamá cambiara. La intimidad no es algo que tengamos que «crear»; es algo que se da naturalmente cuando amamos.

PARTE 5:

EL AMOR TRASPASA LA MUERTE HACIA LA VIDA

Capítulo 19

EL CAMINO DE LA HUMILDAD

EL AMOR ACEPTA EL LUGAR MÁS HUMILDE

Henri Nouwen estaba en el punto más alto de su profesión:

Todos me decían que me estaba yendo realmente muy bien, pero algo dentro de mí me indicaba que el éxito estaba poniendo en riesgo mi alma. Me di cuenta de que oraba poco, vivía aislado de los demás y estaba demasiado preocupado por asuntos apremiantes. Un día me desperté y caí en la cuenta de que estaba viviendo en un lugar muy oscuro.

En medio de esto, seguí orando: «Señor, muéstrame dónde quieres que vaya y yo te seguiré, pero por favor, ¡sé claro e inequívoco al respecto!». Bien, Dios lo fue. En la persona de Jean Vanier, el fundador de las comunidades L'Arche para deficientes mentales. Dios dijo: «Ve y vive entre los pobres de espíritu y ellos te sanarán». Así que me mudé de Harvard a L'Arche, pasé de los mejores y los más inteligentes, que querían dominar el mundo,

> a hombres y mujeres que tenían muy pocas o ninguna palabra y que, en el mejor de los casos, eran considerados al margen de las necesidades de nuestra sociedad. Fue un paso muy difícil y doloroso[1].

Nouwen abandonó una profesión exitosa y prestigiosa para cuidar adultos discapacitados. Para poder amar a los discapacitados tenía que estar donde ellos estaban. Para hacerlo, tenía que irse de donde estaba. Se rebajó. Tenía que caer bajo para amar. El amor y la humildad son inseparables.

El amor no es una mera excursión a las necesidades del prójimo. Se involucra; no se mantiene limpio y al margen. En la última parte de este libro, repasaremos los costos del amor de Jesús. Los Evangelios rastrean con todo detalle su viaje final hacia la muerte, cómo amó y qué sintió.

¿QUIÉN ES EL MÁS GRANDE?

Mientras Jesús se acerca a su muerte, sus discípulos se exaltan a sí mismos. Sin embargo, en la cima el espacio es limitado. Cuando están yendo hacia Jerusalén estallan varias peleas. En tres incidentes diferentes, los discípulos toman el poder. En cada ocasión, Jesús los rebaja.

Después de un breve retiro con Pedro, Santiago y Juan, Jesús regresa para encontrar a los otros nueve discípulos frustrados porque no pueden hacer un milagro. Es la fórmula perfecta para una pelea: tres tipos consiguen un ascenso y nueve arruinan el trabajo. Mientras caminan hacia el sur, los discípulos discuten:

Después de llegar a Capernaúm e instalarse en una casa, Jesús preguntó a sus discípulos: «¿Qué venían conversando en el camino?». Pero no le contestaron porque venían discutiendo sobre quién de ellos era el más importante. Jesús se sentó y llamó a los doce discípulos y dijo: «Quien quiera ser el primero debe tomar el último lugar y ser el sirviente de todos los demás».

Jesús llamó a un niño pequeño y lo puso en medio de ellos. Entonces dijo:

—Les digo la verdad, a menos que se aparten de sus pecados y se vuelvan como niños, nunca entrarán en el reino del cielo. Así que el que se vuelva tan humilde como este pequeño es el más importante en el reino del cielo.

»Todo el que recibe de mi parte a un niño pequeño como este, me recibe a mí». (*Marcos* 9:33-35; *Mateo* 18:2-5)

Los arqueólogos creen haber descubierto la casa de Pedro en Capernaúm: la casa pequeña de un pescador cerca de la costa de Galilea[2]. Imagínate a los discípulos amontonados en una sala chica, arrastrando los pies y mirando afuera por la ventana mientras Jesús les plantea preguntas. Con mucha ternura, toma a un niñito y lo alza, poniéndolo como ejemplo. No era que el niño fuera puro; ese es un concepto moderno que en el primer siglo hubiera parecido raro. En tiempos de Jesús, un niño pequeño era absolutamente el último mono. Era un cero a la izquierda, el ejemplo perfecto de humildad, debilidad y necesidad. Una vez más, Jesús pone a las cosas al revés y dice que el que está en el lugar más bajo (el humilde) es el más grande.

La segunda vez ocurrió cuando Santiago y Juan usaron a

su madre para tratar de conseguir los puestos más importantes en el reino de Jesús. Jesús desinfla su ambición con delicadeza.

Jesús les respondió:

—¡No saben lo que piden! ¿Acaso pueden beber de la copa amarga de sufrimiento que yo estoy a punto de beber?

—Claro que sí —contestaron ellos—, ¡podemos!

Jesús les dijo:

—Es cierto, beberán de mi copa amarga; pero no me corresponde a mí decir quién se sentará a mi derecha o a mi izquierda. Mi Padre preparó esos lugares para quienes él ha escogido.

Cuando los otros diez discípulos oyeron lo que Santiago y Juan habían pedido, se indignaron. Así que Jesús los reunió a todos y les dijo: «Ustedes saben que los gobernantes de este mundo tratan a su pueblo con prepotencia y los funcionarios hacen alarde de su autoridad frente a los súbditos. Pero entre ustedes será diferente. El que quiera ser líder entre ustedes deberá ser sirviente, y el que quiera ser el primero entre ustedes deberá convertirse en esclavo. Pues ni aun el Hijo del Hombre vino para que le sirvan, sino para servir a otros y para dar su vida en rescate por muchos». (*Mateo* 20:22-28)

Cuando los otros diez discípulos se enteran de esta puja por el poder, se ponen furiosos. No obstante, así como no reaccionó con Santiago y con Juan, Jesús no lo hace frente al amor propio de los discípulos; posiblemente porque los discípulos, a diferencia de los fariseos, eran muy directos.

Jesús reúne a los discípulos y les dice que toda su manera de enfocar la vida está equivocada. Los invita a una vida de compasión y de servicio, en lugar de dedicarse a perseguir el poder y la fama: nuevamente revocando todo lo que los humanos instintivamente valoran. Nouwen reflexiona acerca de por qué los seres humanos buscan el poder más que el amor:

> ¿Qué hace que la tentación por el poder sea aparentemente tan irresistible? Quizás sea que el poder brinda un sustituto fácil para la dura tarea de amar. Parece más fácil ser Dios que amar a Dios; es más fácil controlar a las personas que amar a las personas; es más fácil ser el dueño de la vida que amar la vida[3].

La pregunta que Jesús le hizo en principio a Santiago y a Juan («*¿Acaso pueden beber de la copa amarga de sufrimiento que yo estoy a punto de beber?*») relaciona deliberadamente al amor con el sufrimiento, en lugar del poder. Usa una imagen proveniente de los profetas del Antiguo Testamento. Cuando Israel pecó, «bebió de la copa de la ira de Dios». Al beber de la copa de la ira de su Padre, Jesús satisface la justicia de Dios. Compasivamente, Jesús acepta sobre sí la justicia que nosotros merecemos. Su muerte servirá a todas las personas. Él vino a *dar su vida en rescate por muchos*. A diferencia del deseo que ellos tienen de ganar la vida a través del poder, Jesús pierde su vida a causa del amor.

La tercera vez que Jesús les enseña a los discípulos sobre la humildad es en la Santa Cena. La noche antes de su muerte, durante la última comida que compartieron, los discípulos vuelven a discutir sobre quién es el más grande.

> *Después comenzaron a discutir quién sería el más importante entre ellos. Jesús les dijo: «En este mundo, los reyes y los grandes hombres tratan a su pueblo con prepotencia; sin embargo, son*

> *llamados "amigos del pueblo". Pero entre ustedes será diferente. El más importante de ustedes deberá tomar el puesto más bajo, y el líder debe ser como un sirviente. ¿Quién es más importante: el que se sienta a la mesa o el que la sirve? El que se sienta a la mesa, por supuesto. ¡Pero en este caso no!, pues yo estoy entre ustedes como uno que sirve».*
>
> *Así que se levantó de la mesa, se quitó el manto, se ató una toalla a la cintura y echó agua en un recipiente. Luego comenzó a lavarles los pies a los discípulos y a secárselos con la toalla que tenía en la cintura. (Lucas 22:24-27; Juan 13:4-5)*

Detrás de esta discusión podrían estar debatiendo a quién le toca el mejor asiento. Sabemos que Pedro, el líder reconocido de los Doce, probablemente se sentaba a la izquierda de Jesús, pero en cambio está tan lejos de Jesús que tiene que susurrarle a Juan para que le pase un mensaje a Jesús; e insospechadamente, Judas parece estar muy cerca de Jesús (ver Juan 13:24, 26). Imagina esta escena: Judas y Pedro peleando por el asiento de honor a la izquierda de Jesús; Jesús regañándolos; entonces Pedro, que ha recibido un gran escarmiento, impetuosamente (y quizás de manera un poco dramática) se sienta en el peor lugar, el más alejado de Jesús.

Cualquiera sea la causa del lugar que tenía Pedro en la Santa Cena, su ubicación nos da la sensación de por qué rechazamos tanto el lugar más bajo. Para enviarle un mensaje a Jesús, tiene que hacerlo por medio de otro. Cuando estamos al fondo, dependemos de los demás; tenemos menos poder. La comida nos llega al último. No disfrutamos del honor de ser los «preferidos».

Otra vez vemos a Jesús como el modelo de lo que enseña. En esta cultura, el sirviente del rango más bajo lavaba los pies de las visitas, pero Jesús literalmente se convierte en un sirviente cuando ocupa el lugar más bajo y lava los pies de los discípulos. Si no hubiera sido humilde, no habría podido hacer este acto de amor.

Los actos de amor requieren una postura humilde. Cuando yo solía ayudar a Kim a vestirse, generalmente me arrodillaba para llegar a su altura. Cuando fregamos el inodoro, nos arrodillamos; cuando sacamos la basura, agachamos la espalda. Las personas que se creen importantes no se sientan en los peores lugares: ellas quieren el lugar de honor. Al arrodillarse delante de cada hombre, Jesús nos da un ejemplo de una vida consagrada al amor.

El peor lugar

Cuando estás en el peor lugar, las personas no te escuchan. Suelen no dedicarte tiempo, porque no creen que tengas mucho para ofrecerles. Te pasan por encima; no te agradecen. En el lugar más bajo te pueden usar, ignorar o rebajar. Te sientes invisible.

Las personas ocupan el peor lugar por una de dos razones. Otros lo eligen por nosotros o lo elegimos por nosotros mismos. Cuando otros nos obligan a ocupar el peor lugar, nos humillan:

- Desestiman nuestros sentimientos cuando nos dicen: «Ah, es que eres quisquilloso».
- Alguien nos critica habitualmente.
- Alguien se burla públicamente de nosotros.
- Nos excluyen de un grupo o de una reunión.

Pero cuando elegimos ocupar el peor lugar manifestamos humildad:

- No nos explicamos porque, para hacerlo, lastimaríamos a otro.

- Perdonamos a la persona, en lugar de convertir el asunto en un problema.
- Ofrendamos para alguien de manera que nadie se entere.

La humildad es una cualidad del alma, algo que hacemos desde dentro.

Humillación es la situación en la que aprendemos humildad.

TOMAR EL PEOR LUGAR

Nosotros realzamos la cruz como símbolo religioso, pero era un instrumento de muerte asqueroso y brutal que utilizaba la tortura lenta. Era la silla eléctrica, la horca del verdugo, la jeringa usada para la inyección letal. Era una declaración de los romanos para todos los pueblos conquistados: «Nosotros somos la raza dominante. Ustedes son basura».

Sobre su muerte inminente, Jesús dijo: «*El Padre me ama, porque sacrifico mi vida para poder tomarla de nuevo. Nadie puede quitarme la vida sino que yo la entrego voluntariamente en sacrificio*» (*Juan* 10:17-18).

Estas palabras no suenan convincentes con las circunstancias que rodeaban la muerte de Jesús. Otros le quitaban la vida; él no la daba. ¿Acaso no iba a ser asesinado por los romanos después de ser condenado por el liderazgo judío? ¿No exigieron los líderes judíos que Pilato lo crucificara? Sí, pero Jesús había evitado la muerte media docena de veces antes de que Judas lo traicionara. Al final de su vida, Jesús hizo todo lo posible para ofrecerse a los soldados. Hasta alentó a Judas para que se pusiera en marcha durante la Santa Cena. Después de que le da el pan, le dice: «*Apresúrate a hacer lo que vas a hacer*» (*Juan* 13:27). Jesús eligió el peor lugar.

Eso es lo que hace el amor. Toma el peor lugar. Así es cómo lo hace:

Situación: Todas las mañanas, el marido tira su ropa interior en el piso de la habitación. Nunca ha pensado en la conexión que hay entre los calzoncillos limpios y la actividad de recogerlos y lavarlos. Mamá siempre recogía la ropa sucia cuando él vivía en su casa. Su esposa no lo hace.

Esposo: «Cariño, no tengo calzoncillos limpios».

Esposa: «¿Puedes acordarte de ponerlos en el canasto de ropa para lavar? Así no lo olvidaré».

Esposo: «¿De qué serviría? De todas maneras, tú nunca lavas la ropa».

Fíjate cómo el marido pasó la conversación de él a ella. ¿Por qué? Está tratando de ganar, de ocupar el lugar más alto. El marido es claramente egoísta, pero para entender qué significa la humildad, miremos únicamente a la esposa. ¿Qué opciones tiene, además de vaciar el canasto de ropa sucia sobre la cabeza de su marido?

La típica respuesta es la represalia: «¡No puedo creer que digas eso! Tú eres el que tiene la ropa sucia. Yo soy la que hace todo el trabajo aquí». Ojo por ojo. No obstante, ¿adónde lleva esto? A más peleas, más discusiones, más palabras, muchísimas palabras que no van a ninguna parte, excepto a los bancos de memoria. Cuando nuestro objetivo es lograr que el otro vea nuestro punto de vista, discutimos. La sinceridad sin humildad no sirve. Cuanto más tiempo pasamos con alguien, más vemos sus defectos. Pronto somos más sinceros en cuanto a lo que no nos gusta del otro. Tampoco sirve desquitarse.

Sin embargo, otras opciones parecen molestas y forzadas:

- Trata de entender: «¿Qué quieres decir cuando dices "Tú nunca lavas la ropa"?».
- Confiésate: «Sí, es verdad que a veces soy lenta con el lavado de la ropa».
- Defenderte con comentarios cortantes: «No creo que sea cierto».
- Silencio (no decir nada).

Estas respuestas implican frenarse en medio de la discusión y dejar que el esposo tenga la última palabra o reconocer que en parte, puede tener razón. Además ¿no es el marido el que tiene el problema? Nos resistimos a lo injusto de toda la situación. Por ejemplo, digamos que él tiene razón en parte. Ellos se han repartido las tareas de la casa y ella está atrasada con el lavado de la ropa. Para ella, reconocer humildemente que hizo algo mal, es como sentir que está ayudándolo a que él la lastime. La discusión salta del problema de él, al de ella y él gana. Ella le da el mejor asiento en la mesa. La humildad duele, pero así es el amor. Cuando el amor es difícil, muchas veces es porque implica humillación.

Cuando elegimos la humildad durante las discusiones, se termina el desacuerdo porque solo uno de los dos discute. La discusión muere por falta de combustible. Elegir la humildad no necesariamente significa recoger los calzoncillos sucios o estar de acuerdo con el punto de vista del marido. Simplemente significa que, en lugar de que nos domine la última cosa maliciosa que dijo la otra persona, tomemos el peor lugar nosotros.

Cuando nos humillamos, creamos un espacio al que Dios puede ingresar y llenar, en lugar de tratar de manejar y controlar las cosas por nuestra cuenta. Jesús dijo: «*aquellos que se humillan a sí mismos serán exaltados*» (*Lucas* 14:11). Esperar a Dios es lo difícil.

Necesitamos fe para creer que Dios nos cuidará cuando los demás no lo hacen. Es por eso que no podemos amar sin fe. Todo lo que Jesús ordena da por sentado que confiamos en Dios. Cada orden nos pide que nos la juguemos. Por ejemplo: «*Den, y recibirán*» (*Lucas* 6:38) exige que dejemos de confiar en nuestros propios recursos y que esperemos que Dios provea, una vez que nos hayamos vaciado de lo que tenemos.

No se puede fingir la humildad. Es tan ajena a nosotros que practicarlo necesita de la energía propia de Dios. Debido a que Jesús depende de su Padre, no necesita depender de su posición. Cuando dependemos de Dios, nosotros tampoco necesitamos depender de nuestra posición. La fe nos hace libres para ser humildes.

Cuando aceptamos el peor lugar lo vemos claramente. El orgullo ni siquiera le presta atención a la humildad, porque la humildad es muy silenciosa. Sin embargo, cuando estás allá abajo, no solamente ves mejor a los demás, sino también a ti mismo y a Dios. Es por eso que los marginados sociales —los niños, las mujeres, los extranjeros, los pobres y los discapacitados— buscan a Jesús. Ellos lo ven claramente. Saben que no tienen nada para poner en la mesa; están vacíos. Atraídos por su gracia, se aferran a su amor.

Por qué tomar el peor lugar

Jesús tiene afinidad por las personas que están en un lugar inferior. Ama a los que están en el fondo. ¿Por qué? Porque es ahí donde él está. Él dijo: «*Pónganse mi yugo. Déjenme enseñarles, porque yo soy humilde y tierno de corazón, y encontrarán descanso para el alma*» (*Mateo* 11:29). Su primera cama fue un establo de animales. Se sentaba a la mesa con prostitutas y cobradores de impuestos, hablaba con samaritanos, tocaba a leprosos. Su pueblo lo rechazó. Murió como un criminal. El corazón de Jesús es humilde.

Un judío despierto reconocería que la descripción que Jesús hizo sobre sí mismo correspondía a la descripción de los profetas sobre cómo era Dios: «*Yo vivo en el lugar alto y santo con los de espíritu arrepentido y humilde. Restauro el espíritu destrozado del humilde y reavivo el valor de los que tienen un corazón arrepentido*» (Isaías 57:15). Podemos sentirnos seguros en el peor lugar porque Dios mora ahí. Dios está ahí, delante de nosotros invitándonos a ir a vivir con él, a probar su bondad. Lo más parecido al sentir de Dios es humillarte a ti mismo, a no estar preocupado por la posición, sino por las personas. La Madre Teresa dijo: «La manera más segura de estar con Dios es aceptar la humillación»[4].

Cuando Jesús invita a las personas a amar, los invita al lugar más bajo.

El ego, el amor propio, interfiere con el amor. Casi todas las religiones lo reconocen. Buda resolvió el problema del ego proponiendo la aniquilación o la inmersión del ego en «el todo». No obstante, al deshacerse de la voluntad propia, el budismo destruye el ser propio en lugar de la voluntad.

La muerte de Jesús es la muestra de la destrucción de la voluntad propia. Sólo treinta años después de la muerte de Jesús, Pablo le dijo a la iglesia de Filipos:

Tengan la misma actitud que tuvo Cristo Jesús.
Aunque era Dios,
no consideró que el ser igual a Dios
fuera algo a lo cual aferrarse.

En cambio, renunció a sus privilegios divinos;
adoptó la humilde posición de un esclavo
y nació como un ser humano.
Cuando apareció en forma de hombre,
se humilló a sí mismo en obediencia a Dios
y murió en una cruz como morían los criminales.
(Filipenses 2:5-8)

Acompañar a Jesús en su muerte es morir con él, morir al yo. Vámonos ahora, y caminemos con Jesús a la cruz.

Capítulo 20

ENFRENTAR LA TRISTEZA

CUANDO EL AMOR LLEVA A LA AFLICCIÓN

El rechazo nos desorienta. Nos enojamos con la persona que nos desecha, pero nos preguntamos qué tenemos de malo. Muchas veces sentimos una combinación de dolor, enojo y depresión. Aún peor, la traición agrega la intimidad quebrantada y el engaño a todo el dolor y a la confusión del rechazo. No pone en duda solamente una relación, sino que nos hace desconfiar en toda nuestra capacidad de relacionarnos y nos confunde hasta el punto de la locura.

Jesús no fue ajeno al rechazo y a la traición. Él sabe qué se siente al ser incomprendido y traicionado por los más cercanos a nosotros.

ENFRENTAR EL RECHAZO DE LAS PERSONAS QUE AMAS

Jesús amaba a los líderes de Israel y anhelaba tener proximidad con Israel, pero los líderes lo detestaban. La compasión de Jesús pasaba por alto sus reglas religiosas. Su sinceridad los avergonzaba públicamente y la unión que tenía con el Padre implicaba que decía ser Dios, lo cual los enfurecía.

Jesús habló claramente acerca de su rechazo:

> *«¡Oh, Jerusalén, Jerusalén, la ciudad que mata a los profetas y apedrea a los mensajeros de Dios! Cuántas veces quise juntar a tus hijos como la gallina protege a sus pollitos debajo de sus alas, pero no me dejaste». (Lucas 13:34)*

Cuando el peligro amenaza, los pollitos se escabullen bajo las alas de su mamá. En un incendio, las gallinas se queman vivas mientras que sus pollitos están a salvo bajo sus alas. Jesús quería que Israel fuera a él como un polluelo a su madre. Ante su rechazo, no dice: «Oh bueno, no funcionó». No es un mesías de plástico; le duele que lo rechacen y expresa su tristeza como un lamento, un gemido del alma.

C. S. Lewis reflexionó sobre la naturaleza del amor:

> No existe la inversión segura. Amar de cualquier manera es ser vulnerable. Ama lo que sea y tu corazón será estrujado y posiblemente quedará roto. Si quieres tener la seguridad de mantenerlo intacto, no tienes que entregarle el corazón a nadie, ni siquiera a un animal. Rodéalo escrupulosamente de pasatiempos y pequeños lujos; evita todo enredo amoroso; enciérralo a salvo en el ataúd o el cajón de tu egoísmo. Sin embargo, en ese ataúd (seguro, oscuro, inmóvil y sofocante) cambiará. No lo romperán; se volverá irrompible, impenetrable, incorregible. [...] El único lugar fuera del cielo en el que puedes estar perfectamente

a salvo de todos los peligros y los trastornos del amor es en el infierno[1].

Amar es sufrir. Un viaje a través del amor es un viaje a través de la tristeza.

Meses más tarde, Jesús llega a Jerusalén como un rey vencedor[2]. Después de recorrer el camino de Jericó desde el valle del Jordán, pasa por el monte de los Olivos y es recibido por multitudes de seguidores que hacen fila a ambos lados del camino, saludándolo con las ramas de las palmeras, el símbolo de la victoria militar. Jesús cabalga sobre un asno por el monte de los Olivos; ve a Jerusalén desplegada delante de él. La vista le parte el alma:

> *Al acercarse a Jerusalén, Jesús vio la ciudad delante de él y comenzó a llorar, diciendo: «¡Cómo quisiera que hoy tú, entre todos los pueblos, entendieras el camino de la paz! Pero ahora es demasiado tarde, y la paz está oculta a tus ojos. No pasará mucho tiempo antes de que tus enemigos construyan murallas que te rodeen y te encierren por todos lados. Te aplastarán contra el suelo, y a tus hijos contigo. Tus enemigos no dejarán una sola piedra en su lugar, porque no reconociste cuando Dios te visitó». (Lucas 19:41-44)*

Rodeado de seguidores que lo ovacionan, Jesús empieza a llorar. No es un llanto silencioso. Lo que antes había sido un lamento, ahora se convierte en un gemido. La mayoría de nosotros se hubiera sentido incómoda de estar cerca de Jesús mientras él se desahogaba con un lamento de angustia.

La multitud quiere la *paz* por medio de un rey humano que

destruirá a los romanos. Jesús quiere traer *paz* como rey divino, mediante el amor que muere por sus enemigos. Como no entienden el verdadero propósito de Jesús, lo confunden con el de ellos. No reconocieron *cuando Dios los visitó* a ellos en Jesús. Aquel que trae la paz por medio del amor está *oculto a sus ojos*. Jesús está devastado.

Lamenta que Israel no escuche que les advierte sobre el peligro que sobrevendrá. No hace falta ser un genio para predecir que Israel va rumbo a una colisión contra Roma. Cuarenta años después, el general romano Tito tendría la misma vista de Jerusalén desde el monte de los Olivos, solo que él no lloraba sino que apuntaba sus catapultas[3].

Jesús sabe que en unos pocos días «Jerusalén» lo matará. No obstante, en lugar de llorar por sí mismo, llora por «Jerusalén». La tristeza fácilmente puede fluctuar entre la autocompasión y el egocentrismo, pero la tristeza de Jesús está centrada en el prójimo.

Enfrentar la traición de un amigo íntimo

Los líderes religiosos habían decidido crucificar a Jesús, pero multitudes de seguidores devotos lo rodeaban durante el día. En la noche, cuando la muchedumbre se disipaba, *«Jesús desapareció de la vista de ellos y salió del templo»* (*Juan* 8:59). Así que la única manera de atrapar a Jesús era a través de uno de sus amigos íntimos. Cuando Judas acude a ellos, ven la oportunidad que estaban buscando.

Judas era el tesorero de los discípulos. De lo poco que podemos entrever de él, surge como un líder callado pero apasionado, al que le encanta el dinero. No sabemos por qué quedó tarado; así suele pasar con la maldad. Sin embargo, sí sabemos cuándo lo hizo. ¿Recuerdas lo crítico que fue Judas cuando María, la hermana de Marta, derramó el perfume sobre Jesús? Judas sentía que el amor de María era demasiado extravagante y derrochador. Es probable que genuinamente se haya alterado por el regalo estrafalario y porque Jesús parecía no tener consciencia del desperdicio.

El regaño brusco de Jesús solamente empeoró la cosa: «*Déjala en paz. Esto lo hizo en preparación para mi entierro*» (*Juan* 12:7). La sinceridad de Jesús enfurece tanto a Judas que inmediatamente va a los sacerdotes principales y les ofrece entregar a Jesús a cambio de dinero.

Lo más probable es que, por la insistencia reiterada de Jesús, Judas finalmente había aceptado que Jesús no era un rey humano. Profundamente desilusionado por el hecho de que Jesús no era el mesías político que podría llevarlo al poder, Judas queda con la amargura y con la oportunidad de hacerse de algún dinero. El amor se ha convertido en odio. Su traición pone en marcha una serie de acontecimientos que llevan a la muerte de Jesús.

Varias noches después, durante la última cena juntos, Jesús prepara a los discípulos para la conmoción que les causará la traición de Judas, al citarles el Antiguo Testamento: «*El que come de mi comida se ha puesto en mi contra*» (*Juan* 13:18). Judas había comido, dormido y trabajado hombro a hombro con Jesús durante tres años. El hecho de pensar en lo que Judas estaba a punto de hacer angustiaba a Jesús. «*Entonces Jesús, muy angustiado, exclamó: "Les digo la verdad, ¡uno de ustedes va a traicionarme!"*» (13:21). La expresión *muy angustiado* significa «estar inquieto o preocupado». Jesús no dice que estaba *profundamente angustiado*; Juan lo percibió. Recostado a la derecha de Jesús, sintió su ansiedad. Jesús no es un robot que dice serenamente: «Ah bien, esto se terminará pronto». Le duele.

La mayoría nos enojamos cuando nos lastiman y nos entristecemos cuando vemos a otros lastimados. Sin embargo, Jesús es exactamente lo opuesto. Cuando lo hieren, se siente triste; cuando otros son heridos, se pone furioso. Debido a que está ligado al Padre y no a sus propios sentimientos, no siente ningún rencor ni lástima por sí mismo. Jesús nos mostró qué «hacer» con un enemigo en el capítulo 10; ahora nos muestra qué «sentir». Por fuera, tenemos que amar. Por dentro, tenemos que sentir tristeza. El enojo puede ser una exigencia de justicia inmediata, mientras que la tristeza no exige que el otro sea diferente. La tristeza es una respuesta pura a la maldad.

Enfrentar la muerte

En el capítulo 13 vimos de qué manera Jesús no cayó en la tentación de escapar al sufrimiento y al dolor de la cruz. En Getsemaní, Jesús se horroriza ante la idea de su muerte, porque en la cruz él tendrá que «beber de la copa de la ira de su Padre» como pago por el pecado.

Seis meses antes de su muerte, Jesús describe su angustia: *«Me espera un terrible bautismo de sufrimiento, y estoy bajo una carga pesada hasta que se lleve a cabo»* (*Lucas* 12:50). El *bautismo* es una metáfora de la muerte. Jesús, tenso y preocupado, hablaba abiertamente de su angustia, aunque algunas personas pudieran percibir esto como una debilidad. No obstante, como él estaba anclado sin riesgo en el amor de su Padre, podía ser débil.

Una semana antes de su muerte, cuando algunos griegos preguntan por Jesús, él se detiene a reflexionar en el significado de su muerte. Habla de la semilla que pierde la vida por el bien de la planta que produce: «*Les digo la verdad, el grano de trigo, a menos que sea sembrado en la tierra y muera, queda solo. Sin embargo, su muerte producirá muchos granos nuevos, una abundante cosecha de nuevas vidas*» (*Juan* 12:24). Sus palabras se refieren a su propio viaje a través de la muerte hacia la vida.

A los griegos, cuyo pensamiento moldeó el mundo antiguo, les resultaban raras las palabras de Jesús. Ellos creían que estamos atrapados en un círculo de desesperanza: los imperios llegaban a la gloria, para después caer a pedazos. La obra dramática griega siempre terminaba en tragedia. Hasta en los mejores momentos el sufrimiento está a la vuelta de la esquina, rondando cualquier celebración[4].

Sin embargo, Jesús dice que su muerte producirá vida (resurrección) y este patrón también se aplicará a todos sus seguidores: «*Los que aman su vida en este mundo la perderán. Los que no le dan importancia a su vida en este mundo la conservarán por toda la eternidad. Todo el que quiera servirme debe seguirme, porque mis siervos tienen que estar donde yo estoy. El Padre honrará a todo el que me sirva*» (*Juan* 12:25-26). Los seguidores de Jesús no debemos quedar atrapados en el círculo de desesperanza; nosotros estamos en un viaje de esperanza. El amor brotará del mal.

Después de reflexionar sobre su muerte, Jesús *siente* su muerte. Él se da cuenta de que *su alma está muy entristecida*: «*Ahora mi alma está muy entristecida. ¿Acaso debería orar: "Padre, sálvame de esta hora"? ¡Pero esa es precisamente la razón por la que vine! Padre, glorifica tu nombre*» (*Juan* 12:27-28). Muchas veces no sabemos que estamos tristes porque no nos damos permiso para sentirnos tristes. No obstante, la tristeza aflora igual a la superficie, quizás en forma de depresión o de ira. Podemos tratar de reprimirla encendiendo la radio o contando un chiste; lo que sea, con tal de no tener que sentir nuestra tristeza.

Luego, Jesús tiene ganas de huir: «*¿Acaso voy a decir: "Padre, sálvame de esta hora difícil"?*». Lucha con el hecho de pedirle a Dios que haga que su mundo no tenga dolor. Sin embargo, Jesús se rige por su Padre, entonces dice: «*No, si es precisamente por esta razón que vine en esta época*». En otras palabras: «Soy consciente de mis sentimientos, pero no dejaré que me hundan». (Nuestra cultura dice que los sentimientos son irrefutables: «Porque me siento de esta manera, debo actuar al respecto». No obstante, dejarte llevar constantemente por tus sentimientos es una forma moderna de esclavitud). Finalmente, Jesús adora: «*¡Padre, glorifica tu nombre!*». La escena misma es una pequeña muerte y resurrección. Jesús muere a sus deseos y luego resucita a la gracia de su Padre.

Expresar nuestros sentimientos de tristeza nos da la libertad para amar incluso a los que nos lastiman. La reacción de Jesús ante el sufrimiento ayudó a un amigo mío a amar a su jefe. Mi amigo Bryan era el gerente general de una pequeña empresa familiar. Tenía una buena relación con su jefe, el dueño. Su jefe incluso había hablado con él de que se encargaría del funcionamiento de la empresa y llegaría a ser el presidente ejecutivo. Esa buena relación se derrumbó cuando Bryan le habló a su jefe sobre la manera en que él trataba a algunos de los empleados. Como hombre que era artífice de su propio éxito, el jefe no estaba acostumbrado a las críticas. Empezó a excluir a Bryan de las reuniones y a criticarlo delante de los otros gerentes, pero no lo despedía porque necesitaba del talento de Bryan para manejar la empresa. Debido a la situación familiar de Bryan, la opción de buscarse otro trabajo no era posible. Estaba atrapado.

Bryan vino a pedirme un consejo. Me contó que cuando

su jefe lo rebajaba, él quedaba congelado por una mezcla de dolor y de rabia. Cuando le describí de qué manera Jesús vivió la tristeza, le di una nueva estrategia para relacionarse con su jefe. Después me describió en detalle una reunión en la que empezó a reaccionar de una manera diferente. Su jefe acababa de criticarlo otra vez delante de los demás gerentes; lo que dijo no era cierto, pero no tenía sentido involucrarse en una discusión pública con su jefe. Bryan recordó que se había dado cuenta de que su jefe no iba a cambiar ni iba a tratarlo con respeto. A medida que dejaba de pretender que su jefe cambiara, se fue quedando con una sensación de pérdida. Recordó lo que decía Jesús y pensó: «Está bien si estoy triste. Es bueno que la semilla muera». Siendo leal en su trabajo, sin escaparse, sin agredir, sino sirviendo en silencio a su familia y a su jefe, se dio cuenta de que estaba sirviendo a Jesús. Para él era un alivio solamente sentirse triste. Mientras estaba sentado, recordó el comentario de Jesús: *«A quien me sirva, mi Padre lo honrará»*. Se le ocurrió pensar: «El que creó la galaxia Andrómeda va a honrarme a mí». Bryan me contó que se dio cuenta que estaba adorando de corazón, realmente con alegría, en medio de su tristeza.

JESÚS DA EL EJEMPLO DE LA TRISTEZA EN AMOR

En el Sermón del Monte, Jesús habla sobre las bendiciones de la tristeza: *«Dios bendice a los que lloran, porque serán consolados»* (*Mateo 5:4*). La tristeza mala es interminable y se complica con el rencor, la autocompasión y la negación. La tristeza buena es conveniente, simple y sincera. Una profecía antigua e inquietante decía que el Mesías sería *«despreciado y rechazado: hombre de dolores, conocedor del dolor más profundo»* (*Isaías* 53:3). Jesús se enfrenta a la imposibilidad y a la impotencia de la tristeza sin sentir lástima de sí mismo, sin enojarse ni vengarse. Jesús no rehúye del amor; solamente se siente triste.

La predisposición de Jesús a enfrentar la tristeza pone en marcha una sucesión de hechos que conducen a su mayor acto de amor: debido a que afrontó su tristeza, no huyó. Debido a que no huyó, sufrió. Debido a que murió, como veremos, llevó el pecado del mundo sobre sí mismo. Mientras Jesús se acerca a su muerte, nos enseña que la tristeza puede ser una obra silenciosa del amor.

Capítulo 21

UNA SINFONÍA DE AMOR

EL AMOR BAJO PRESIÓN

Hace poco, Jill y yo estábamos en el patio con las cabras y ella dijo algo que me molestó. Le contesté bruscamente y le dije algo desagradable. Tenía frío y no tenía ganas de estar ahí afuera con todas esas cabras; ¡quería irme a mi estudio calentito y escribir sobre el amor!

Amar es relativamente fácil cuando las cosas salen como queremos. No obstante, cuando la presión aumenta, la mayoría nos olvidamos del amor y pensamos solamente en nosotros.

Sin embargo, Jesús no. Cuanto mayor es la presión, más vemos su gracia. Juan escribe sobre las últimas horas de Jesús: *«Había amado a sus discípulos durante el ministerio que realizó en la tierra y ahora los amó hasta el final»* (*Juan* 13:1).

Las últimas horas de la vida de Jesús están bajo una lupa. Es el registro más conciso, detallado y personal que tenemos de cualquier persona de la antigüedad.

Getsemaní

Después de la Santa Cena, Jesús y los discípulos cruzan el valle del Cedrón y se dirigen hacia Getsemaní, donde Jesús ora. Cerca de la medianoche, las antorchas de una compañía de soldados y de una delegación de sacerdotes penetran la oscuridad.

Judas guía a la jauría; él conoce los escondites de su maestro e identifica a Jesús con su habitual saludo de respeto, un beso. En respuesta, Jesús hace un último intento de llegar a Judas: «*Judas, ¿con un beso traicionas al Hijo del Hombre?*» (*Lucas* 22:48). Jesús sostiene el espejo que refleja el alma de Judas y penetra su máscara de bondad, dejando a la vista la verdad de sus actos. La siguiente vez que vemos a Judas, él arroja sus treinta piezas de plata en el templo y grita: «*He pecado —declaró—, porque traicioné a un hombre inocente*» (*Mateo* 27:4). Luego, derrotado por su propia maldad, Judas le pone fin a su vida.

Sin embargo, el lobo está a la puerta. Jesús sale de la relativa seguridad de los árboles de olivos e interpone su cuerpo entre sus discípulos y los soldados. Él pregunta: «*¿A quién buscan? —les preguntó. —A Jesús de Nazaret —contestaron. —Yo soy —dijo Jesús*» (*Juan* 18:4-5). Los soldados se repliegan, impactados por la majestad de Jesús.

Jesús vuelve a ofrecerse a sí mismo, mientras suplica protección para sus discípulos: «Ya les dije que Yo Soy —dijo Jesús—, ya que soy la persona a quien buscan, dejen que los demás se vayan» (18:8). No es una víctima indefensa, aplastada por la rueda de la historia: Jesús ofrece su vida libremente.

A estas alturas, Pedro, empeñado en demostrar su lealtad, saca su espada y embiste a Malco, el siervo del sumo sacerdote, cortándole la oreja derecha. Jesús reprende bruscamente a Pedro:

«Mete tu espada en la vaina. ¿Acaso no voy a beber de la copa de sufrimiento que me ha dado el Padre?» (18:11). Luego: *«Jesús dijo: "Basta". Y tocó la oreja del hombre y lo sanó»* (Lucas 22:51).

Jesús ejecuta la danza del amor: protege, defiende, toca, sana, amonesta; un movimiento seguido rápidamente por el otro, mientras que los que lo rodean fingen, huyen, atacan, traicionan y asesinan. Él es tan hermoso como ellos son repugnantes.

Los soldados lo arrestan y atan las manos que acaban de tocar a Malco. Los discípulos huyen en la noche, llenos de miedo.

El juicio judío

Los soldados llevan a Jesús a Jerusalén, a la casa de Anás, el ex sumo sacerdote, para que le haga un interrogatorio preliminar. A sus preguntas repetitivas, Jesús contesta: *«"Todos saben lo que enseño. He predicado con frecuencia en las sinagogas y en el templo, donde se reúne el pueblo. No he hablado en secreto. ¿Por qué me haces a mí esa pregunta? Pregúntales a los que me oyeron, ellos saben lo que dije". Entonces uno de los guardias del templo que estaba cerca le dio una bofetada a Jesús»* (Juan 18:20-22).

Sin embargo, Jesús no titubea: *«Si dije algo indebido, debes demostrarlo; pero si digo la verdad, ¿por qué me pegas?»* (18:23). Como siempre, Jesús es honesto. Directo. Seguro. Despreocupado de las opiniones ajenas.

Mientras tanto, Pedro ha seguido a Jesús a la distancia. Está en el patio, calentándose al lado de una fogata, cuando una sirvienta lo reconoce; pero Pedro niega toda relación con Jesús. Otra persona se mete en la conversación, pero Pedro se pone firme y empieza a insultar. *«Pedro dijo: "¡Hombre, no sé de qué hablas!". Inmediatamente, mientras aún hablaba, el gallo cantó. En ese momento, el Señor se volvió y miró a Pedro.*

De repente, las palabras del Señor pasaron rápidamente por la mente de Pedro: "Mañana por la mañana, antes de que cante el gallo, negarás tres veces que me conoces"» (*Lucas* 22:60-61). Esos ojos conocidos perforan la bravuconada de Pedro, que huye en la noche, llorando.

Poco después, se reúne el Sanedrín. Cuando los testigos exponen testimonios opuestos sobre Jesús, Caifás interviene:

> *—Te exijo, en el nombre del Dios viviente, que nos digas si eres el Mesías, el Hijo de Dios.*
>
> *Jesús respondió:*
>
> *—Tú lo has dicho; y en el futuro verán al Hijo del Hombre sentado en el lugar de poder, a la derecha de Dios, y viniendo en las nubes del cielo.*
>
> *Entonces el sumo sacerdote se rasgó las vestiduras en señal de horror y dijo: «¡Blasfemia! ¿Para qué necesitamos más testigos? Todos han oído la blasfemia que dijo».* (*Mateo* 26:63-65)

Apenas sale el sol, Jesús es condenado a morir. En una oleada espontánea de repugnancia, atacan a Jesús. Algunos lo escupen. Lo vendan y se burlan de sus poderes sobrenaturales, mientras lo golpean, diciéndole: «*¡Profetízanos! ¿Quién te golpeó esta vez?*» (*Lucas* 22:64). Jesús no quiere tomar represalias y permanece en silencio.

Sin embargo, la ley romana no permitía que los judíos ejecutaran a nadie, de manera que entregan a Jesús a Pilato, el prefecto romano de Judea.

EL JUICIO ROMANO

Pilato sale del *Praetorium* (su residencia oficial) y escucha un despliegue confuso de acusaciones contra Jesús. Una despierta su curiosidad: «*Este hombre ha estado llevando al pueblo por mal camino al decirles que no paguen los impuestos al gobierno romano y al afirmar que él es el Mesías, un rey*» (*Lucas* 23:2). Irónicamente, acusan a Jesús de ser un rebelde político, de querer lo que él ha rechazado de manera tan enfática: un reinado humano. Intrigado, Pilato se retira al interior del *Praetorium* y le pregunta a Jesús en privado: «*¿Eres tú el rey de los judíos?*» (*Juan* 18:33). Es una pregunta cínica, casi una broma: los judíos están bajo el dominio romano y Jesús está encadenado.

Jesús sondea la motivación de Pilato: «*¿Lo preguntas por tu propia cuenta o porque otros te hablaron de mí?*» (18:34). Si Pilato lo preguntó por iniciativa propia, eso revelaría que hay un interés genuino de su parte. Si lo escuchó de otros, sencillamente, está jugando con Jesús.

Pilato le contesta, disgustado por la insinuación de que él tenga un interés auténtico en Jesús: «*¿Acaso yo soy judío? —replicó Pilato—. Tu propio pueblo y sus principales sacerdotes te trajeron a mí para que yo te juzgue*». Trata de recuperar el control del interrogatorio: «*¿Qué has hecho?*» (*Juan* 18:35).

Jesús percibe el interés de Pilato detrás de su negación vehemente y responde a su primera pregunta: «*Mi reino no es un reino terrenal. Si lo fuera, mis seguidores lucharían para impedir que yo sea entregado a los líderes judíos; pero mi reino no es de este mundo*» (18:36).

«*¿Entonces eres un rey?*» (18:37). Pilatos reconoce su interés, pero lo oculta con cinismo y desprecio.

«*Tú dices que soy un rey —contestó Jesús—. En realidad, yo nací y vine al mundo para dar testimonio de la verdad. Todos los que aman la verdad reconocen que lo que digo es cierto*» (18:37). Jesús está diciendo: «Esta no es una pregunta que se limita a los judíos, como insinúas, Pilato. Lo que yo traigo toca a todas las personas, a todo el mundo. De hecho, Pilato, tú podrías escucharme ahora y descubrir la auténtica verdad». Jesús invita a Pilato a que crea en él y renuncie al vacío de esta vida. Aparentemente, sin tener conciencia de que tiene las manos atadas en la espalda, Jesús pasa por alto el menosprecio de Pilato y se acerca a su corazón. Jesús se interesa por este romano antisemita que está a punto de condenarlo a muerte[1].

Pilato termina abruptamente la conversación negando la posibilidad de la verdad: «*¿Qué es la verdad?*» (18:38), frente a la persona que dijo: «*Yo soy [. . .] la verdad*» (14:6).

A pesar de su desprecio, Pilato trata de sacarlo del apuro, ofreciéndoles a los judíos crucificar a otro prisionero: Barrabás. Cuando eso falla, trata de mandarle a Jesús a Herodes. Finalmente, se lo entrega a sus soldados para que lo golpeen con cuarenta latigazos. Los látigos con púas podían traspasar hasta los huesos, muchas veces causando la muerte del castigado. Los soldados se burlan de la afirmación de Jesús de ser el rey al forzar sobre su cabeza una «corona» de espinasal vestirlo con una túnica púrpura.

Después Pilato hace desfilar al magullado y maltratado Jesús delante de la muchedumbre, con la esperanza de lograr que le tengan compasión, para poder soltarlo. Sin embargo, alguien de la multitud clama la verdadera acusación, que no han mencionado antes porque no tiene peso para la ley romana: «*Según nuestra ley, debe morir porque afirmó que era el Hijo de Dios*» (*Juan* 19:7).

«*Cuando Pilato oyó eso, tuvo más miedo que nunca. Llevó a Jesús de nuevo a la residencia oficial y le preguntó: «¿De dónde eres?»* (*Juan* 19:8-9). Pilato está desconcertado. Nunca antes conoció a un hombre como éste. Se pregunta: «¿Es un dios el que está frente a mí?». Finalmente, Jesús lo ha conmovido. Pero Jesús rehúse a defenderse a sí mismo. La profecía de Isaías sobre el Mesías dice: «*Como cordero fue llevado al matadero. Y como oveja en silencio ante sus trasquiladores, no abrió su boca»* (*Isaías* 53:7). Pilato nuevamente trata de liberar a Jesús:

> *Entonces Pilato trató de poner en libertad a Jesús, pero los líderes judíos gritaron: «¡Llévatelo! ¡Llévatelo! ¡Crucifícalo!».*
>
> *—¿Cómo dicen?, ¿qué yo crucifique a su rey? —preguntó Pilato.*
>
> *No tenemos otro rey más que el César —le contestaron a gritos los principales sacerdotes.* (*Juan* 19:15)

Atrapado por su amor al poder, Pilato se lava las manos, pretendiendo limpiar la mancha de su culpa, y entrega a Jesús para que sea crucificado. El rey se ha convertido en un criminal.

La cruz

A la mañana temprano, mientras Jesús carga la viga transversal de la cruz por las calles de Jerusalén, se desploma, ya fuera por el cansancio y la intensa pérdida de sangre o por un juego que practicaban los soldados romanos de atar una soga al tobillo de la persona crucificada y de jalar de ella para divertirse de camino a la crucifixión. Los soldados detienen a un transeúnte, Simón de Cirene, para que lleve la viga. Sin el peso de tener que cargar la cruz, Jesús se da vuelta hacia las mujeres gimientes que lo siguen y se refiere a la destrucción inminente de Jerusalén, la cual se produce cuarenta años después, en el año 70 d. C. *«Hijas de Jerusalén, no lloren por mí; lloren más bien por ustedes y por sus hijos»* (*Lucas* 23:28). Acaba de desmayarse de cansancio, pero está pensando en las mujeres y en su futuro dolor. Jesús ama a cada persona con la que se encuentra.

La procesión sale por la puerta de la ciudad hacia la loma

rocosa donde ejecutan a los criminales; la declaración final y pública de Roma: «Nosotros somos los amos». Los soldados desnudan a Jesús, hunden los clavos en sus muñecas, suben la viga transversal de la cruz hasta un poste de madera y después hunden un clavo en sus pies[2]. Con cada golpe del martillo, Jesús ora: «*Padre, perdónalos, porque no saben lo que hacen*» (23:34). En lugar de insultar y de amenazar, Jesús ama a sus enemigos, ofreciendo la otra mejilla y perdonándolos.

Pilato tiene una última chanza para burlarse de Jesús y los demás judíos. Los soldados colocan un cartel sobre la cabeza de Jesús, que dice «*Este es el Rey de los judíos*» (23:38).

Los sacerdotes alrededor de la cruz se burlan de los poderes sobrenaturales de Jesús: «*Salvó a otros [...] ¡pero no puede salvarse a sí mismo!*». Se burlan de él porque aseguró ser el único Hijo de Dios: «*Muy bien, si eres el Hijo de Dios, sálvate a ti mismo y bájate de la cruz*». Ridiculizan su fe ingenua: «*Confió en Dios, entonces, ¡que Dios lo rescate ahora si lo quiere! Pues dijo: "Soy el Hijo de Dios"*» (*Mateo* 27:40, 42-43).

Los dos revolucionarios crucificados con Jesús se suman a las burlas. Sin embargo, uno de ellos quedó contrito, posiblemente por la verdadera y silenciosa bondad de Jesús, y reprende a su compañero: «*"¿Ni siquiera temes a Dios ahora que estás condenado a muerte? Nosotros merecemos morir por nuestros crímenes, pero este hombre no ha hecho nada malo". Luego dijo: "Jesús, acuérdate de mí cuando vengas en tu reino"*» (*Lucas* 23:40-42). Este criminal se da cuenta de la presencia de un rey verdadero. Jesús le contesta con esperanza: «*Te aseguro que hoy estarás conmigo en el paraíso*» (*Lucas* 23:43).

A continuación, intercede para asegurar el bienestar de su madre. «*Cuando Jesús vio a su madre al lado del discípulo que él amaba, le dijo: "Apreciada mujer, ahí tienes a tu hijo". Y al discípulo le dijo: "Ahí tienes a tu madre"*». (*Juan* 19:26-27). En medio de su agonía, Jesús nunca deja de mirar. Se ocupa de su madre afligida, perdona a los soldados bruscos, le da esperanza a un criminal moribundo y se apena por las mujeres llorosas. Agobia la maldad que lo rodea con un amor resuelto que consume el cáncer.

Unos instantes después, Jesús clama: «*Dios mío, Dios mío, ¿por qué me has abandonado?*» (*Marcos* 15:34). Aun cuando se enfrenta al silencio de su Padre, Jesús se aferra a las palabras de su Padre: «*Dios mío, Dios mío*...» citando el Salmo 22. Probablemente, Jesús esté cantando los Salmos en voz baja, para sí mismo. Poco después, grita: «*Tengo sed*» (*Juan* 19:28), pero aquel que ofreció a otros agua viva solamente recibe una esponja empapada en vinagre de vino.

Las frases de Jesús se hacen cada vez más cortas. Para poder respirar o hablar, tiene que levantarse sobre el clavo con el pie y tironear del clavo que tiene en las muñecas, raspándose la espalda en carne viva contra la madera áspera de la cruz. Toma una bocanada de aire y vuelve a sufrir un colapso.

«*Después de probar el vino, Jesús dijo: "¡Todo ha terminado!"*» (*Juan* 19:30). Había cumplido la voluntad del Padre. Cerca de las tres de la tarde, «*Jesús gritó: "Padre, ¡encomiendo mi espíritu en tus manos!". Con esas palabras dio su último suspiro*» (*Lucas* 23:46). Con este último suspiro, sigue dependiendo de su Padre y de sus palabras, citando el Salmo 31. Hasta el final, su fe en ningún momento flaquea. El oficial romano, el centurión, «*que estaba frente a él, al ver cómo había muerto, exclamó: "¡Este hombre era verdaderamente el Hijo de Dios!"*» (*Marcos* 15:39).

Capítulo 22

SU VIDA A CAMBIO DE LA NUESTRA

EL PRECIO DEL AMOR

Jill ama la vida en todas sus formas. No solamente tenemos seis hijos, sino que además tenemos dos perros, tres ovejas y cuatro cabras. El conejo murió el año pasado, pero Jill acaba de empezar a darle de comer a dos gatos callejeros. Como soy tacaño, traté de racionalizar el hecho de tener todos estos animales pensando que podían mantener el césped corto. Sin embargo, un día, mientras estaba reparando una cerca, tuve un instante de profunda iluminación: «Esto no nos ahorra dinero. Soy el guardián de un zoológico».

Hace varios años, cuando solamente teníamos tres cabras y una oveja, el pronóstico del clima anunció «la tormenta de nieve del siglo». Preveían setenta y cinco centímetros de nieve para el fin de semana. Jill estaba muy preocupada por los animales en sus pequeños cobertizos de madera. Llamé a un criador de ovejas y le pregunté si los animales iban a estar bien. Él me aseguró que, siempre que tuvieran un refugio estarían bien. Se lo dije a Jill y eso, aparentemente, sirvió. (Lo que yo realmente trataba de hacer era evitar que vinieran a nuestro cuarto). Como precaución, pusimos las cabras en el garaje, pero nuestra oveja, Ed, todavía estaba afuera.

El sábado por la noche la nieve caía pesadamente y Jill se puso ansiosa. Le recordé lo que había dicho el criador de ovejas y pareció quedarse tranquila. Me fui a la cama y estaba quedándome dormido, cuando escuché la voz de Jill en la oscuridad: «Paul, tengo miedo por Ed. ¿Podrías ir a verlo?».

En mi estado semiconsciente, planeé mi respuesta. Primero apelaría al experto, el granjero. Repetiría lo que me dijo. Luego, recurriría a la ciencia elemental y a la propiedad aislante de la nieve. No obstante, yo sabía que la ciencia no cambiaría la mente de Jill. Así que decidí decirle que estaba obsesionándose con los animales. Ella me recordaría que yo ya sabía que era amante de los animales antes de que nos casáramos (en otras palabras, ¡ella no se consideraba responsable porque me había advertido!). Entonces, primero estaría tranquilo y racional y cuando eso fallara, la azotaría con palabras, pero sin importar qué dijera, ella saldría a ver a Ed y eso realmente me haría enojar.

Solamente me quedaba la posibilidad de optar quién tomaría frío: salía Jill o lo hacía yo. Si quería ayudar a Jill, tendría que reemplazar el calor de mi cama por el frío de una tormenta invernal. Tenía que sacrificar mi abrigo por su preocupación. Yo sabía que el asunto no era si la oveja tenía frío; el problema era la ansiedad de Jill. Por cinco minutos de dolor, yo podía regalarle a Jill ocho horas de descanso. Así que me levanté, me puse la ropa y las botas y fui a ver a Ed.

El amor requiere de un intercambio

Cada historia de amor tiene un «intercambio». En *La Bella y la Bestia*, Bella redime a su padre de la Bestia tomando su lugar. Luego la Bestia le permite a Bella volver a su casa y con ello él abandona la esperanza de ser amado por cualquier otra persona. Renuncia a su alegría por el bien de la felicidad de ella.

Cuando Jesús permitió que la mujer que estaba en la casa de Simón le toque los pies, él se echó encima la mala reputación de ella. Al mismo tiempo, cuando aceptó su arrepentimiento, la honró. Jesús recibió la vergüenza de ella; la mujer recibió su dignidad. Cuando Jesús se autoinvitó a la casa de Zaqueo, el desprecio que la gente sentía por los cobradores de impuestos pasó a Jesús.

El padre de la parábola del Hijo Pródigo también acepta una carga cuando corre hacia el hijo que regresa. Los patriarcas de los pueblos del Medio Oriente no corren: caminan con un andar señorial. Para este padre, correr hacia su hijo es tan vergonzoso como usar calzoncillos bóxer y una camiseta para asistir a una cena formal. El padre corre porque todo el pueblo está tan enojado con el hijo por avergonzarlos, que lo matarán a pedradas en las afueras del pueblo. El padre tiene que llegar a su hijo antes que la multitud, para protegerlo y para mostrarle a la gente cómo quiere que lo reciban. Se «pone los bóxer» para evitarle la vergüenza al hijo. Hace carrera de baquetas por él[1].

Cuando amamos, se produce un intercambio. Si Jill me pide que pase la aspiradora cuando estoy mirando el noticiero, yo suplo mi tiempo libre por el de ella. Si en la fiesta de tu oficina, buscas personas solitarias cuya personalidad no atrae a las personas, cambias disfrutar de la fiesta por su felicidad.

Cuando Santiago y Juan hicieron su jugada para ganar más poder, Jesús dijo que *«ni aun el Hijo del Hombre vino para que le sirvan, sino para servir a otros y para dar su vida en rescate por muchos»* (Marcos 10:45). En tiempos antiguos, si tu ciudad era capturada y a ti te tomaban como esclavo, tus amigos podían rescatarte. Podían sustituir su dinero a cambio de tu vida. Jesús dijo que él sustituirá su vida por la nuestra.

Hasta ese momento, Jesús había estado liberando a individuos atrapados: una mujer marginada, un niño enfermo, un discapacitado; a algunos, de sus achaques físicos; a otros, de sus padecimientos espirituales. Sin embargo, es una gota en un balde de agua y hay millones de baldes, todos perdiendo agua. Ahora Jesús afirma que, en su muerte, él persigue la mayor necesidad de todas. ¿De qué manera es la muerte de Jesús el centro de todo su amor? ¿Qué podrá estar intercambiando Jesús?

El intercambio definitivo de amor

La muerte de Jesús se produjo durante la fiesta de la Pascua. Para la Pascua original, en Egipto, cada familia israelita mataba un cordero y embadurnaba con su sangre la puerta principal para librarse de la muerte. El cordero reemplazó al primogénito que estaba a punto de morir a causa de la maldad. Cada primavera, durante la época en que se cosechaba la cebada, los israelitas tenían que recrear esta comida. Los estadounidenses hacen algo similar cuando recrean el primer banquete de Acción de Gracias de los peregrinos.

La última comida de Jesús con los discípulos fue la cena de Pascua. Después de que comieron el cordero, Jesús les dijo a los discípulos que él es nuestro cordero pascual: *«Tomó en sus manos una copa de vino y dio gracias a Dios por ella. Se la dio a ellos y dijo: "Cada uno de ustedes beba de la copa, porque esto es mi sangre, la cual confirma el pacto entre Dios y su pueblo. Es derramada como sacrificio para perdonar los pecados de muchos"»* (*Mateo* 26:27-28).

El perdón del pecado a través del derramamiento de sangre era un concepto profundamente arraigado en la psique de Israel y en todo el mundo antiguo. Cada día, los sacerdotes sacrificaban cientos de animales en el templo para el perdón de los pecados. La cantidad de sangre que manaba del templo era tan grande que el torrente que salía del templo recibió el nombre de Cedrón, o «negro» (la sangre derramada se vuelve negra).

Sin embargo, los discípulos no entendían. Los mesías no mueren por otras personas para libertarlas; ellos matan a los romanos para que el mesías y sus seguidores sean libres. No obstante, Jesús les dice claramente que su muerte es un acto de amor en el que, como el cordero de la Pascua, su sangre será *derramada como sacrificio* por ellos.

Es posible que nosotros tampoco entendamos. Podemos decir: «Antiguamente la gente creía que el mal se erradicaba mediante el derramamiento de sangre, pero hoy en día no creemos eso». Sin embargo, ¿cómo fue eliminada la maldad de Hitler y del nazismo? Se derramó sangre. Millones de personas perdieron la vida. Abraham Lincoln llegó a creer que esa clase de intercambio ocurrió en los campos de batalla de la Guerra Civil, en los que «... cada gota de sangre extraída con el látigo se pagará con otra extraída con la espada»[2]. El mal no se erradica sin algún costo. No puedes eliminar la maldad golpeando una tecla. Está demasiado enclavada. Corrompe cada parte del sistema.

Antes, Jesús les había dicho a sus discípulos: «*Yo soy el buen pastor. [. . .] Así que sacrifico mi vida por las ovejas*» (*Juan* 10:14-15). El buen pastor se convirtió en el cordero. Cientos de años antes, el profeta Isaías había descrito a un «siervo sufriente» que supliría con su vida la de las ovejas: «*Todos nosotros nos hemos extraviado como ovejas; hemos dejado los caminos de Dios para seguir los nuestros. Sin embargo, el SEÑOR puso sobre él los pecados de todos nosotros. [...] Como cordero fue llevado al matadero*» (*Isaías* 53:6-7). Este «siervo sufriente» sería herido y aplastado por nuestros pecados... golpeado para que tuviéramos paz. Fue azotado, y nosotros fuimos sanados. En la cruz, Jesús llevó nuestros pecados para que pudiéramos recibir su bondad. Él cargó nuestra incapacidad para amar, nuestro amor propio, sobre sí mismo. Llevó nuestro quebranto para que pudiéramos ser sanados.

Jesús dijo que su muerte sería *para el perdón de los pecados*; la afirmación de que él era el agente del perdón de Dios. No obstante, cuando perdonó a la mujer fue como entregar un cheque postdatado sin fondos hasta más adelante. Al morir, Jesús depositó el dinero para el cheque. Al morir, pagó el costo del perdón. Su muerte se explica como el intercambio definitivo de amor para satisfacer la necesidad humana más profunda.

La necesidad humana más profunda

La misma naturaleza de la necesidad (el perdón para el pecado) significa que la muerte de Jesús será menospreciada. La mayoría de las personas no cree tener un problema. Simón el fariseo, ciertamente, no lo pensaba. ¿Por qué? El orgullo es un pecado (el ensimismamiento, la exaltación de uno mismo y aun su contracara, el autodesprecio). El orgullo no se considera orgulloso; esa es precisamente su naturaleza. Jesús lo explica claramente cuando cuenta la historia del fariseo y del cobrador de impuestos. El fariseo ora: «*Te agradezco, Dios, que no soy un pecador como todos los demás. Pues no engaño, no peco y no cometo adulterio. ¡Para nada soy como ese cobrador de impuestos!*» (*Lucas* 18:11).

Mientras estaba en un campo de concentración ruso, Aleksandr Solzhenitsyn se vio perturbado por el odio profundo que sentía por sus perseguidores. Logró darse cuenta de algo nuevo sobre sí mismo:

> Ay, si solamente hubiera personas en alguna parte cometiendo actos malvados y solamente bastara con separarlos del resto de nosotros y destruirlos. No obstante, la línea que divide el bien y el mal atraviesa el corazón de cada ser humano. Frente al hoyo al cual estamos a punto de echar a los que nos han hecho daño, nos detenemos atónitos: después de todo, solo es por cómo se dieron las cosas que ellos fueron los verdugos, y no nosotros[3].

Él tuvo la capacidad de decir: «Yo también tengo maldad en mí». El mal no está solamente afuera. Está en nosotros. Como hemos visto, Jesús reiteradamente toma nuestro dedo acusador y suavemente lo apunta hacia nosotros. Él interrumpe nuestra discreta superioridad y echa la culpa con un espejo puesto frente a nuestro rostro. El problema no son las otras personas: soy yo. Soy yo, diciendo: «Yo soy el que manda. Que se haga mi voluntad».

Así como tenemos dificultades para reconocer esto, también se nos complica ver que nuestra maldad tiene consecuencias. No nos parece tan mala. La ira de Dios por el pecado nos parece una reacción exagerada. Sin embargo, Jesús ve tanto nuestro pecado como sus consecuencias. Él oró en Getsemaní: «*Quítame esta copa»*. Cuando Israel pecaba, *bebían de la copa de la ira de Dios*. Si tú conduces borracho y matas a alguien, *bebes de la copa* cuando vas a la cárcel. Si consumes drogas, *bebes de la copa* cuando contraes hepatitis. El pecado siempre tiene consecuencias.

Cuando vemos algo que está mal, no lo ignoramos. El violador o el pederasta tienen que ir a la cárcel, no solamente para proteger a la sociedad, sino también para que «pague por sus delitos». Se lo merece. Todos nos merecemos el costo de nuestro pecado.

En la cruz Jesús tomó lo que merecíamos nosotros y *bebió de la copa de la ira de Dios*. El pago por todo lo malo que hemos hecho fue comprimido en unas pocas horas de agonía en la cruz. Cuando ofendemos a alguien, no solamente ofendemos a esa persona, sino también a Dios. Él está en comunidad con nosotros. ¿Por qué habría de enojarse? Mira las noticias: niños que disparan armas en la escuela, políticos que mienten, países en guerra. El don del amor de Jesús tiene sentido si aceptamos la valoración que Jesús hace sobre nosotros: que somos personas vacías que necesitan ser saciadas; personas egoístas que necesitan abrirse hacia afuera; pecadores que necesitan ser perdonados. Cuanto más reconoces tu pecado, más aprecias la hermosura de su sacrificio.

Dios no puede ignorar nuestro pecado porque está tan comprometido con la honestidad y la justicia, como con la compasión. Siente atracción por nosotros, pero también siente asco por nuestra maldad. Es como tratar de abrazar a alguien que te pone un cuchillo en la espalda. Tienes que dejar de abrazarlo, o deshacerte del cuchillo. Dios ejercita su justicia en su Hijo para poder mostrarnos su misericordia. Jesús toma el cuchillo para acogernos en el amor de Dios. Jesús se describió como una gallina de corral cuyo cuerpo es abrasado por el fuego: su vida por la de sus pollitos. Una vida como rescate por muchas.

Sin embargo, Jesús nunca había conocido el silencio de su Padre. ¿Cómo sería estar en la mayor intimidad amorosa posible con alguien durante cincuenta años? ¿Durante mil años? ¿Desde antes de los tiempos? Jesús nunca se había separado de su Padre, hasta la cruz. La idea de este aislamiento (tan inmerecido) horroriza a Jesús. Entonces en la cruz, perdido en un mar de maldad humana, separado de su Padre que es todo amor, Jesús clama: «*Dios mío, Dios mío, ¿por qué me has abandonado?*».

¿Por qué Jesús querría separarse de su Padre? Unos treinta años después de la muerte y la resurrección de Jesús, el autor de la carta a los Hebreos escribió: «*[Fíjense] la mirada en Jesús. [. . .] Debido al gozo que le esperaba, Jesús soportó la cruz, sin importarle la vergüenza que esta representaba. Ahora está sentado en el lugar de honor, junto al trono de Dios*» (*Hebreos 12:2*). Jesús sabía que la alegría venidera era más grande que la tristeza presente. La alegría de estar con el Padre en un círculo ampliado de su amor hizo que el costo fuera soportable.

DISFRUTAR LA MIRADA DE DIOS

La muerte de Jesús ofrece la sanidad interior y del alma, lo mismo que le dio a la mujer que estaba en la casa de Simón y a Zaqueo. Un comienzo puro. Los fracasos del pasado y los pecados, perdonados y olvidados. Es el sello del amor de Dios sobre nosotros.

En *Harry Potter and the Sorceror's Stone* (*Harry Potter y la piedra filosofal*), Harry descubre por qué el villano Voldemort no lo destruye.

> Tu madre murió para salvarte. Si hay algo que Voldemort no puede entender es el amor. Él no se dio cuenta de que el amor, como el de tu madre por ti, deja su propia marca. Ninguna cicatriz, ninguna señal visible [...] haber sido amados tan profundamente, aunque la persona que nos amó se haya ido, nos protegerá, de algún modo, para siempre. Está en tu misma piel[4].

Si aceptas el regalo de Jesús, significa que Dios no solamente te ama: él disfruta de ti y se deleita en ti. Quiere que seas parte de su vida. Cuando Jill compró un burro con el dinero que tenía para la limpieza, un amigo me preguntó: «¿Qué hace tu mujer con un burro?». Yo sabía que él jugaba al golf, así que le dije: «Lo mismo que tú con el golf». A veces, veo a Jill descansando sobre la cerca, sonriendo, mirando al burro. Creo que son las orejas grandes y suaves lo que la atraen. Al menos Jill me dijo que si yo tuviera unas orejas grandes y suaves, ella me miraría de la misma manera. Cuando veo que Jill disfruta de su burro, vislumbro el corazón de Dios. Por causa de la muerte de Jesús, Dios se apoya contra la cerca y me mira, con una sonrisa de puro deleite.

Capítulo 23

EL NACIMIENTO DE LA ESPERANZA

EL FINAL DEL VIAJE DEL AMOR

Mientras leía una edición de la revista *Money* sobre la jubilación, me dio la impresión de que si un extraterrestre leyera esta publicación, daría por sentado que los seres humanos viviremos para siempre, porque parecía que podrías acumular riqueza infinitamente. Jesús contó una parábola acerca de un hombre rico que negaba la realidad de la muerte y actuaba como si fuera a vivir para siempre. Dios le dijo: «*¡Necio! Vas a morir esta misma noche. ¿Y quién se quedará con todo aquello por lo que has trabajado?*» (*Lucas* 12:20). La muerte sobrevuela todas las vidas, todas las relaciones.

Cuando Jesús vio a sus amigas Marta y María llorando la muerte de su hermano Lázaro, «*Se enojó en su interior y se conmovió profundamente. —¿Dónde lo pusieron? —les preguntó. Ellos le dijeron: —Señor, ven a verlo. Entonces Jesús lloró*» (*Juan* 11:33-35). *Se enojó en su interior* se traduce mejor como «furioso en espíritu». Estaba humeante, como una olla hirviente cuya tapa está a punto de salir volando. El enojo y la perturbación que tenía lo desbordaron como un mar de lágrimas. Jesús estaba furioso con la muerte y con el efecto que tenía en las personas que él quería. La muerte no forma parte de la belleza de la vida; es parte de la desolación que el amor busca reparar.

Jesús no aceptaba la muerte como algo normal, y nosotros tampoco. La muerte podrá ser un algo común, pero no se siente como algo normal; no debió haber sucedido.

No obstante, Jesús no lloraba solamente por Lázaro. Quiso saber dónde estaba el cuerpo. El rey guerrero estaba buscando la batalla. Tenía las manos puestas en la espada. Un rato antes, Marta, fiel a su costumbre, había regañado a Jesús por llegar tarde: «*"Señor, si tan solo hubieras estado aquí, mi hermano no habría muerto". [...] Jesús le dijo: "Yo soy la resurrección y la vida. El que cree en mí vivirá aun después de haber muerto"*» (*Juan* 11:21, 25). Jesús proclamó que él no solamente era el moribundo, sino también el que vivía.

Sin embargo, Jesús estaba completamente envuelto por aquello mismo que odiaba. La crucifixión había realizado su obra horrible.

¿Qué sentido tiene el amor si el viaje termina en desesperación? El amor es lo que haces durante el viaje. No obstante, la esperanza es el final del viaje. Sin la esperanza, el amor no tiene sentido.

El nacimiento de la esperanza

El domingo posterior a la muerte de Jesús, los discípulos, muertos de miedo por las autoridades, se habían encerrado en el mismo aposento alto donde habían tenido la última comida con Jesús. No obstante, sus necesidades físicas silenciosamente exigen atención. Algunas de las mujeres que habían seguido a Jesús visitan la tumba antes del alba para ungir con especies el cuerpo de Jesús. Ellas llegan para descubrir que la piedra había sido removida y que no estaban los guardias. Al entrar en el sepulcro, encuentran a un «*joven vestido con un manto blanco, sentado al lado derecho*» (*Marcos* 16:5). Él les dice: «*¿Por qué buscan entre los muertos a alguien que está vivo? ¡Él no está aquí! ¡Ha resucitado!*». (*Lucas* 24:5-6).

«*Las mujeres, desconcertadas, huyeron temblando de la tumba*» (*Marcos* 16:8) e informaron a los discípulos lo que habían visto, «*pero a los hombres el relato les pareció una tontería, y no les creyeron*» (*Lucas* 24:11). Los muertos no resucitan.

Sin embargo, Pedro y Juan, seguidos por María Magdalena, corrieron a toda velocidad hacia la tumba. Una vez allí, Pedro ve «*los lienzos de lino apoyados ahí. [. . .] El lienzo que había cubierto la cabeza de Jesús estaba doblado y colocado aparte de las otras tiras*» (*Juan* 20:5, 7). Los hombres regresan a la casa, pero «*María se encontraba llorando fuera de la tumba*» (*versículo* 11).

¿Dónde está el cuerpo?

> *[María] dio la vuelta para irse y vio a alguien que estaba de pie allí. Era Jesús, pero ella no lo reconoció.*
>
> *—Apreciada mujer, ¿por qué lloras? —le preguntó Jesús—. ¿A quién buscas?*
>
> *Ella pensó que era el jardinero y le dijo:*
>
> *—Señor, si usted se lo ha llevado, dígame dónde lo puso, y yo iré a buscarlo.*
>
> *—¡María! —dijo Jesús. (Juan 20:14-16)*

La respuesta de una sola palabra de Jesús suena a él, así de sencilla y tierna. Al escuchar su nombre dicho por Jesús, María «*giró hacia él y exclamó "¡Raboni!" (que en hebreo significa: "Maestro")*», y abrazó a Jesús. La última vez que lo perdió de vista, se lo llevaron. No está dispuesta a dejar que eso pase otra vez. Pero Jesús tiene algo mejor en mente: «*No te aferres a mí —le dijo Jesús—, porque todavía no he subido al Padre; pero ve a buscar a mis hermanos y diles: "Voy a subir a mi Padre y al Padre de ustedes, a mi Dios y al Dios de ustedes"*» (20:17).

Después de que Jesús vuelva al Padre, vendrá el Espíritu para llenar a los que crean con la presencia misma de Jesús, que les enseñará a amar y a ser como él. «Su» Padre se convierte en «nuestro» Padre. Todos los que creen ahora pueden sentir la intimidad que tenía Jesús con su Padre. Entonces, Jesús le dice a su «hermana» María que vaya a decirles a sus «hermanos», los discípulos, que todo está bien.

Si el Padre resucitó al Hijo, entonces, todo es diferente. Si venció a la muerte, nosotros tenemos motivo para amar y entregar nuestra vida. Si Jesús está vivo, todavía puede sorprendernos. La esperanza ha nacido.

En un mundo en el que el testimonio de la mujer ante una corte no significaba nada, Jesús aparece primero a las mujeres. Él nunca deja de amar y de honrar a los débiles y a los desamparados. Si trataras de demostrar la resurrección ante una audiencia del primer siglo, jamás mencionarías a las mujeres como testigos, a menos que realmente hubiera sucedido así.

LA MISMA PERSONA, UN CUERPO NUEVO

Luego, ese mismo día, dos discípulos salen de Jerusalén y caminan hacia el pueblo de Emaús. «*Mientras conversaban y hablaban, de pronto Jesús mismo se apareció y comenzó a caminar con ellos; pero Dios impidió que lo reconocieran*» (*Lucas* 24:15-16). Como suele hacer,

Jesús empieza con una pregunta: «*¿De qué vienen discutiendo tan profundamente por el camino?*» (*Lucas* 24:17). Le hablan acerca de Jesús, el profeta que ellos habían creído que salvaría a Israel, pero que murió asesinado por los gobernantes. Sin embargo, están desconcertados: justamente esa mañana, las mujeres les contaron una visión de unos ángeles que dijeron que Jesús había resucitado.

Jesús les responde: «*¡Qué necios son! Les cuesta tanto creer todo lo que los profetas escribieron en las Escrituras. ¿Acaso no profetizaron claramente que el Mesías tendría que sufrir todas esas cosas antes de entrar en su gloria?*» (*Lucas* 24:25-26). ¿Puedes oír su tono, la cadencia de sus palabras? Perfectamente podría estar de nuevo en el mar de Galilea, regañando a los discípulos por preocuparse por el pan. Él no deja pasar la oportunidad.

Cuando llegan a Emaús, Jesús acepta que lo inviten a cenar y, cuando parte el pan, desaparece. Ellos regresan a toda prisa a Jerusalén, y cuando están contándoselo a los discípulos, repentinamente…

> *Jesús mismo apareció de pie en medio de ellos. «La paz sea con ustedes», les dijo. Pero todos quedaron asustados y temerosos; ¡pensaban que veían un fantasma!*
>
> *«¿Por qué están asustados? —les preguntó—. ¿Por qué tienen el corazón lleno de dudas? Miren mis manos. Miren mis pies. Pueden ver que de veras soy yo. Tóquenme y asegúrense de que no soy un fantasma, pues los fantasmas no tienen cuerpo, como ven que yo tengo». Mientras hablaba, él les mostró sus manos y sus pies.*
>
> *Aun así, ellos seguían sin creer, llenos de alegría y asombro. Entonces les preguntó: «¿Tienen aquí algo para comer?». Le*

dieron un pedazo de pescado asado, y él lo comió mientras ellos miraban. (*Lucas* 24:36-43)

El Jesús resucitado comía pan y tenía un cuerpo, un cuerpo nuevo que podía aparecer y desaparecer. Su cuerpo nuevo y vivo es el comienzo de una creación completamente nueva.

En el sepulcro, el ángel describió a Jesús como el *que está vivo*. Cerca del final de la vida de Juan, Jesús se le aparece a Juan y usa la misma descripción: «*¡No tengas miedo! [. . .] Yo soy el que vive. Estuve muerto, ¡pero mira! ¡Ahora estoy vivo por siempre y para siempre! Y tengo en mi poder las llaves de la muerte y de la tumba*» (*Apocalipsis* 1:17-18). *El que vive* se tragó a la muerte. La semilla que murió ahora ha renacido.

En la cruz, Jesús anuló el poder del pecado. En la resurrección, Jesús anuló el poder de la muerte. Ambos tenían que ser destruidos. Si resolvieras únicamente el problema del pecado, nos amaríamos unos a otros, pero la muerte acecharía todas las relaciones. Si resolvieras solamente el problema de la muerte, viviríamos para siempre rodeados de odio.

La resurrección demostró la declaración de Jesús de que su muerte era para el perdón de los pecados. Cincuenta días después de la Pascua, en la fiesta de Pentecostés, Pedro le dijo a la multitud: «*A este Jesús, a quien ustedes crucificaron, ¡Dios lo ha hecho tanto Señor como Mesías!*» (*Hechos* 2:36). Jesús había dicho: «Yo perdono los pecados. Mi muerte es para el perdón de los pecados». Las autoridades religiosas decían: «Solamente Dios puede hacer eso; por lo tanto, tú debes morir, porque estás blasfemando». Sin embargo, Dios tiene la última palabra. Al resucitar a Jesús de entre los muertos, el Padre reivindicó a su Hijo y revocó su dictamen: Jesús «puede» perdonar pecados. Ahora, su perdón está abierto a todos nosotros. Dado que todavía está vivo, puede decirnos a cada uno: «Tus pecados están perdonados. El pasado está olvidado».

LAS CICATRICES DEL AMOR

Solamente diez discípulos vieron a Jesús; Judas había muerto y faltaba Tomás. Lo poco que hemos observado de Tomás habla de alguien realista, no propenso a creer en relatos fantásticos. Cuando Jesús decidió ir a Jerusalén, a pesar de las amenazas de muerte, Tomás *«les dijo a los otros discípulos: "Vamos nosotros también y moriremos con Jesús"»* (*Juan 11:16*). Tomás enfrenta con valentía los hechos, pero sucumbe fácilmente al pesimismo. En la Santa Cena, cuando Jesús usó una alegoría para hablar de su partida, Tomás dijo: *«No, Señor, no lo conocemos —dijo Tomás—. No tenemos ni idea de adónde vas, ¿cómo vamos a conocer el camino?»* (*Juan 14:5*). «No me des un poema, Jesús. Muéstrame cómo funciona esto». Tiene los pies completamente en la tierra. Probablemente Tomás nunca haya sido engañado, al menos no dos veces. Así que cuando escucha el relato de la resurrección de Jesús se burla:

> *—No lo creeré a menos que vea las heridas de los clavos en sus manos, meta mis dedos en ellas y ponga mi mano dentro de la herida de su costado.*
>
> *Ocho días después, los discípulos estaban juntos de nuevo, y esa vez Tomás se encontraba con ellos. Las puertas estaban bien cerradas; pero de pronto, igual que antes, Jesús estaba de pie en medio de ellos y dijo: «La paz sea con ustedes». Entonces le dijo a Tomás:*

> *—Pon tu dedo aquí y mira mis manos; mete tu mano en la herida de mi costado. Ya no seas incrédulo. ¡Cree!*
>
> *—¡Mi Señor y mi Dios! —exclamó Tomás.*
>
> *Entonces Jesús le dijo:*
>
> *—Tú crees porque me has visto, benditos los que creen sin verme.* (*Juan* 20:25-29)

Jesús no dice: «Mira qué especial soy porque resucité». Dice: «Mira mis heridas. *Pon tu dedo aquí y mira mis manos... ¡cree!*». Tomás ve y cree que Dios está de pie frente a él. El Dios crucificado. Los fariseos finalmente consiguen su señal: la confirmación visible de que Jesús viene de Dios. Las cicatrices. Las cicatrices del amor. Qué Dios extraño, que no se mantiene distante, sino que entra en nuestro mundo y recibe heridas.

Por medio de sus heridas, podemos verlo. Por medio de la herida que Dios le dio a Kim, Jill y yo también aprendimos a ver a Jesús. Nuestra renguera ha sido una misericordia intensa y nos hizo depender de Dios. Nuestra cicatriz nos llama y nos habla del amor de Dios. Nuestro sufrimiento con ella nos ha enseñado a sobrellevar.

Lo difícil del amor es precisamente no rendirse; seguir haciendo acto de presencia por la vida cuando el drama se terminó y nos encerramos en nuestro aposento alto, sin planes ni esperanza. Sin embargo, piensa en esto: Jesús tiene un cuerpo. Cuando se convirtió en una persona, se convirtió en una persona para siempre. No que lo aguantó durante treinta años y después ya está, se terminó. Él, el Hijo de Dios, cambió permanentemente a causa de su amor por la humanidad. Entonces si amar significa tener que cambiar, está bien; para Jesús significó cambiar permanentemente. El amor es eterno.

EL AMIGO INTERNO

En la Santa Cena, Jesús les prometió a los discípulos que después de su partida, «No los abandonaré como huérfanos. Vendré a ustedes». Él prometió enviar a un *Consolador*, el Espíritu que «*les dirá todo lo que reciba de mí*» (*Juan* 16:15). Y después de que les muestra las cicatrices a los discípulos, Jesús cumple su promesa. Les dice: «*"Como el Padre me envió a mí, así yo los envío a ustedes". Entonces sopló sobre ellos y les dijo: "Reciban al Espíritu Santo"*» (*Juan* 20:21-22). A través del Espíritu nosotros recibimos el carácter mismo de Jesús, sus instintos, su corazón, su audacia.

Jesús nos da una relación, una guía interior para que nos acompañe a través del laberinto del amor. Nos anima a amar. Entonces, el amor no es una tarea inútil y ardua. Con Jesús vivo y «en su interior», los discípulos empiezan a asemejarse a su maestro, algo que antes no habían podido lograr. Cuando un hombre lisiado acosa a Pedro y a Juan afuera del templo,

> *Pedro y Juan lo miraron fijamente, y Pedro le dijo: «¡Míranos!». El hombre lisiado los miró ansiosamente, esperando recibir un poco de dinero, pero Pedro le dijo: «Yo no tengo plata ni oro para ti, pero te daré lo que tengo. En el nombre de Jesucristo de Nazaret, ¡levántate y camina!».*
>
> *Entonces Pedro tomó al hombre lisiado de la mano derecha y lo ayudó a levantarse. Y, mientras lo hacía, al instante los pies y los tobillos del hombre fueron sanados y fortalecidos.* (*Hechos* 3:4-7)

Miraron, tocaron y ayudaron. ¡Por fin lo entendieron!

Luego, los líderes religiosos interrogan a Pedro y a Juan. Para su horror reconocen el tenue boceto de su viejo archienemigo,

Jesús. Los líderes *«quedaron asombrados cuando vieron el valor de Pedro y de Juan, porque veían que eran hombres comunes sin ninguna preparación especial en las Escrituras. También los identificaron como hombres que habían estado con Jesús»* (4:13). Los seguidores de Jesús están empezando a parecérsele; son igual de libres de lo que la gente opine de ellos; tienen la misma conciencia de Dios.

Los seguidores de Jesús no obstante, con paso vacilante, continúan con la vida de Jesús hasta el día de hoy. Mientras Alemania caía bajo el poderío de Hitler, a Einstein lo impactó la vida extraña de la iglesia:

> Habiendo sido siempre un ardiente partidario de la libertad, tan pronto como la revolución estalló en Alemania busqué en las universidades para encontrar a los defensores de la libertad. No los encontré. Las universidades muy pronto se refugiaron en el silencio.
>
> Luego recurrí a los editores de los periódicos poderosos, quienes en artículos fluidos habían últimamente proclamado ser los fieles defensores de la libertad. Estos hombres, al igual que las universidades, cayeron en silencio en pocas semanas.
>
> Después me dirigí a los escritores individualmente, aquellos que se hacían pasar por guías intelectuales de Alemania y entre los cuales muchos habían discutido a menudo la cuestión de la libertad y del lugar que esta tenía en la vida moderna. Uno por uno, guardaron silencio.
>
> Únicamente la Iglesia se opuso a la lucha que Hitler estaba emprendiendo contra la libertad. Hasta ese momento, yo no me había interesado en la Iglesia, pero ahora siento una gran admiración y me siento muy atraído

por la Iglesia, que tuvo el valor constante de pelear por la libertad espiritual y moral.

Me siento obligado a confesar que ahora admiro lo que antes solía considerar poco valioso[1].

Jesús estuvo con las personas humildes durante su vida en la tierra, así que no es para sorprenderse que ahora esté ahí. La Madre Teresa relata este encuentro con un anciano de Calcuta («anciano» es un término que expresa respeto):

«¿Quién es este Cristo de la Madre Teresa?»

«Él es nuestro gurú, anciano, nuestro Señor y nuestro Dios».

«¿Qué Dios es éste?»

«Él es un Dios de amor, anciano. Nos ama a todos, ¡a mí y a usted, también!»

«¿Cómo puede amarme a mí, Mem Sahib? Ni siquiera me conoce».

«¡Oh, sí que lo ama! ¿Acaso no lo contactó directamente del otro lado de la ciudad? ¿Acaso no envió a sus Hermanas a los barrios bajos de Motjhil para traerlo aquí? Entonces, ¿acaso no lo ama, anciano?»

Luego de una pausa, el anciano dijo: «¿Cree usted que yo podría amarlo?»

«Claro que podría, es fácil amarlo; lo amaremos juntos, anciano, pero ahora, duerma. Volveremos a hablar mañana. Ahora, duerma, anciano»[2].

La Madre Teresa contó acerca de su trabajo con los pobres: «Estamos haciéndolo con Jesús, por Jesús y para Jesús»[3]. Ocuparse de los débiles es amar a Jesús. Jesús dijo: «*Tuve hambre, y me alimentaron. Tuve sed, y me dieron de beber. Fui extranjero, y me invitaron a su hogar. Estuve desnudo, y me dieron ropa. Estuve enfermo, y me cuidaron. Estuve en prisión, y me visitaron*» (*Mateo* 25:35-36).

La Madre Teresa y otras personas que aman en el nombre de Jesús muchas veces son consideradas grandes humanitarias. Sin embargo, no lo son. Cuando un entrevistador elogió a la Madre Teresa porque tenía la capacidad de «levantar un teléfono y llegar a un Presidente y a un Primer Ministro porque usted habla en nombre de la paz», la Madre Teresa respondió: «En el nombre de Cristo. Sin él, yo no podría hacer nada»[4].

A ÉL LE ENCANTA AMAR

Cuando Jesús dejó este mundo para volver al cielo para estar con su Padre, prometió que regresaría. Comparó su regreso al de un novio que vuelve a buscar a su prometida. En el banquete de boda, donde le da la bienvenida a la novia (sus seguidores), Jesús describe qué hará: «*Él mismo les indicará dónde sentarse, se pondrá el delantal y les servirá mientras están a la mesa y comen*» (*Lucas* 12:37).

Jesús quiere servir en su propia boda: poner la mesa, llenarnos los vasos y mostrarnos la bandeja de dulces. Si hay algo que es Jesús, es ser consecuente. Hasta el final, él prefiere el lugar menos importante. A él le encanta amar.

Capítulo 24

ABRIR LA PUERTA

¿QUÉ HACEMOS CON JESÚS?

C. S. Lewis pregunta:

> «¿Qué vamos a hacer con Cristo?» El problema no es qué podemos hacer con él; sino qué pretende él hacer con nosotros. Debemos aceptar o rechazar la historia.
>
> Lo que él dice es muy diferente de lo que haya dicho cualquier otro maestro. Los demás dicen: «Esta es la verdad acerca del Universo. Usted debe seguir este camino»; pero él dice: «Yo soy la verdad, el camino y la vida». Dice: «Nadie puede llegar a la realidad absoluta, si no es a través de mí. Trata de conservar tu vida y te arruinarás inevitablemente. Entrégate y serás salvo». Él dice: «Si se avergüenzan de mí, si cuando escuchan este llamado miran para otra parte, yo también miraré para otra parte cuando vuelva como Dios sin ocultarme. Si alguna cosa, sea lo que sea, los aparta de Dios y de mí, lo que sea, desháganse de eso. Si es su ojo, arránquenselo.

> Si es su mano, córtensela. Si se colocan ustedes mismos en el primer lugar, serán los últimos. Vengan a mí todos los que llevan cargas pesadas; yo los ayudaré. Todos sus pecados han sido eliminados; yo puedo hacerlo. Yo soy el renacimiento, yo soy la vida. Coman de mí, beban de mí; yo soy su alimento. Y por último, no tengan miedo. Yo he vencido al mundo». Esa es la cuestión[1].

Si Jesús está vivo podemos pasar a través de la multitud, como la mujer que tenía la pérdida de sangre, y tocar su ropa silenciosamente. Sin embargo, él no dejará que nos escabullamos entre la gente. Nos llamará como llamó a Anne Lamott, una autora de éxitos de venta.

> No fui al mercado de pulgas la semana de mi aborto. Me quedé en casa, fumé marihuana, me emborraché y traté de escribir un poco… A la séptima noche, a pesar de que estaba muy ebria… me di cuenta de que estaba sangrando mucho… Pensé que tenía que llamar a un médico… pero estaba tan asqueada de haberme emborrachado así una semana después de un aborto, que simplemente no pude despertar a alguien para pedirle ayuda… Me quedé en la cama, temblorosa, triste y demasiado descontrolada para beber más o para tomar una pastilla de dormir. Tenía un cigarrillo y apagué la luz. Después de un rato, mientras estaba acostada ahí, me di cuenta de que había alguien conmigo, apoltronado en un rincón… La sensación era tan fuerte que encendí la luz por un instante, para asegurarme de que no hubiera nadie. Desde luego, no había nadie. Sin embargo, después de un rato, otra vez

a oscuras, supe sin lugar a dudas que era Jesús. Lo sentí con tanta certeza como siento que mi perro está cerca mientras escribo esto.

Me sentí horrorizada. Pensé en mi vida y en mis amistades brillantes, divertidísimas y progresistas; pensé en lo que opinarían todos si me convertía al cristianismo, y me pareció algo completamente imposible, algo que no podía permitir que sucediera. Me di vuelta hacia la pared y dije en voz alta: «Prefiero morirme».

Sentía que él estaba ahí, sentado en cuclillas en el rincón de mi buhardilla, observándome con paciencia y amor, y cerré los ojos con fuerza, pero no sirvió, porque no lo estaba viendo con mis ojos.

Finalmente, me quedé dormida y, en la mañana, él ya no estaba.

Esta experiencia me espantó bastante, pero pensé que no era más que una aparición, producto del miedo, del asco de mí misma, de la borrachera, y de la sangre que había perdido. No obstante, después, a cada lugar que iba, tenía la sensación de que un gatito me seguía, queriendo que me agachara y lo recogiera, queriendo que abriera la puerta y lo dejara entrar. Sin embargo, yo sabía lo que sucedería: dejas entrar a un gato una vez, le das un poco de leche y él se queda para siempre. Así que trataba de adelantarme a sus pasos, cerrando de un golpe la puerta de mi casa flotante cuando entraba o salía.

Una semana después, cuando volví a la iglesia, tenía tal resaca que no podía pararme para cantar las canciones, y esta vez me quedé para el sermón, el cual me pareció demasiado ridículo, como si alguien tratara de

> convencerme de la existencia de los extraterrestres. No obstante, la última canción fue tan profunda, franca y pura, que no pude escaparme. Era como si las personas cantaran entre las notas, llorosas y felices a la vez, mientras yo sentía como que sus voces o *algo* me acunaba contra su pecho, abrazándome como a una niña asustada y me entregué a esa sensación, y me invadió.
>
> Empecé a llorar... corrí a mi casa y sentí al gatito que corría a mis tobillo; bajé caminando por el muelle y pasé junto a cientos de flores en sus macetas, bajo un cielo tan celeste como en uno de los sueños de Dios mismo, abrí la puerta de mi casa flotante y me quedé allí un minuto y, luego, agaché la cabeza y dije: «... me rindo». Respiré larga y profundamente y dije en voz alta: «Está bien. Puedes entrar»[2].

Jesús se entrometió en la vida de Zaqueo y en la de Anne Lamott y puede entrometerse en tu vida. Tocó a los leprosos y los sanó. Él puede tocar las partes leprosas de tu vida. Él sanó a los enfermos. Puede sanar tus lujurias. Él tendió sus manos fuertes de carpintero e invitó a los niños pequeños a que se subieran a su regazo. Él también te invita a ti. Es el rey-pastor, alguien bueno y fuerte que llega a ti en tus temores más profundos y satisface tus necesidades más pequeñas. Como el padre de la parábola del hijo pródigo, él está esperando, escudriñando el horizonte.

Jesús sigue siendo sincero. Cuando estás «haciendo de las tuyas», se da vuelta y te mira, como hizo con Pedro en el juicio y con Anne Lamott en su habitación. Sus ojos ven todo. Te invita a descender al lugar más bajo, donde puedas ver con claridad.

Cuando invitas a Jesús para que entre, él acostumbra hacerse cargo de toda la casa. Él es el rey. Es dulce y comprensivo, pero no se conforma con menos que una entrega incondicional. Los reyes no dicen: «Me gustaría tener tu voto». Dicen: «Ven y sígueme». No respondes que no cuando el rey te llama. Jesús dijo que escuchar sus palabras y obedecerlas es como una persona prudente que construye su casa sobre la roca firme. Sin embargo, la persona que no escucha sus palabras es como un tonto que edifica su casa sobre la arena. Cuando llegan las tormentas de la vida, el viento las arrastra (ver Mateo 7:24-27). Y las tormentas llegarán.

Mateo estaba trabajando en su oficina de recaudador de impuestos cuando Jesús pasó por ahí y le dijo: «*Sígueme*» (*Mateo 9:9*). Mateo se levantó y dejó su oficina para nunca volver. Jesús está pasando ahora y dice: «Ven, sígueme». Nosotros podemos decir junto con el ciego Bartimeo: «*Jesús, Hijo de David, ¡ten compasión de mí!*». O podemos irnos, como el joven rico que no pudo seguir a Jesús porque el dinero lo controlaba. Si descubres voces internas que te dicen «cállate», como le decían las personas a Bartimeo, puedes gritar más fuerte: «JESÚS, HIJO DE DAVID, ¡TEN COMPASIÓN DE MÍ!».

En la parábola sobre el hijo pródigo Jesús nos enseña qué decir cuando nos dirigimos a casa, a Dios. Junto con el hijo pródigo, podrías decirle a tu Padre celestial: «Yo vivía en tu mundo, pero te ignoraba. Hacía lo que me gustaba y no me fue bien. No amé de la manera que amó Jesús. Suelo mostrar una buena fachada, pero están esos momentos secretos de desesperanza que no le cuento a nadie. Estoy vacío. Por eso ahora vengo a casa para pedirte perdón. Entrego mi vida en tus brazos fuertes. Me rindo. Gracias por recibirme en casa».

El amor no solamente caminó entre nosotros: el amor puede

morar en nosotros. Jesús les dijo reiteradamente a las personas: «En mí, podrás satisfacer tus necesidades más profundas: de perdón, de amor, de esperanza, de pertenencia y de propósito. Yo soy lo que siempre has buscado».

NOTAS

INTRODUCCIÓN

1. Jaroslav Pelikan, *Jesus Through the Centuries: His Place in the History of Culture (Jesús a través de los siglos: Su lugar en la historia de la cultura)*, (New Haven: Yale University Press, 1985), pág. 1.
2. George Viereck, «What Life Means to Einstein» («Qué significa la vida para Einstein»), *Saturday Evening Post* (26 de octubre de 1929), pág. 117.
3. Viereck, pág. 117
4. C. S. Lewis, *God in the Dock (Dios en el banquillo)*, (Gran Rapids, MI: Eerdmans, 1994), pág. 158.

CAPÍTULO 1

1. Alfred Edersheim, *Sketches of Jewish Social Life: Updated Edition* (Bocetos de la vida social judía: edición actualizada), (Peabody, MA, 1994), pág. 153.
2. Alfred Edersheim, *The Life and Times of Jesus the Messiah (La vida y los tiempos de Jesús el Mesías)*, vol. 1 (Grand Rapids, MI: Eerdmans, 1971), págs. 552-559.
3. Arnold Dallimore, *Spurgeon: A New Biography (Spurgeon: Una nueva biografía)*, (Edinburgh: Banner of Truth Trust, 1985), pág. 58.
4. Dallimore, pág. 58.

CAPÍTULO 2

1. Kenneth Bailey, *Poet and Peasant* (Poeta y campesino), (Grand Rapids, MI: Eerdmans, 1976), pág. 164.
2. Navin Chawla, *Mother Teresa* (Madre Teresa), (Rockport, Mass: Element Books, 1996), pág. 203.

3. Kenneth Bailey, *Through Peasant Eyes* (A través de los ojos de un campesino), (Grand Rapids, MI: Eerdmans, 1980), pág. 52.
4. Jonathan Coleman, «Is Technology Making Us Intimate Strangers?» («¿Está la tecnología volviéndonos desconocidos íntimos?»), *Newsweek* (27 de marzo del 2000), pág. 12.
5. Corrie ten Boom con Carole C. Carlson, *In My Father's House* (En la casa de mi Padre), (Old Tappan, NJ: Fleming Revell, 1976), págs. 82-84.

CAPÍTULO 3

1. D. A. Carson, *The Gospel According to John* (El Evangelio según Juan), (Grand Rapids, MI: InterVarsity, 1991), pág. 373.
2. Henri J. M. Nouwen, *The Way of the Heart* (*El camino del corazón*), (San Francisco: Harper, 1991), pág. 35.

CAPÍTULO 4

1. Kenneth E. Bailey, *Through Peasant Eyes* (A través de los ojos de un campesino), (Grand Rapids, MI: Eerdmans, 1980), pág. 8.
2. Bailey, pág. 8.
3. Mi padre, Jack Miller, solía decir: «¡Arriba el ánimo, eres mucho peor de lo que piensas!».

CAPÍTULO 5

1. Sigmund Freud y Oskar Pfister, *Psychoanalysis and Faith: The Letters of Sigmund Freud and Oskar Pfister* (Psicoanálisis y fe: Las cartas de Sigmund Freud y de Oskar Pfister), trad. E. Mosbacher, ed. H. Men y E. L. Freud (New York: Basic, 1963), pág. 61.
2. D. A. Carson, Douglas J. Moo y Leon Morris, *An Introduction to the Old Testament* (Una introducción al Antiguo Testamento), (Grand Rapids, MI: Zondervan, 1992), pág. 129.
3. Jean-Paul Sartre, *Being and Nothingness* (*El ser y la nada*), trad. Hazel E. Barnes (New York: Philosophical Library, 1956), pág. 260.

CAPÍTULO 8

1. Robertson McQuilkin: «Muriel's Blessing» («La bendición de Muriel»), *Christianity Today*, (2 de mayo de 1996), pág. 33.
2. Alfred Edersheim, *The Life and Times of Jesus the Messiah* (La vida y los tiempos de Jesús el Mesías), vol. 1 (Grand Rapids, MI: Eerdmans, 1971), pág. 435.
3. Combinación de Lucas 6:6-7; Mateo 12:10-12; Marcos 3:3-6.
4. Alfred Edersheim, *The Life and Times of Jesus the Messiah* (La vida y los tiempos de Jesús el Mesías), vol. 2 (Grand Rapids, MI: Eerdmans, 1971), pág. 377.

5. C. S. Lewis, *The Lion, the Witch, and the Wardrobe* (El león, la bruja y el ropero), (New York: Macmillan, 1950), págs. 75-76.
6. Fydor Dostoevsky, *The Brothers Karamasov* (Los hermanos Karamazov), (New York: Bantam Books, 1970), pág. 708.

CAPÍTULO 9

1. N. T. Wright, *Jesus and the Victory of God* (Jesús y la victoria de Dios), (Minneapolis, MN: Fortress Press, 1996), pág. 290.

CAPÍTULO 10

1. Puse la palabra «viga» en vez de «tronco».
2. D. A. Carson *The Gospel According to John* (El Evangelio según Juan), (Downers Grove, IL: InterVarsity, 1991), pág. 336; Raymond Brown, *The Gospel According to John* (El Evangelio según Juan), vol. 1 (New York: Doubleday, 1966), pág. 337.
3. N. T. Wright, *Jesus and the Victory of God* (Jesús y la victoria de Dios), (Minneapolis, MN: Fortress Press, 1996), pág. 397.

CAPÍTULO 11

1. Robert McQuilkin, «Muriel's Blessing» («La bendición de Muriel»), *Christianity Today* (2 de mayo de 1996), págs. 33-34.
2. George Viereck, «What Life Means to Einstein» («Qué significa la vida para Einstein»), *Saturday Evening Post* (26 de octubre de 1929), pág. 117.

CAPÍTULO 12

1. David M. May, «Mark 3:20-35 From the Perspective of Shame/Honor» («Marcos 3:20-35 desde la perspectiva de la vergüenza/honor»), *Biblical Theological Bulletin* 17 (julio de 1987), págs. 83-87.
2. N. T. Wright, *Jesus and the Victory of God* (Jesús y la victoria de Dios), (Minneapolis, MN: Fortress Press, 1996), pág. 453.

CAPÍTULO 13

1. Mateo 5:37; 6:13; 9:4; 12:34; Lucas 6:45; 11:13; Juan 17:15.
2. Mi traducción: «Ya que» por «si», del griego.
3. Margaret Alter, *Resurrection Psychology* (La psicología de la resurrección) (Chicago: Loyola University Press, 1994), pág. 48.
4. Cuando su enseñanza se vio desafiada, el rabino Eliezer recurrió a las señales. Le ordenó a un algarrobo que se moviera e hizo que los canales de agua fluyeran al revés. (Tratados talmúdicos Babba Metsia 59b, línea 4 desde arriba).
5. Robertson McQuilkin, «Muriel's Blessing» («La bendición de Muriel»), *Christianity Today* (2 de mayo de 1996), pág. 33.

6. Robertson McQuilkin, «Living by Vows» («Vivir por votos»), *Christianity Today* (octubre de 1990), págs. 38-40.
7. McQuilkin, «Muriel's Blessing» («La bendición de Muriel»), pág. 33.
8. B. B. Warfield, *The Person and Work of Christ* (*La persona y la obra de Cristo*), (Philadelphia: Presbyterian & Reformed Publishing, 1950), pág. 208.

CAPÍTULO 14

1. Anita Mathias, «The Holy Ground of Kalighat» («La tierra sagrada de Kalighat»), *The Best Spiritual Writing 1999* (La mejor escritura espiritual de 1999), ed. Philip Zaleski (New York: HarperCollins, 1999), pág. 192.

CAPÍTULO 15

1. «Era una antigua y arraigada creencia extendida por todo el Oriente, que hombres de Judea gobernarían el mundo». Suetonius II, *The Lives of the Caesars, Book VIII* (Suetonio, *Las vidas de los doce césares, Libro VIII*), ed. G. P. Goold (Cambridge: Harvard University Press, 1914), pág. 289.
2. N. T. Wright, *The New Testament and the People of God* (El Nuevo Testamento y el pueblo de Dios), (Minneapolis: Fortress Press, 1992), pág. 176.

CAPÍTULO 16

1. En hebreo, *hijo de* incluye la idea de «pertenecer a». Así que *Hijo de Dios* tenía un amplio rango de significados posibles, que incluían «israelita», un rey davídico o una persona santa.
2. C. S. Lewis, *The Silver Chair* (*La silla de plata*), (New York: Macmillan, 1953), pág. 16-17.

CAPÍTULO 17

1. Probablemente sea la actual aldea árabe de Askar.
2. Raymond Brown, *The Gospel According to John I-XII* (*El Evangelio según Juan I-XII*), (New York: Doubleday, 1966), pág. 173.
3. Mi traducción del griego: «*¿Qué quieres?*».
4. Napoleón Bonaparte, «Conversations with General Bertrand at St. Helena» («Conversaciones con el general Bertrand en Santa Helena»), *Anthology of Jesus* (Antología de Jesús), adaptación y sel. Sir James Marchant, ed. Warren W. Werste (Grand Rapids: Kregel Publications, 1981), pág. 260.

CAPÍTULO 18

1. El Evangelio de Juan está escrito en griego, pero los significados de sus palabras son, de forma muy particular, hebreos.

2. Jean-Paul Sartre, *Being and Nothingness* (*El ser y la nada*), (New York: Pocket Books, 1984), pág. 478.
3. Kenneth Bailey, *Poet and Peasant* (Poeta y campesino), (Grand Rapids, MI: Eerdmans, 1976), pág. 165.
4. D. M. Baillie, *God was in Christ: An Essay on Incarnation and Atonement* (*Dios estaba en Cristo: Ensayo sobre la encarnación y la expiación*), (New York: Scribner's, 1948), págs. 205-206.
5. N. T. Wright, *Jesus and the Victory of God* (Jesús y la victoria de Dios), (Minneapolis, MN: Fortress Press, 1996), pág. 433.
6. Bailey, pág. 186.

CAPÍTULO 19

1. Henri J. M. Nouwen, *In the Name of Jesus* (En el nombre de Jesús), (New York: Crossroad, 1989), págs. 10-11.
2. «Debajo de la iglesia bizantina octogonal del siglo V y del edificio de una sinagoga judeocristiana del siglo IV, fueron descubiertos los restos de una vivienda particular. Durante la segunda mitad del primer siglo había servido como salón para reuniones religiosas. Las inscripciones y los informes de los viajeros cristianos primitivos posibilitaron identificar el edificio como la casa de Pedro». Ranier Riesner, «Archeology and Geography» («Arqueología y Geografía»), *Dictionary of Jesus and the Disciples* (Diccionario de Jesús y los discípulos), ed. Joel Green, Scot McKnight, y I. Howard Marshall (Downers Grove, IL: InterVarsity, 1992), pág. 39.
3. Nouwen, pág. 59.
4. Navin Chawla, *Mother Teresa* (Madre Teresa), (Rockport, MA: Element Books, 1996), pág. 205.

CAPÍTULO 20

1. C. S. Lewis, *The Four Loves* (*Los cuatro amores*), (New York, Harcourt Brace & Company, 1988), pág. 121.
2. N. T. Wright, *Jesus and the Victory of God* (Jesús y la victoria de Dios), (Minneapolis, MN: Fortress Press, 1996), pág. 587.
3. Wright, pág. 333.
4. Thomas Cahill, *Desire of the Everlasting Hills* (*El deseo de las colinas eternas*), (New York: Doubleday, 1999), págs. 60-61.

CAPÍTULO 21

1. Por Filón y Josefo, ambos contemporáneos de Jesús, sabemos que Pilato odiaba a los judíos. Harold W. Hoehner, «Pilate» («Pilato»), *Dictionary*

of Jesus and the Gospels (Diccionario de Cristo y los Evangelios), (Downers Grove, IL: InterVarsity, 1992), pág. 615.

2. La crucifixión era tan espantosa que la iglesia no usó la cruz como símbolo durante unos 350 años, bastante tiempo después de que se dejó de usar la crucifixión.

CAPÍTULO 22

1. Kenneth Bailey, *Poet and Peasant* (Poeta y campesino), (Grand Rapids, MI: Eerdmans, 1976), pág. 180.
2. Abraham Lincoln,«Second Inaugural Address» («Segundo discurso inaugural») in *Abraham Lincoln* por Carl Sandburg (New York: Harcourt, Brace, and Co., 1967), pág. 664.
3. Aleksandr Solzhenitsyn, *The Gulag Archipelago: 1918-1965. An Experiment in Literary Investigation (El archipiélago Gulag: 1918-1965. Experimento sobre investigación literaria)*, (London: Book Club Associates, 1974), pág. 168.
4. J. K. Rowling, *Harry Potter and the Sorcerer's Stone* (*Harry Potter y la piedra filosofal*), (New York: Scholastic Press, 1997), pág. 299.

CAPÍTULO 23

1. Julius Rieger, *The Silent Church: The Problem of the German Confessional Witness* (La iglesia silenciosa: El problema del testigo confesional alemán), (London: S.C.M. Press Limited, 1944), pág. 90.
2. Madre Teresa, *In the Silence of the Heart: Meditations by Mother Teresa of Calcutta* (En el silencio del corazón: Meditaciones de la Madre Teresa de Calcuta), (London: SPCK, 1983), pág. 43.
3. Navin Chawla, *Mother Teresa* (Madre Teresa), (Rockport, MA: Element Books, 1996), pág. 208.
4. Chawla, pág. 202.

CAPÍTULO 24

1. C. S. Lewis, *God in the Dock* (*Dios en el banquillo*), ed. Walter Hooper (Grand Rapids, MI: Eerdmans, 1994), pág. 160.
2. Anne Lamott, *Traveling Mercies* (Misericordia para el viaje), (New York: Pantheon Books, 1999), págs. 49-50.

ACERCA DEL AUTOR

PAUL E. MILLER es el director ejecutivo de seeJesus, la misión de discipulado mundial que fundó en 1999 para ayudar a tanto cristianos como no cristianos a «ver a Jesús». Hoy, seeJesus obra en más de treinta países y tiene libros y recursos de estudio bíblico interactivos traducidos a más de una docena de idiomas.

Paul es el autor de más de una docena de libros y recursos de estudio bíblico interactivos, entre ellos *Una vida de oración* y *JCurve* (Curva en J). Si lees algo de los escritos de Paul, pronto verás que le encanta contar historias, y la mayoría de sus historias empieza con sus propias fallas y errores y termina con la fidelidad de Dios. Paul está casado con Jill, quien es conocida por su sentido del humor y su fe. Tienen seis hijos y un creciente número de nietos. Viven en la zona de Filadelfia. Sigue @_PaulEMiller en Twitter, escucha el pódcast *Seeing Jesus with Paul Miller* (Viendo a Jesús con Paul Miller) o aprende más a través de seeJesus.net.

Si tienes preguntas o comentarios sobre Jesús, o si te interesa usar el estudio en el que se basa este libro (*La persona de Jesús: Un estudio sobre el amor*), nos gustaría conocerte. Ponte en contacto con nosotros a través de cualquiera de estos medios: por correo electrónico a paulmiller@seeJesus.net; Twitter, en @_PaulEMiller; o por correo: P.O. Box 197, Telford, PA, 18969.

Paul Miller